Creer para ver

Master Oh: una visión del universo

Av. Diagonal, 662-664
08034 Barcelona
www.planetadelibros.com

Diseño de cubierta: Adela Zafra

Primera edición: enero de 2026
Depósito legal: B. 13.156-2025
ISBN: 978-84-08-31035-8
Impresión y encuadernación: Liberdigital
Printed in Spain - Impreso en España

PEFC Certificado
Este libro procede de bosques gestionados de forma sostenible
PEFC
PEFC/14-38-00305
www.pefc.es

Creer para ver

Master Oh: una visión del universo

José Antonio González-Cuevas Labella

Planeta

Mi misión es ayudar a las personas
a aumentar su capacidad de compartir amor,
cariño y compasión con los demás.
El precepto es sencillo:
una vez que recuperas tu propia salud y felicidad,
dar amor, cariño y compasión a los demás resulta natural.
Es así como curamos al mundo.
Tocar un corazón ayuda a muchos.
Todos los seres humanos están conectados:
todos somos uno.

Master Oh

Nota del autor

Supe de Master Oh durante los primeros meses del año 2023. Lo conocí personalmente en Ámsterdam a mediados de marzo de ese mismo año durante la celebración de un retiro de fin de semana. Allí se expusieron muchas ideas y, de ese modo, tuve la oportunidad de aproximarme a una concepción de la realidad desconocida por completo para mí; supongo que mis esquemas culturales y, en cierto modo, mis prejuicios, no me habían permitido hasta ese momento observar el mundo que nos rodea de otra manera que no fuera a través de mis propios ojos. Hoy, mientras escribo este libro, mediado ya el año 2024, he pasado muchas horas con Master Oh, he recorrido muchos países a su lado, hemos filmado juntos un largometraje documental, de nombre *De la luz y de las sombras*, sobre los secretos del universo, la ciencia y la fe, la física y la metafísica.

He escuchado con atención sus enseñanzas, he conocido su historia y los fundamentos de su práctica, también he recogido testimonios de transformación alrededor del mundo; algunos hombres, mujeres y niños se han prestado a compartir conmigo sus experiencias y me han hecho pensar mucho. Tanto que creo que algo ha cambiado dentro de mí, en mi manera de entender el mundo y de entender a los seres humanos. Tanto también que, en algún momento durante estos últimos meses, me pareció que acumulaba información, ánimo y curiosidad suficientes como para escribir un libro que pusiera en contexto las creencias filosóficas y la práctica de Master Oh. He tratado de ofrecer una mirada respetuosa con el parecer de la ciencia, como no podía ser de otra manera, pero receptiva asimismo con las ideas de raíz espiritual. Sin necesidad de elegir entre unas y otras, aceptando que las explicaciones sobre la realidad son diferentes porque proceden de fuentes diferentes. Para mi sorpresa, tales maneras de entender todo lo que nos rodea, no siempre me han parecido contradictorias entre sí.

En las páginas que siguen he intentado construir un relato panorámico sobre los orígenes del tiempo, el espacio, la materia y la naturaleza de todos nosotros que comprenda lo que se sabe, lo que solamente se sospecha, lo que se cree, e incluso lo que todavía no se sabe. Espero convencerles, como me he convencido yo mismo, de que todo en esta vida se puede interpretar de maneras diferentes.

Me ha parecido un trabajo muy interesante recabar, de entre muchos puntos de vista, las distintas interpretaciones relacionadas con un mismo fenómeno; por extraño que parezca y hablando en general, todos los puntos de vista obligan a considerar y a reconsiderar muchas de las ideas preconcebidas. Al menos esa es la sensación que tengo después de mucho investigar, contrastar, escuchar y observar. Y de todo ello les pienso dar cuenta a continuación.

Introducción

Me gusta pensar que este libro que ahora tienes en las manos no es un libro previsible, porque entre sus líneas se esconden un desafío a la inteligencia convencional y un desplante a nuestra manera corriente de entender y conocer. Desafío y desplante que, su vez, nos animan a reflexionar sobre la complejidad abismal del discernimiento humano. Con la disposición adecuada y con rigor, tratando de suprimir la tendencia al prejuicio que tantas veces condiciona nuestras creencias, podremos atisbar los secretos de la conciencia y del mundo inmaterial, decidir sobre su naturaleza, imaginar sus contornos y establecer sus límites, si es que tales límites existen. Esa es la razón por la cual hablaremos de física y hablaremos de metafísica.

Con respecto al objeto de este trabajo te diré que *Metafísica* es la denominación con la que Andrónico de Rodas tuvo a bien popularizar un cuerpo de textos académicos sobre el ser en los que se explica la ontología aristotélica. Un conjunto de escritos previos del mismo autor, el célebre sabio clásico, se habían hecho públicos con el nombre de *Física*. Probablemente Andrónico consideró que, puesto que esta segunda obra iba más allá de la primera, debería llamarse «más allá de la física»; que en griego se diría metafísica. Cuando observamos con cierta perspectiva comprobamos que los avances del conocimiento humano son debidos a una sucesión de percepciones opuestas. La controversia agotadora que se suscita alrededor de cualquiera de las hipótesis relacionada con un extremo, también cualquiera, de la realidad, acaba por conseguir que unos enunciados se transformen en teorías y otros, sencillamente, se estanquen sin haber podido superar la condición de conjeturas. Puesto que me dispongo a tratar sobre conocimiento me voy a ver obligado a tratar sobre controversias, sobre interpretaciones discrepantes. Aristóteles decía que el ánimo de conocer más era un rasgo común de todos los humanos. A resultas de todo lo cual me pareció que las ideas y las explicaciones que aquí se contienen participan, a su modo, de una honrada inspiración aristotélica.

A través de estas líneas iremos escrutando el conjunto de razonamientos, vivencias y prácticas de un hombre especial: Master Oh. Mi pronóstico es que, una vez lo conozcas, lo más probable es que su fuerza te impresione, lo más seguro es que no te dejará indiferente.

Nacido en un entorno montañoso rural de Corea del Sur, sin electricidad ni agua corriente, tenía una sola vaca como patrimonio familiar, a la cual había que conducir sin más remedio a los pastos de la montaña al amanecer y volver para recogerla al atardecer. Como no hay mal que por bien no venga, además de acudir a la escuela, Master Oh, hombre observador, se familiarizó con la naturaleza de tal modo que aprendió a distinguir las plantas y sus propiedades medicinales y supo hacer de ellas un complemento de los ingresos familiares. Sin saberlo estaba iniciándose en el mundo de la sanación.

Este tipo de vida solitaria y consciente contribuyó a formar en él un carácter introspectivo y una tendencia a la meditación que ayudan a explicar su filosofía.

Hablando de meditar, permítanme que llame su atención sobre un asunto que muchas veces pasa desapercibido. Cuando queremos contrastar con un tercero las ventajas o desventajas de una idea corriente, o queremos hacer una propuesta, lo más normal es que le pidamos a nuestro interlocutor que lo piense. Si, por la razón que fuere, la propuesta o la idea revisten cierta complejidad, forzamos cualitativamente la demanda y lo que le pedimos en este caso es que lo medite. Pensar y meditar podrían parecer sinónimos, pero eso sería una observación superficial; el pensamiento es un mecanismo ligero, automático e inevitable que casi siempre escapa a nuestro control, la meditación es un acto de voluntad que requiere conocimientos y preparación, como tendremos ocasión de comprobar. A través de la experiencia de Master Oh sabremos que, cuando participamos de los secretos de la meditación, hacemos nuestro un poder inimaginable para mejorar, para comprender, para influir en nuestro entorno y para transformarlo. La idea de una meditación reparadora, históricamente común en las culturas orientales, ha penetrado con fuerza en el sentir occidental y observa una consideración creciente que, hasta donde he podido contrastar, resulta completamente merecida. Desde mediados del siglo XX la comunidad científica occidental ha decidido considerar y valorar la contribución de las técnicas meditativas a la salud y al bienestar generales. La abundancia de literatura académica relacionada con la meditación, promovida por instituciones prestigiosas y profesionales contrastados, se muestra muy explícita al respecto, como tendremos ocasión de revisar en el capítulo correspondiente.

Durante su infancia, Master Oh no fue premiado con el don de la salud, fue niño de hechuras frágiles, propenso a los desmayos y a las malas digestiones, escaso de energía y torturado por respiraciones trabajosas. Al conjunto de sus males físicos, como atraídas por la adversidad, se sumaron las fobias. Fobias a la gente, fobias a lo desconocido, fobias al futuro. Precisamente ese estado de indefensión le obligó a refugiarse en el último rincón sano y poderoso de su ser: la mente.

> **Me sentía mejor cuando hacía esto, así que empecé concebir situaciones favorables. Era un tipo de meditación, pero en aquel momento no lo sabía. Creaba en mi mente todo lo que necesitábamos y mentalmente me sentía más feliz. Entonces empecé a visualizar lo que necesitaban otras personas del mundo con problemas similares a los míos.**

A lo largo de este trabajo también hablaremos de conexiones. Si tuviera que conectar, pongamos por caso, con su pareja o con un familiar cercano, cercano en todos los sentidos, un gesto o unas palabras serían suficientes; si por el contrario queremos conectar con alguien más lejano, más lejano en todos los sentidos, tenemos el teléfono, la mensajería instantánea, las videoconferencias o el correo electrónico; lo más que puede pasar es que no hablen el mismo idioma, lo cual es bastante probable porque, según *The Washington Post*, en el mundo se hablan unos 7.100 idiomas diferentes; ese problema lo hemos resuelto con bastante solvencia inventando el Google translator, que no funciona como un reloj suizo, pero funciona.

Los problemas de verdad empiezan cuando lo que queremos es conectar, en un sentido mucho más filosófico, con todo lo que nos envuelve, y todo quiere decir todo, la materia, los seres animados o los seres inanimados, lo visible y lo invisible, el universo en su conjunto… en este caso no funciona el traductor, tendríamos que descubrir una forma de comunicación diferente porque no existe un lenguaje común, ¿o sí? Una forma de conexión que todos y todo utilizáramos de manera natural desde siempre; Master Oh nos enseñará durante los capítulos que siguen la universalidad de la vibración como forma de conexión y de idioma inevitable. En los capítulos dedicados a la *Mente del Universo* y a la *Vibración*, abordaremos la cuestión del origen del universo 13.800 millones de años atrás, analizaremos las fluctuaciones, los campos oscilatorios como causa y origen de la naturaleza de la materia, el nexo de causalidad entre lo uno y lo otro. Intentaremos explicar la transmisión de conocimiento y bienestar a través de la energía vibratoria hacia todos nosotros. Idea que no es ajena al sentir de los nuevos físicos y que nos hace reflexionar sobre ciertas analogías sutiles entre los conocimientos científicos y la percepción filosófica.

Master Oh también nos ofrece una reflexión lúcida e inspiradora sobre lo visible y lo invisible; por alguna razón tendemos a pensar que solamente lo que se ve existe, y lo que no se ve, sencillamente no existe. Esa manera de pensar es un poco ingenua, es lo que hacen los niños pequeños cuando quieren esconderse de alguien. Se tapan los ojos y de ese modo consideran que ya están a salvo, lo que no veo no existe y si no existe no es una amenaza. Simplificando de este modo la manera de pensar, seguramente habrá quien considere demostrado que los virus no existían hasta que no se inventó el microscopio. En contra de lo que pueda parecer, la mayoría de las veces, para comprender la realidad, los sentidos nos estorban más de lo que nos ayudan. Tanto es así la cosa que, hasta donde sabemos hoy, la mayor parte del universo está ocupado por materia y energía oscuras, así llamadas porque no interaccionan con los fotones y no son observables. Sabemos que están ahí porque ejercen influencia gravitacional pero no dejan de ser una proyección matemática que, en un futuro, podría verse modificada por nuevas observaciones o nuevos descubrimientos. Así pues, no solo hay un mundo invisible, sino que es inmensamente mayor, y, por lo tanto, inmensamente más influyente que ese otro mundo que denominamos visible.

Descartes decía que si los sentidos te engañan una vez hay que estar prevenidos, porque eso significa que te pueden engañar siempre. Concluiremos, en ese caso, que los sentidos casi nunca son de fiar. Recuerde: ni todo lo que se ve se mira ni todo lo que se mira se ve. Master Oh siempre dice que para saber sobre nosotros mismos no es suficiente con abrir los ojos, es necesario abrir el corazón.

Entreverado en capítulos sucesivos y, de manera especial, en los que dedicaremos a los ancestros y a la espiritualidad, compartiremos con Master Oh sus reflexiones sobre los símbolos. A lo largo de la historia los hombres, cuando conceden una importancia extraordinaria a sus actos, han recurrido a la solemnidad, a una liturgia elaborada que dignifica los propósitos. La carga simbólica se manifiesta en todos los ámbitos de la vida, por supuesto en el religioso; permítanme exagerar, pero nadie imagina al presidente de Estados Unidos dirigiéndose al Congreso de la nación vestido de Boy Scout, o al comandante de una aeronave comercial disfrazado de Superman. Estaremos de acuerdo en que cada situación requiere su formalidad, su indumentaria, su carga simbólica. Master Oh interpreta para nosotros el significado filosófico de las ceremonias, de los ritos que complementan al pensamiento y facilitan la comprensión. El simbolismo es un compañero imprescindible de la espiritualidad y de las prácticas trascendentes.

Precisamente la espiritualidad es un valor en alza, una tendencia social contrastable, aunque eso quizá les sorprenda. En el capítulo correspondiente trataremos de identificar las causas que están inclinando a las sociedades hacia una visión del mundo más trascendente. Como veremos más adelante, hay indicios para pensar que los desórdenes mentales, entendiendo por tales desórdenes la ansiedad, la fatiga crónica, la depresión o el estrés, están detrás de la corriente de pensamiento. Tampoco son ajenos a esta nueva inclinación mística los recientes descubrimientos científicos relacionados con el mundo subatómico o con el origen del universo. La teoría del Big Bang, que propone la concentración en un solo punto, en una singularidad, de toda la energía del universo, o la misteriosa mecánica subatómica que, seguramente en contra de la voluntad de los científicos, ha provocado un caudal inagotable de interpretaciones denominadas en su conjunto «misticismo cuántico» han abierto de par en par las puertas a nuevas explicaciones supra empíricas de la realidad, tal y como tendremos ocasión de analizar.

De manera transversal, a lo largo de los diferentes capítulos abordaremos la cuestión del empirismo, del conocimiento a través de la observación y su contraparte: el conocimiento científico. No siempre incompatibles entre sí, como propone Master Oh, incluso hay veces que parece que el uno preceda al otro. Resulta sorprendente comprobar cómo la mente de grandes sabios de la Antigüedad, provista tan solo de una inteligencia aguda y paciencia para observar, fue capaz de concebir teorías que hoy se asemejan, en cierto modo, a los enunciados de la física cuántica.

No dejarán de sorprenderse cuando comprueben que Hermes, fundador de la milenaria teoría *hermética,* hablaba de la vibración como si conociera las teorías de campos que se enunciarían decenas de siglos más tarde. O el médico alemán del siglo XVIII Franz Anton Mesmer, que se empeñó, con su intuición como único fundamento y sus resultados como único medio de prueba, en demostrar las capacidades terapéuticas del electromagnetismo.

¿Y todo esto de quién fue idea? Hay quien sostiene, con pocas evidencias, que el universo es azaroso, una especie de gigantesca casualidad que, debido a determinadas circunstancias, vino a establecerse conforme a un conjunto inflexible de reglas y que eso hizo posible en último término la vida. Sobre el particular, el célebre astrónomo Fred Hoyle, bastante escéptico, por cierto, para con las entonces novedosas ideas sobre el origen del universo, comparó las probabilidades de que este mismo universo se hubiera formado de manera azarosa, con las que tendría un huracán que pasase por encima de una chatarrería, de construir tras su paso, juntando materiales de deshecho de forma aleatoria, un Boeing 747.

Master Oh propone convincentemente que existe un orden universal inteligible del cual participamos todos. Es una idea de aspecto simple y complejidad considerable que, curiosamente, guarda similitudes razonables con las hipótesis de la física relacionadas con el Big Bang, o el principio de todo, como también tendremos ocasión de analizar. Revisaremos el estado de la cuestión desde el punto de vista de la astrofísica y desde el punto de vista de la mística y comprobaremos que no defienden necesariamente, ni siempre, posiciones antagónicas. Asistiremos a un diálogo imaginario y apasionante entre filósofos y científicos que nos permitirá reconsiderar nuestras ideas sobre la realidad, quizá esta vez desde más de un ángulo.

A estas alturas y si todavía conservamos capacidad para la sorpresa, de la mano de Master Oh trataremos la cuestión, más o menos espinosa, de los ancestros. Apelando al principio de conservación de la energía, sobre el que trabajara Lavoisier en 1785 y certificaran Clausius y Kelvin a mediados del siglo XIX, de acuerdo con el cual, la energía ni se crea ni se destruye, solo se transforma. Parece razonable especular sobre alguna forma de existencia después de la vida, en un remanente de energía consecuencia de la transformación de una forma de energía en otra forma de energía, de una vida en otra forma de vida. No conocemos con certeza la naturaleza de tal remanente, lo que sí sabemos es que se expresa, necesariamente, en forma de vibración y, de ese modo, se relaciona con la idea, tan sugerente, del entrelazamiento cuántico propuesta en 1935 por Einstein, Podolsky y Rosen, o con la conjetura filosófica que concibe el alma como un campo de información, un campo oscilatorio de naturaleza similar a la materia misma, y que han servido de fundamento a numerosas interpretaciones de otros tantos autores, contradictorias entre sí muchas veces, del todo incompatibles con frecuencia y discretamente similares en otros casos, incluso de aspecto análogo, siempre dependiendo de la voluntad y de los convencimientos del intérprete.

Quizá ese ángulo de observación nos ayude a comprender mejor las explicaciones de Master Oh desde una óptica más imaginativa que el racionalismo cartesiano. Nos extenderemos sobre la transmisibilidad de los patrones energéticos, de los comportamientos, y analizaremos las propuestas de Conrad Hal Waddington sobre genética y epigenética. Si aceptamos que, como materia, somos un campo de información, concluiremos sobre su hipotético carácter hereditario. Sabremos hasta qué punto influyen, para bien o para mal, en nosotros, nuestros ancestros y desarrollaremos hasta donde sea posible el concepto filosófico del Karma.

Todas las teorías y todo el constructo intelectual que habremos analizado hasta llegar a este punto son, en primer término, ideas. Y ¿qué son las ideas? Una especie de iluminación que proviene de ningún sitio, opinan algunos, una consecuencia más o menos algorítmica de la actividad cerebral, según otros. Quizá todos tengan un poco de razón y quizá ninguno tenga toda la razón. Si convenimos en que la estructura del universo es la energía y si, como veremos, nosotros estamos hechos de energía, todos somos una parte indivisible del universo, polvo de estrellas en un sentido más poético. Master Oh sugiere que podemos acceder a un tipo de conocimiento superior por la sencilla razón de que somos parte de ese conocimiento superior. Una idea fascinante que ha acompañado a la humanidad desde el principio de los tiempos y que solamente hoy, con los medios de hoy, se puede tratar al menos de explicar. Entonces ¿cómo lo intuyeron los hombres sabios de tantas culturas hace miles de años? Solo hay una explicación que conviene a nuestras sospechas y es que, probablemente todos, desde el principio de los tiempos, tal y como sugiere Master Oh y acabo de mencionar, formamos parte de esa Mente y de ese conocimiento superior.

Para la divulgación de su pensamiento Master Oh se ayuda de sus *Masters*, hombres y mujeres incansables que conocen y comprenden la globalidad de su filosofía, estudiosos de la naturaleza del ser humano y expertos en la relación entre cuerpo y mente; la propia idea sugiere dualidad, como es el caso de la misma luz, que a veces se comporta como una onda y otras como una partícula. Los Masters son los eslabones de una gran cadena de conocimiento hecha de trabajo, estudio y observación. Ellos practican tratamientos, nos enseñan a meditar y amplifican en todos los rincones del mundo la voz de Master Oh.

A ellos les dedicaremos atención, conoceremos su historia, su propia experiencia de transformación, sus estudios y sus habilidades, sus sueños y su trabajo sordo y esforzado. Con su ayuda, probablemente descubramos el ser luminoso que todos llevamos dentro.

Casi a modo de compendio sobrevolaremos la historia de la espiritualidad y las creencias a lo largo de los siglos; resulta asombroso comprobar cuánto se parecen entre sí los espíritus del este y del oeste, de antes y después, de entonces y de ahora, de aquí y de allí. Reflexionaremos sobre el tránsito entre las religiones antiguas y las modernas, desde el politeísmo como argumento y explicación de todas las cosas hasta el monoteísmo unificador, el monoteísmo polimórfico o las propuestas menos regladas llamadas panteístas, sobre las cuales, por cierto, ya se habían formado una idea bastante precisa el gran Spinoza o los pensadores estoicos.

Como dice Master Oh, hay tres deseos que son una circunstancia constante allí donde haya un ser humano, donde lo hubo y donde lo habrá: todos queremos conectar con algo superior, todos queremos conocernos a nosotros mismos y a todos nos gustaría ser capaces de hacer el bien. Tal como nos enseña Master Oh, si de verdad quieres saber quién eres, qué eres, no podrás hacerlo abriendo solo tus ojos, tendrás que abrir tu corazón.

La mejor manera para cerrar este trabajo me pareció que podía ser el recurso a narraciones de terceros. En un libro que da cuenta de interpretaciones científicas e interpretaciones místicas no podían faltar los testimonios. Dedicaremos un capítulo completo a los relatos vívidos y arrolladores de muchos de aquellos que un día se acercaron al pensamiento de Master Oh. Historias de vida y de transformación en personas procedentes de cualquier lugar del mundo, de gentes de cualquier edad y de cualquier condición. Sin ánimo de adelantar acontecimientos se hace evidente que el ser humano podría ser, en lo esencial, uno solo, por diferentes que sean el aspecto y la cultura de cada individuo.

Al parecer, todos participamos de un sentir general que trasciende fronteras y no entiende de costumbres porque todos somos energía y el universo está hecho de esa materia prima que también llamamos energía.

Que cada quien extraiga sus propias conclusiones.

Cuando hayas acabado de leer este libro y de comprender la profundidad y la poesía que se contienen en el mensaje de Master Oh, probablemente te conviertas en alguien más curioso y más reflexivo y observes todo a tu alrededor con otros ojos, con los ojos de tu mente y con los ojos de la mente que nos envuelve a todos: Master Oh se refiere a ella como la *Mente del Universo*.

Para el lector más inquieto, o para aquel que quiera profundizar más, saber más, sobre las diferentes cuestiones que aquí se abordan, aparece, en el apartado dedicado a la bibliografía, la referencia completa de todas las publicaciones, artículos académicos, autores y libros que a mí me han servido de fuentes. Soy consciente de que se necesitaría recurrir a una colección completa de libros para examinar con cierto rigor cada uno de los asuntos que propongo como capítulos. Por eso les pido disculpas de antemano si observan una excesiva simplificación expositiva. En mi descargo solamente diré que, como mejor he sabido, he tratado de resumir el conjunto de causas y consecuencias que nos han traído hasta aquí. También es verdad que hay que escoger algún momento concreto para poner punto y final a cualquier relato, yo he escogido este.

Capítulo I

Sobre la meditación

*A todo hombre le es concedido conocerse a sí mismo
y meditar sabiamente.*

Heráclito de Éfeso (535 a.C.-480 a.C.),
filósofo presocrático

Decíamos en la introducción que no es lo mismo pensar que meditar, aunque tienen un aspecto tan parecido que a veces menoscabamos al uno equiparándolo con el otro. La verdad es que para pensar no necesitamos una preparación especial, es un mecanismo automático de nuestro cerebro y, por lo tanto, propio del cuerpo y hermanado con el resto de las funciones. Para meditar se necesita una técnica, un aprendizaje, la meditación es un acceso a regiones profundas de la mente y que algunos identifican con el espíritu. De hecho, la práctica de la meditación persigue el objetivo de someter al caprichoso y frívolo proceso cerebral y ponerlo al servicio del espíritu para, de este modo, ensanchar la conciencia e, incluso, alcanzar la felicidad.

El célebre filósofo de la antigua Grecia Aristóteles (384 a.C.-322 a.C.), en el primer libro de su *Ética a Nicómaco*, dedica un buen espacio a la descripción de eso que llamamos felicidad. Él la considera un objetivo exclusivamente humano. Propone que el bien del hombre y su felicidad consisten en una actividad del alma según su virtud. También considera que esa actividad del alma es la que siempre debería acompañar a la razón, porque son funciones propias de los hombres. Para Aristóteles, la felicidad no es un estado de ánimo o la emoción que proviene de una determinada experiencia, sino el resultado de una vida contemplativa.[1] A mí me parece que esa vida contemplativa a la que hace referencia el conocido filósofo se parece mucho a la meditación.

La práctica de la meditación es un recurso antiguo, varias veces milenario, de la humanidad en su conjunto como veremos más adelante; sin embargo, el interés de Occidente por la preparación de la conciencia es llamativamente

1. Agazzi, E. (2022), *El conocimiento de lo invisible*. Editorial UFV.

tardío, pues no será hasta bien entrado el siglo xx, en la década de 1950, que se extienda la curiosidad y se entrevea el acceso a un poder espiritual desconocido hasta entonces. Generalmente se acepta que fue Mahesh Prasad Varma (1918-2008), más conocido como Maharishi Mahesh Yogui, el responsable de introducir en las sociedades occidentales el cultivo de la meditación, a la que añadió el adjetivo «trascendental». El gusto por la meditación primero fue adoptado en Estados Unidos y luego se extendió al resto de Occidente.

Thomas Kuhn (1922-1996), físico, filósofo de la ciencia e historiador norteamericano, atribuyó el secular desinterés occidental por la meditación a lo que él denominó «colisión de paradigmas», inevitable cuando se comparan los modelos de comportamiento racionalistas y pragmáticos de Occidente con los hábitos, más proclives a la trascendencia y a la introspección, de las culturas orientales.[2]

El célebre psiquiatra Sigmund Freud (1856-1939), en su obra *El malestar en la cultura* (1930), expresó su escepticismo cuando se declaró incapaz de acceder a la llamada «experiencia oceánica», que se relaciona con un estado elevado de conciencia y de fusión entre el yo y el universo.[3]

Roger Walsh (1946), profesor australiano de psiquiatría, filosofía y antropología en la Universidad de California, por el contrario, acusó en 1996 el giro en la percepción occidental de las culturas meditativas cuando afirmaba mediante una elogiosa analogía que la posición occidental es a la física de Newton lo que la oriental es a la de Einstein.[4]

Herbert Benson (1935-2022), cardiólogo y fisiólogo norteamericano, aceptó algunos de los fundamentos del paradigma oriental respecto a la meditación cuando fundó un instituto médico de nombre más que explícito, «Mente Cuerpo», en la Universidad de Harvard, con la colaboración de señalados hospitales. En términos generales, los científicos del instituto, encabezados por el propio Benson, llegaron a la conclusión de que la meditación es capaz de

2. KUHN, T. S. (2022), *La estructura de las revoluciones científicas*. Fondo de Cultura Económica.
3. FREUD, S. (2005), *El malestar en la cultura*. Alianza Editorial.
4. WALSH, R. (1996), «Meditación». *Natura Medicatrix*.

inducir cambios bioquímicos y físicos en el cuerpo humano, incluyendo los de carácter metabólico, los ritmos cardiaco y respiratorio e incluso de normalizar la presión arterial.[5]

En su libro sobre la manera de aprovechar las capacidades de la mente, a mi parecer, Benson considera evidente la obsolescencia de la llamada «colisión de paradigmas» de Kuhn, a la cual hemos hecho alusión unas líneas atrás, y demuestra convincentemente, incluso para los entendimientos más racionalistas, el enorme y escasamente conocido poder de la mente. Después de veinte años de investigación, principalmente en la Facultad de Medicina de la Universidad de Harvard, asistido de disciplinas tan dispares como la medicina clínica, psiquiatría, psicología, fisiología, religión, filosofía e incluso atletismo, acuñó el término que define a las mentes poderosas: «Maxi Mente», y describió los diferentes caminos para alcanzar las capacidades y el poder que el término sugiere. A lo largo de su libro, de algo menos de doscientas páginas, el término «meditación» aparece impreso en noventa y cinco ocasiones.

Benson es autor de otros once títulos, entre los que se encuentran *The relaxation response* (1975), *Your máximum mind* (1987), *Timeless Healing: The Power and Biology of Belief*, (1996), o *Relaxation revolution* (2010), con más de cinco millones de ejemplares vendidos. Es autor, asimismo, de cerca de doscientas publicaciones científicas.

Después de Benson encontramos numerosos testimonios científicos relacionados con la función terapéutica de la meditación. La *Revista Venezolana de Oncología* publicó en 2006 un experimento muy revelador al respecto, contenido en un artículo titulado «La conexión mente-cuerpo-espíritu y la promoción de la salud en pacientes oncológicos», que subscribe un equipo multidisciplinar formado por Carmen Navas, Hyxia Villegas, Ricardo Hurtado y Deliana Zapata, procedentes a su vez de diversas facultades; de acuerdo con el mismo, veinticinco personas se sometieron a un entrenamiento de técnica de meditación durante ocho semanas. Cuatro meses después todavía se observaba un incremento en la actividad electroencefalográfica en el lóbulo frontal izquierdo, área relacionada con determinadas

---

5. BENSON, H. (1991), *El poder de la mente. Cómo aprovechar al máximo nuestros recursos*. Grijalbo.

formas de emoción positivas y cuya activación está asociada a una mejora en la función inmune de las células NK (*Natural Killer*, asesina natural, anteriormente conocida como linfocito grande granuloso). Un linfocito que participa del sistema inmunológico innato cuya misión consiste en la destrucción de células infectadas y células anómalas, como por ejemplo las células cancerígenas.

Andrés J. Ursa Herguedas, doctor en Medicina y Cirugía por la Universidad Complutense de Madrid, propone en un artículo científico sobre la meditación en el sistema público de salud, publicado en 2018, la inclusión reglada de la meditación en el sistema sanitario público. De acuerdo con las conclusiones de sus estudios, tal medida contribuiría a reducir el gasto sanitario, a disminuir también la utilización de psicofármacos y a mejorar la percepción sobre su propia salud en la población general. Ursa Herguedas sostiene que, desde que las técnicas meditativas se incorporaron al arsenal de recursos preventivo-terapéuticos de la psicología clínica y la psiquiatría, ha mejorado sustancialmente el control de la ansiedad y se hizo más fácil el abordaje de la depresión psíquica, acreditando una eficacia comparable a las terapias cognitivo-conductuales clásicas.[6]

En su artículo, Ursa indica que, desde 1996, el Instituto de Salud de Estados Unidos recomienda a los médicos que acepten la meditación como tratamiento contrastado contra el dolor crónico, ansiedad, ataques de pánico, insomnio, síndrome premenstrual e infertilidad. En el mismo sentido, durante 2013 se llevó a cabo un estudio en centros primarios de España, de un año de duración y con el objetivo de evaluar los beneficios a largo plazo de un programa de entrenamiento meditativo, en este caso mindfulness. Al finalizar el período, el 98 % de los participantes declararon la voluntad de continuar por su cuenta con la práctica de la meditación y el 94 % percibió mejoras sustanciales en diversos ámbitos.

Siempre de acuerdo con Ursa también se ha demostrado que la meditación ralentiza la atrofia cortical cerebral relacionada con la edad, atenúa los síntomas de la ansiedad, la depresión y el dolor, mejora las habilidades en los trastornos de personalidad y de la conducta alimentaria, combate eficazmente el abuso de sustancias nocivas, reduce los síntomas de pacientes

---

6. Ursa Herguedas, A.J. (2018), «La meditación como práctica preventiva y curativa en el Sistema Nacional de Salud». *Medicina Naturista*.

psicóticos, facilita la evolución positiva de las lesiones psoriásicas y mejora el cuadro fibromiálgico e incluso cancerígeno.

La implantación y desarrollo de las prácticas meditativas en el hemisferio occidental como parte de la solución, en términos de salud y bienestar, parece imparable. En su publicación oficial «Estrategia de la OMS sobre medicina tradicional»[7] la Organización Mundial de la Salud, a pesar de no estar exenta de diversas controversias, es probablemente el organismo internacional mejor informado cuando se trata de señalar nuevos caminos. La organización propone con entusiasmo para el período 2014-2023 una serie de actuaciones a los países miembros de diversa índole, todas ellas relacionadas con el objeto de este capítulo:

Desplegar una estrategia cuya finalidad sea la de ayudar a los Estados miembros al desarrollo de políticas dinámicas para aplicar planes concretos abarcando la medicina tradicional.[8] *Profundizar en el propósito del documento precedente* (Estrategia de la OMS sobre medicina tradicional 2002-2005,) en cuyo marco se examinó la situación de la medicina tradicional en el mundo y en los Estados miembros, y se establecieron objetivos concretos: *cuando sea posible, integrar la medicina tradicional en los sistemas nacionales de salud mediante el desarrollo y la aplicación de políticas y programas nacionales sobre medicina tradicional*, esto es, legislar al respecto; *promover la seguridad, eficacia y calidad de la medicina tradicional mediante la ampliación de la base de conocimientos y la prestación de asesoramiento sobre normas reglamentarias y de garantía de la calidad*; acceso: *mejorar la disponibilidad y asequibilidad de la medicina tradicional, y especialmente el acceso de las personas pobres*; uso racional: *promover el uso terapéutico racional de la medicina tradicional entre los profesionales y los usuarios.*

Una referencia indirecta, pero deslumbrante, sobre las posibilidades de la práctica meditativa, la tenemos en el caso del historiador Yuval Noah Harari (Israel, 1976), autor, entre otros libros, del superventas *Homo Deus, breve historia del mañana.*[9] El trabajo es un monumento a la clarividencia, un

---

7. Cuando la Organización Mundial de la Salud utiliza el término «tradicional», no se refiere a la medicina que en Occidente se entendería como clásica, sino a aquella otra de corte oriental en la cual la meditación forma parte de los recursos terapéuticos.
8. Ibídem.
9. HARARI, Y. N. (2016), *Homo Deus. Breve historia del mañana*. Editorial Debate.

ejercicio de prospectiva riguroso y brillante. Para elaborar sus hipótesis y exponer sus conclusiones, Harari dispone de los mismos datos y del mismo sistema de fuentes que utiliza todo el mundo; sin embargo, el lector tiene la sensación de estar delante de un vidente, de un visitante del futuro. ¿Cómo se puede ser tan lúcido y tan convincente especulando sobre lo que todavía está por venir? El enunciado de su obra se construye como un silogismo, lleva los ropajes de la lógica racionalista, pero en realidad es una iluminación, un tipo de conocimiento que se ayuda del exterior pero que proviene del interior, de la mente, no del cerebro, al menos no solo del cerebro.

El autor, seguramente estará orgulloso de firmar un trabajo ciclópeo de cerca de 500 páginas dividido en once capítulos, en el que ha tenido que recurrir a más de 200 fuentes secundarias para acreditar la consistencia de sus afirmaciones, lo cual, sin duda, supone horas y horas de escritura, de interpretación, de corrección, de noches en blanco y de mermas en el descanso y la paz propias.

Un esfuerzo tan grande generalmente requiere del concurso de mucha gente, la familia que ofrece ánimos, el departamento correspondiente de la facultad que lo respalda, los colegas que le sugieren, consejeros que aconsejan, traductores que traducen, correctores que corrigen, editores que confían o estilistas que puntúan, y eso solo por poner un ejemplo. Esa es la razón por la cual, los autores de éxito, y los de no éxito, siempre reservan un espacio generoso para la cuestión de los agradecimientos. En el caso de Harari este apartado comprende dos páginas completas en las que hay más de 60 menciones a personas, grupos de personas e instituciones. Pues bien, veamos de qué manera encabeza Harari los agradecimientos:

> **A mi maestro, Satya Narayan Goenka (1924-2013), quien me enseñó la técnica de meditación Vipassana, que me ha ayudado a observar la realidad tal como es, y a conocer mejor la mente y el mundo. No podría haber escrito este libro sin la concentración, la paz y el discernimiento obtenido de practicar la Vipassana durante quince años.**

En lo que respecta al valor de la meditación, me parece un testimonio tan explícito que renuncio a incluir cualquier otro comentario.

Hasta aquí solamente hemos recogido una muestra ínfima sobre el despertar del mundo occidental a la meditación; si bien es verdad que el racionalismo cartesiano ha abocado a una buena parte del mundo al desentendimiento y a la ignorancia de un poder enorme, el de la mente, al que todos tenemos acceso, no sería justo despreciar la evolución de un grupo enorme y creciente de científicos, filósofos y humanistas que están dispuestos a rectificar el código de creencias, a recuperar el tiempo perdido y a profundizar en el conocimiento del último rincón desconocido del ser humano: la dimensión mental, o dimensión espiritual, si lo prefieren.

Master Oh, recorriendo un camino paralelo al que describen Benson y un buen número de científicos racionalistas, recuerda sobre la historia de su iniciación en la técnica meditativa:

> **Incluso en este estado de salud precario, siempre intenté mantenerme fuerte y consciente, pero físicamente seguía derrumbándome. No podía hacer frente a mis retos físicos ni al dolor mental, así que empecé a hacer visualizaciones en mi cabeza. Pensaba en cómo hacer que mi familia tuviera los medios necesarios para vivir mejor. Me sentía mejor cuando hacía esto, así que empecé a llevar las visualizaciones más lejos. Eran un tipo de meditación, pero en aquel momento no lo sabía. Creaba en mi mente todo lo que necesitábamos y mentalmente me sentía más feliz. Entonces empecé a visualizar lo que necesitaban otras personas del mundo con problemas similares a los míos.**

Probablemente hombres especiales en las culturas antiguas, no solo en Oriente, cobraron conciencia del poder de la mente y de la herramienta de la meditación también de forma intuitiva, a través de la introspección, ayudados de una sensibilidad extraordinaria. Encontramos invitaciones a meditar en el Antiguo Testamento, en el libro de Salmos, libro 1:

> **...Si no que pone su amor en la ley del Señor y en ella medita noche y día.**

No es una admonición sobre el incumplimiento de las leyes ni una advertencia sobre el tenor literal; el texto sugiere que no solamente hay que conocer las leyes divinas, sino meditar permanentemente sobre su significado. Frente a la simple aceptación y observancia de los preceptos, los exégetas de las escrituras invitan a los hombres a penetrar en el significado profundo y, en cierto modo, a perfeccionarlas a través de la meditación; es como si se disociaran los grupos de palabras del verdadero significado, permaneciendo aquellos en la superficie accesible para cualquiera que sepa leer y estos en las capas más profundas. En el fondo es como si los hombres que meditan participaran de la autoría de las reglas, como si accedieran a través de la meditación; a un conocimiento del todo, y eso solo es posible aceptando que los seres humanos somos parte integrante del todo.

El mismo mensaje se contiene en Josué 1:8:

> **Nunca se apartará de tu boca este libro de la ley, sino que de día y de noche meditarás en él, para que guardes y hagas conforme a todo lo que en él está escrito; porque entonces harás prosperar tu camino, y todo te saldrá bien.**

En salmos 19:14:

> **Sean gratos los dichos de mi boca y la meditación de mi corazón delante de ti, Oh Jehová, roca mía, y redentor mío.**

Es muy interesante de qué manera la cultura bíblica confía la plenitud de los preceptos a la meditación, a la comprensión profunda de su significado y a la gigantesca extensión de las leyes que, a través de unas pocas palabras, nos muestran el modelo de comportamiento y de vida, la diferencia entre el bien y el mal. En este caso solo a través de la meditación, y aquí reside el valor de la práctica, el significante se convierte en significado.

Tampoco el cristianismo moderno es ajeno al valor de la meditación, al menos no completamente ajeno. John Main (1926-1982), sacerdote católico, en su obra sobre el silencio y la introspección, nos ofrece una guía práctica para la meditación cristiana. Main recomienda mantener la espalda erguida y los ojos cerrados, en actitud relajada pero alerta. Recomienda el recurso a un mantra tetra silábico con el propósito de evitar que a nuestra mente acudan pensamientos de cualquier naturaleza. A la práctica meditativa concede la capacidad de restaurar la esencia de nuestro propio ser y el acceso a la plenitud de vida. En su obra teoriza sobre la capacidad del mantra para canalizar la fuerza interior. Main aconseja la práctica permanente de la meditación, dos veces al día, mañana y noche, y durante un período de entre veinte y veinticinco minutos por sesión. La apelación al mantra y la periodificación de la actividad meditativa nos sugieren una gran influencia de las culturas orientales sobre las ideas del sacerdote inglés.[10]

---

10. Main, J. (2014), *Word into silence: A manual for Christian Meditation*. Canterbury Press.

También es visible en la cultura islámica el influjo de la meditación como vía de entendimiento y, en último término, de vida plena y feliz. El Corán y los Hadiz llaman a los fieles a la contemplación y a la reflexión permanente sobre la cercanía de Dios, sobre la creación y su belleza, sobre el sentido de los preceptos. La meditación en el caso de los creyentes islámicos no persigue tanto la claridad mental como la necesidad de resultar agradables a los ojos de Alá, si bien Alá representa el poder infinito, la cognición, la vida plena y la felicidad, que solamente pueden comprenderse a través de la reflexión y la contemplación.

Acudiendo a fuentes grecorromanas, podemos conocer las prácticas introspectivas de los druidas, guías espirituales de los antiguos pueblos celtas, localizados, por ejemplo, en las islas Británicas, norte de España y amplias extensiones de lo que hoy es Francia y el norte de Italia. Julio César en su célebre *Comentarios sobre la guerra de las Galias*, Cicerón, Tácito e incluso Plinio el Viejo nos hablan de la espiritualidad druídica. Por ellos sabemos que practicaban la meditación en un sentido muy parecido al resto de culturas, porque de ellos se decía que estaban imbuidos de la «Awen» o inspiración; en el sentido estricto del término es un estímulo y una lucidez repentina que proviene del interior y que permite apreciar la realidad sin ceñirse a la información que nos proporcionan los sentidos.

Quizá la oportunidad más grande para la asimilación en Occidente del paradigma introspectivo oriental, la brindó en 1979 Jon Kabat Zinn (1944), profesor emérito de Medicina, hijo de un investigador biomédico y una pintora, circunstancia que le llevó a afirmar que la base de sus creencias era una fusión entre el arte y la ciencia.

Kabat Zinn introdujo la práctica del «mindfulness» o mente plena, una traducción de la palabra «sati» en lengua pali, de tradición budista. En lo esencial, es una técnica que propone la observación de la realidad en el presente, con apertura y aceptación y sin necesidad de proponer juicios de valor. El objetivo consiste en la magnificación de la conciencia, reconsiderando las relaciones del individuo con las emociones negativas para, de este modo, reducir el sufrimiento. Su condición de médico le llevó enseguida a considerar las posibilidades terapéuticas de la meditación y, rápidamente, implementó un programa en el centro médico de la Universidad de Massachusetts para paliar precisamente una forma de sufrimiento de gran prevalencia en Occidente, el estrés.

De nombre «Mindfulness Based Stress Reduction», más conocido por su acrónimo MBSR. El programa previó tratamientos de meditación en posición sentada, con atención especial al ritmo respiratorio, exploración corporal y cultivo de la conciencia y movimientos físicos de estiramiento pausado.

Hasta la fecha, el programa MBSR ha obtenido un éxito considerable en Estados Unidos, Canadá, Australia, Europa, y varios países de habla hispana, según recogen Moscoso y Lengacher en «Mecanismos neurocognitivos de la terapia basada en mindfulness», artículo publicado en 2015.[11]

Con dos décadas de diferencia, Segal, Williams y Teasdale desarrollaron la hipótesis de la Terapia Cognitiva Basada en Mindfulness (TCBM) con el propósito de asistir a pacientes diagnosticados de depresión clínica. Los pacientes se inician en el aprendizaje de la meditación y la conciencia del entrelazamiento de los estados emocionales y los pensamientos negativos.

El conocimiento de Master Oh sobre los aspectos cualitativos de la meditación no proviene solamente del estudio, sino que procede también de la introspección, de la práctica y experiencia propias, como hemos visto líneas atrás. En Master Oh confluyen la sabiduría de los maestros antiguos con los conocimientos modernos y las vivencias, también con la poesía y la expresividad. Se puede decir que su filosofía está anclada en todo el sistema de fuentes y, por lo tanto, afinada hasta extremos de complejidad y sutileza notables.

Compendiando una buena parte de las ideas que hemos revisado hasta ahora, Master Oh sostiene que todos hemos nacido con un espíritu brillante y, por eso, durante toda nuestra vida deberíamos disfrutar de la belleza del todo, del universo, hacer el bien y conducirnos con generosidad y compasión para conservar la luz que se nos dio al nacer. Como otros grandes pensadores, Master Oh nos anima a empezar el día meditando porque eso nos preparará para afrontar el resto de la jornada. Como práctica complementaria introduce el valor de la sonrisa; nos pide que sea lo que sea lo que veamos, escuchemos o sintamos, lo hagamos ofreciendo a nuestros semejantes una sonrisa. Él nos enseña a valorar el poder de una sonrisa: *la sonrisa es una bendición para los seres humanos.*

---

11. Moscoso, M.S. y Lengacher, C.A. (2015), «Mecanismos neurocognitivos de la terapia basada en mindfulness». *Liberabit*, University of South Florida y Universidad de San Martín de Porres, Perú.

A menudo, lo que experimentamos no tiene por qué hacernos sonreír, por lo que no apreciamos suficiente esta bendición. Sonreír ilumina nuestros ojos y oídos, permitiéndonos percibir la belleza y la bondad que nos rodea. Aunque es simple, este acto tiene un poder inmenso, nos mantiene receptivos a la positividad. La práctica constante de la sonrisa, independientemente de nuestras circunstancias, nos ayuda a mantenernos conectados con nuestra esencia y espíritu, nos mantiene abiertos a la belleza de la vida y más cerca de todos los demás.

Al respecto resulta inspirador comprobar el valor que la ciencia concede a esa sonrisa de la que nos habla Master Oh. En un texto publicado en la *Revista Mexicana de Medicina Física y Rehabilitación,* encabezado por la doctora María del Rosario Hernández Hernández, en el contexto de la relación entre racionalidad y sonrisa, se afirma que la sonrisa es una condición básica de la personalidad, y que protege el equilibrio anímico del individuo, garantiza el equilibrio físico y psicosomático, el equilibrio social, refleja en ocasiones adaptación, aceptación, seguridad y gratificación, proporciona un estado de bienestar, calma, tranquilidad, serenidad y optimismo, ayuda a afrontar las situaciones adversas y contribuye a observar la vida con más esperanza.[12]

Este conjunto de beneficios se corresponde muy bien con un espíritu luminoso como el que describe Master Oh.

El mismo Master Oh, que nos anima a empezar el día meditando, nos propone terminarlo de la misma manera. La meditación nocturna puede funcionar como una práctica de «rescate» que nos ayude a sofocar las angustias del día y a desalojar pensamientos y emociones negativas o el dolor, es parte de la mecánica de superación de retos y es un momento propicio para conectar nuestra mente con el orden universal del que todos formamos parte.

Como dijo el médico y escritor norteamericano Oliver Wendell Holmes (1809-1894), la mente que se abre a una nueva idea, jamás vuelve a su tamaño original. Observen cómo relaciona de forma inconsciente la apertura con la grandeza, la sensibilidad hacia nuevas formas de conocimiento con la capacidad mental.

---

12. HERNÁNDEZ, M. R. (2000), «La sonrisa y su patología». *Revista Mexicana de Medicina Física y Rehabilitación.*

Ana María Krohne, ingeniera de sistemas en la Universidad de los Andes, en su artículo sobre la relación entre ciencia y meditación, publicado durante 2018, propone que, del mismo modo que en un gimnasio se pueden trabajar los sistemas musculares alterando el volumen y el tono y conseguir que los resultados sean duraderos, también a través del ejercicio meditativo pueden obtenerse mejoras neurofisiológicas y psicológicas perfectamente acreditables para la neurociencia.[13] La meditación, en definitiva, favorece la plasticidad cerebral y el rendimiento cognitivo.

Podría no ser del todo azaroso que meditación y medicina compartan una cierta similitud etimológica. Medicina, del latín *medicus*, a su vez proviene de *mederi* (cuidar, tratar). Y el verbo meditar, del latín *meditari* (considerar, meditar); en ambas voces encontramos la raíz indoeuropea común: *med* (reflexionar, tomar las medidas adecuadas).

Durante una entrevista personal con el autor en noviembre de 2023, en el transcurso de la filmación del largometraje documental *De la luz y de las sombras*, la doctora Mª Ángeles Idiazábal Alecha, neurofisióloga, se mostró partidaria sin reservas de las prácticas meditativas como herramienta de salud mental, que, por cierto, ella conecta directamente con la salud en general. Según esta doctora, los episodios de estrés, angustia, depresión o ansiedad, contra los que la meditación se muestra tan eficaz, pueden ser la causa directa de enfermedades físicas graves.

Visto de otra manera, podríamos afirmar que meditando promovemos nuestras capacidades cerebrales y ahorramos a nuestra mente trastornos muy habituales en las sociedades modernas; al hacerlo, preservamos nuestro sistema inmunitario y estamos colaborando de ese modo para gozar de una salud más robusta. La doctora nos explica la relación entre la salud mental y la salud física, conectadas por una sustancia llamada cortisol, una hormona esteroidea o glucocorticoide producida por la capa fascicular de la corteza de la glándula suprarrenal que se libera como respuesta a las situaciones de estrés.

Se considera que tal sustancia puede debilitar el sistema inmune bloqueando la proliferación de células T. La exposición al cortisol de manera prolongada

13. KROHNE POMBO, A. M. (2018), «Ciencia y meditación». *Revista Papeles.*

acarrea daños en las células del hipocampo, que a su vez pueden debilitar la capacidad de aprendizaje.

La buena noticia con respecto al cortisol es que contamos con un experimentado arsenal terapéutico para su control; todos los estudios apuntan a la eficacia de la meditación, sí, pero también funcionan la actitud optimista, la sonrisa, la terapia musical o las relaciones sexuales satisfactorias.

Observado desde este ángulo parece evidente la conexión mente-cuerpo sobre la que tanto insiste Master Oh. La práctica meditativa que nos propone se acompaña de cánticos (mantras) y sonidos prolongados de vocales que, siguiendo la línea de pensamiento de la doctora Idiazábal, podrían producir efectos neuromoduladores, mejoras en la percepción y en el comportamiento aprovechando la plasticidad neuronal. Ella dice no tener experiencia concreta al respecto, pero su especialidad consiste en la neuromodulación eléctrica, con la que observa suficientes analogías. Más adelante analizaremos el parecer de importantes científicos-meditadores con respecto a la neuroplasticidad y a la neuromodulación.

Durante una entrevista personal, tuvimos ocasión de evaluar el poder de la meditación para conectarnos con el entorno espiritual, trascendente. Una joven madre de familia que prefiere no aparecer con su nombre verdadero, originaria del norte de Europa y residente en Barcelona, compartió con nosotros una historia capaz de impresionar a cualquiera. Su historia. Ella siempre consideró a la conciencia como algo que trasciende al espacio y al tiempo y, a pesar de todo, resulta bastante desconocida.

En algún momento del año 2023 planeó visitar a unos amigos en Asia para practicar la meditación. A medida que se sumergía más y más en lo que ella describe como un estado de luz, su cuerpo entró de forma imprevista en un descanso profundo durante tres días, en los que no despertó, no comió y tampoco bebió. Su conciencia se desdobló y dice haber viajado a otro lugar; mientras tanto, sus compañeros, alarmados al ver su estado anormalmente inerte, decidieron su traslado a un hospital.

Revive para nosotros su experiencia y nos cuenta, emocionada, que nunca perdió la conexión con su cuerpo físico, del que era consciente, pero a la vez se sentía extrañamente ausente; entonces supo que debía utilizar su nueva sensibilidad para entender mejor la estructura de la vida y cómo discurrir por ella. Afirma que esta experiencia trasciende nuestras creencias y, por lo tanto, no puede ser comprendida solamente a través del cerebro y su sistema racional. La joven mujer obtuvo, según sus propias palabras, una sensación de paz, amor y seguridad indescriptible, una sensación muy distinta a las emociones humanas habituales.

En este estado el concepto de nacimiento o de muerte pierden su relevancia, ya que uno se da cuenta de que su naturaleza es infinita e inmutable.

Nos habla apasionadamente de una sensación de profunda vivacidad, más allá del concepto de la muerte.

Allí donde fuera que estuviere, ella percibió varios planos o niveles. Describe una masa indeterminada y oscura en un plano por debajo de sí, algo así como un vacío independiente del tiempo y el espacio. Podía observar la creación como una escena de cine, donde cada cual interpreta un papel en las diferentes secuencias de la vida. Observó con claridad que hay una esencia, una fuente en el corazón de todos que nos conecta a todos y mueve todo a la vez.

Intentaron reanimarla, volverla a su ser convencional, pero ella se sentía bien en ese nuevo estado. Más adelante decidió que, permaneciendo, perdería la oportunidad de experimentar plenamente su vida anterior, su familia, su trabajo, sus amigos, y decidió regresar. Durante su experiencia aprendió que todos somos esencia. Que es un privilegio poder experimentar la vida al máximo sabiendo, como ella ahora sabe, que existe otra frecuencia de amor, paz y sabiduría. Cree en la existencia de un ser universal omnisciente que vela por la vida de todos nosotros.

Cada segundo inaugura una nueva realidad, un nuevo universo. Nuestras mentes están lejos de comprenderlo porque están guiadas y condicionadas por nuestros sistemas de creencias. Solo liberándonos de estas construcciones mentales y este condicionamiento podemos comprender lo transmutable de la realidad. En su experiencia fuera de su cuerpo sintió como su conciencia traspasaba las limitaciones físicas y entendió que es posible alterar esa misma realidad física sin intervenir directamente en la materia, sino accediendo a las capas más profundas del espíritu.

Ella nos relató de qué manera vivió en diferentes líneas del tiempo: el viaje de su alma, su vida humana, entre otras. Incluso pudo sentirlas, oírlas, olerlas. Al ver su vida desde una perspectiva que ella identifica como *libre de ego,* comprendió muchas cosas de su vida personal. Si experimentaba una sensación de saturación, sabía que podía recurrir al lugar sereno y amoroso que hay dentro de todos nosotros.

Su regreso al mundo conocido fue una decisión que no está segura de haber tomado ella misma, o tal vez sí, pero quizá empujada por esa conciencia superior a la que ha hecho alusión. Ella lo vivió como una fluctuación, una conexión entre su cuerpo físico y su ser espiritual. Volvió y lo hizo con alegría, sintiéndose privilegiada. La conciencia de ambos planos de la realidad la hace feliz. De todas formas, recuerda cómo se hubiera quedado ahí para siempre, cómo su cuerpo podría haber dejado de existir si ella hubiese querido. Siendo consciente de que podría sonar egoísta, afirma que la calma era tan grande que despojaba al mundo físico de todo su atractivo.

La entrevista con nuestra protagonista tuvo lugar en fechas recientes, cercanas a la publicación de este libro. Tiene la ventaja, por lo tanto, de ser un relato próximo a los hechos. Las creencias de cada quien determinarán el valor del testimonio. Les pido que observen, porque conviene al caso y al capítulo, que todas las vivencias y la percepción de desdoblamiento que relata nuestra protagonista son debidas a una sesión de meditación profunda.

El famoso Carl Gustav Jung (1875-1961), figura clave en los albores del psicoanálisis, fundador posteriormente de la escuela de psicología analítica y padre de la teoría de los «arquetipos», sostiene, a mi parecer, que, en las culturas orientales, más inclinadas al conocimiento de la mente en su sentido más amplio que las occidentales, no se ha concebido algo equivalente a nuestra psicología, sino que han hecho suyo un constructo intelectual metafísico. En Oriente, la palabra «mente» encierra un contenido filosófico del que carece en Occidente, donde se emplea simplemente para aludir a una función cerebral ordinaria. Quizá esa es la causa de que en Occidente los pensadores se resistan a comprender la relación entre mente individual y una probable mente colectiva, mente universal.

La psicología tradicional en Occidente tiende a la simplificación cuando trata cualquier proposición metafísica como un fenómeno cerebral.[14]

Atendiendo a las palabras de Jung, pareciera que Occidente ha desarrollado una nueva enfermedad que consiste en el conflicto ciencia-religión; de ese

14. JUNG, C.G. (2020), *Psicología de la religión oriental.* Trotta, Pliegos de Oriente.

modo, la filosofía crítica de la ciencia acabó convertida en algo parecido a una «metafísica negativa», se hizo radicalmente materialista al considerar una ventaja que la materia fuera tangible y cognoscible. El conflicto entre ciencia y religión, para Jung, es debida a un escaso conocimiento de ambas disciplinas; el materialismo científico se ha limitado a introducir una nueva hipótesis que consiste en la prevalencia de los hechos comprobables. En Oriente, en cambio, no existe tal conflicto entre ciencia y mística porque el concepto «mente» es infinitamente más amplio y más completo y encierra agrupadas las ideas materialistas y las trascendentes. No hay una tendencia científica ratificada exclusivamente por los hechos ni una espiritualidad apoyada de manera exclusiva en la fe. De ahí el escaso aprecio a prácticas como la meditación. «Mente», en Oriente, es un principio cósmico, es la esencia del propio ser; para su contraparte occidental la mente juega el papel de condición sin la cual resulta imposible el conocimiento. En Oriente el hombre es parte de Dios y artífice de su propio destino; aprecian la realidad psíquica como cimiento de la existencia y por eso tienden a la introspección, imprescindible cuando tratamos de meditar.[15]

Pablo D'Ors (1963), filósofo y teólogo español, define en un pequeño tratado la meditación como el método espiritual, espiritual en el sentido de interior, que sirve para desenmascarar las falsas ilusiones, porque el autor considera que los seres humanos derrochamos una buena parte de nuestras energías en expectativas ilusorias; la mente se especializa en distraer a los humanos con engaños. D'Ors considera que aquello que brota de la mente de manera espontánea es, en realidad, materia muerta, y solo está vivo lo que proviene de un fondo misterioso al que se refiere como *yo auténtico.* Hacer meditación, sostiene, es recrearse en la idea del *yo soy* y profundizar en el concepto de compasión. La promesa de la meditación es la más misteriosa de cuantas puedan imaginarse porque no es una promesa concreta, ni promesa de gloria, ni de poder, ni siquiera promesa de placer. El autor propone que quizá lo sea de una especie de costosa serenidad, o de extraña lucidez...[16]

Para Ramiro A. Calle, autor que se ha ocupado de la cultura meditativa, la mente todavía hoy es una gran desconocida, a pesar de que pasa toda la vida con nosotros; el autor sugiere que nuestro poso cultural y nuestros códigos de creencias hacen que la mente obstaculice el camino hacia la paz interior, la libertad y el sosiego. Solamente cuando logremos desencadenarla, liberarla de todas sus ataduras, podremos franquear el paso hacia la energía,

---

15. *Idem.*
16. D'Ors, P. (2010), *Biografía del silencio.* Galaxia Gutenberg, S.L.

la claridad, la cordura y la intuición. Una mente poco trabajada se muestra inestable, dolorosa, descontrolada y contradictoria, esa misma mente nos confunde y nos mantiene asidos a creencias ilusorias, pensamientos ingobernables y obsesiones insanas.[17]

Para el autor, la práctica de la meditación puede ayudar a resolver los conflictos de la mente, que a su vez es precursora de todos los estados. Debemos obligarnos en primer lugar a conocerla, un conocimiento que se practica y que proviene de la voluntad y de la introspección. Aprender a regularla, a ser capaces de reorganizarla, sanearla, apaciguarla y controlarla, sometiéndola al yugo de la conciencia y de la lucidez. En las culturas orientales meditativas la mente es el órgano de doble función: perceptiva y cognitiva, y atiende a las cuatro tareas que la hacen poderosa. La capacidad receptiva, la inconsciente, esta última bastante imprecisa y caótica, la yoística o individual y la del juicio y el raciocinio.[18]

Una mente bien modelada puede hacer de cada uno de nosotros no solo un ser de conocimiento, sino un ser de sabiduría. El autor considera que media un abismo entre ambos conceptos a pesar de su aspecto complementario. En la mente también habita el pensamiento y ese pensamiento tiende a comparar, medir o diferenciar basándose en los «pares de opuestos» frío-caliente, bueno-malo, sucio-limpio. El conocimiento se transfiere y se deforma pasando de mano en mano y, a veces, nos obliga a hacer juicios de valor innecesarios. Solamente una visión más completa, una visión del todo, donde los sentimientos, la función cognitiva, la lucidez y la intuición se encuentren en armonía, podremos encontrar la sabiduría. El valor del conocimiento en el sentido occidental es bastante relativo, es un cúmulo de hechos acreditados de forma reiterada, de comprobaciones parciales y de racionalismo cartesiano que nos obliga a elegir entre opciones aparentemente enfrentadas. El valor de la sabiduría es, por el contrario, un valor absoluto porque es una visión clara y libre de engaños y zonas oscuras, cada quien debe ser el procurador de su propia sabiduría, alcanzarla y cultivarla. El conocimiento, tal y como hemos apuntado, se puede transferir, la sabiduría no.[19] Sobre este mismo asunto, el Dalai Lama sostiene que la calma mental es el estado que nos libera de la distracción a causa de estímulos externos y nos conduce hacia el objeto de meditación, nos hace ágiles de pensamiento

17. Calle, R. A. (2011) *El gran libro de la meditación*. MR Ediciones.
18. *Idem*.
19. *Idem*.

y nos regala felicidad; así alcanzamos la sabiduría porque solamente con sabiduría, se aprecia la esencia de las cosas y se erradica la oscuridad.[20]

La meditación nos ayuda, sostiene asimismo Calle, a dirigir y afinar la memoria, la imaginación o la propia conciencia, cualidades maravillosas que si no funcionan a la perfección pueden causar nostalgias, abatimiento o desmotivación, falsas expectativas o ansiedad. Hay que ejercitar la mente para encauzar los pensamientos y alejar los temores, la suspicacia o el pesimismo.

Calle es autor de numerosas obras y ha estudiado en profundidad los efectos terapéuticos de la psicología oriental y las aportaciones de la meditación al psicoanálisis, la psicoterapia y la neurociencia.

La capacidad transformadora de la meditación parece, a estas alturas del capítulo, incuestionable.

Por otra parte, cabe mencionar a Matthieu Ricard y Wolf Singer. El primero es doctor en Biología, monje budista desde 1978, fotógrafo e intérprete francés del Dalai Lama y conocido, medio en broma medio en serio, como «el hombre más feliz del mundo»; y el segundo es neurocientífico, fundador y director emérito del Instituto Max Planck para la investigación del cerebro en Frankfurt (Alemania) y del Instituto Ernst Strüngmann, y autor de más de cuatrocientas publicaciones en el ámbito de la neurociencia.

En una de sus obras proponen técnicas y enfoques de la práctica meditativa como herramienta de bienestar y sanación. A lo largo de seis intensos capítulos se refieren a la práctica como una ciencia de la mente, no se nos puede escapar que tal afirmación cobra toda la importancia por venir de donde viene. Nos hablan de la llamada «conciencia despierta» y la formación de las emociones, las posibilidades de provocar cambios graduales y duraderos y sus procesos. Ambos científicos repasan cuestiones como las perturbaciones mentales, la capacidad de atención o el control cognitivo; la posibilidad de consolidar conocimientos durante los períodos de sueño o los límites mentales. Además de un análisis científico, Ricard y Singer se sirven del conocimiento filosófico y conducen al lector por el camino de la ilusión o la magia, ofrecen su visión sobre el altruismo y la compasión, la observación pasiva, la paz interior o el amor desvinculado del apego.

---

20. Dalai Lama (2004), *La meditación paso a paso*. Debolsillo Ediciones.

Los autores proponen en los capítulos finales la práctica del autoexamen, el análisis de nuestro propio yo desde el punto de vista convencional, o enlazado con la libertad individual, recomiendan la revisión del ego o de la ausencia de ego, nos retan para que descubramos cuáles son exactamente las fuerzas que gobiernan en la mente, se extienden en consideraciones sobre el libre albedrío, cuestión esta que ha hecho correr ríos de tinta en la bibliografía filosófica, especialmente en corrientes religiosas como el cristianismo. Nos hablan de conceptos tan sutiles y esquivos como la naturaleza de la conciencia, sus diferentes estados y su propia representación material e inmaterial.[21]

Ricard ratifica las teorías de la doctora Idiazábal, mencionada líneas atrás, cuando sostiene que numerosas investigaciones científicas relacionadas con la neuroplasticidad demuestran que el entrenamiento, en cualquiera de sus modalidades, puede conseguir importantes reorganizaciones cerebrales, tanto desde el punto de vista funcional como desde el estructural.

Esta pareja de hombres de ciencia y meditadores han invertido más de ocho años en discusiones, análisis, exposiciones, comprobaciones y vivencias, según reconocen en el apartado de «agradecimientos» del libro, para ofrecernos esta obra que parece querer desdibujar las fronteras entre los paradigmas filosóficos de Oriente y Occidente.

A mediados del siglo XIX, en 1867, se fundó en Barcelona (España), el Hospital Sant Joan de Déu, el primero del país especializado en pediatría. Hoy día es una de las instituciones de referencia en medicina infantil, también en ginecología y obstetricia. En el recinto se administran especialidades relacionadas con la neurociencia, la oncología o la cardiocirugía. Aunque se observa mejor la importancia de la institución examinando el impacto sobre el entorno en términos numéricos: allí se atienden alrededor de 120.000 urgencias anuales, se tramitan más de 25.000 ingresos y se reciben 200.000 visitas. El hospital cuenta con un servicio permanente de atención espiritual y religiosa (SAER), una de cuyas iniciativas más llamativas es la práctica de sesiones diarias de meditación que se ofrecen en la capilla del centro. En un entorno de dolor, de adversidad y de enfermedad, la meditación se concibe como una ayuda para fortalecer el espíritu de los enfermos, familiares y allegados e, incluso, el de los propios profesionales que prestan sus servicios. Me gustaría subrayar, en este caso en especial, la

---

21. RICARD, M. y SINGER, W. (2017), *Cerebro y meditación. Diálogo entre el budismo y las neurociencias*. Editorial Kairós.

compatibilidad entre un desempeño científicamente avanzado y las técnicas meditativas como una suerte de medicina espiritual.

Ahora que ya saben lo que saben pueden pensar con más detenimiento sobre las capacidades desconocidas de nuestra mente, o, mejor todavía, pueden meditarlo.

A continuación, me propongo abordar una cuestión de tamaño descomunal, imposible de percibir solamente a través de nuestros sentidos, tan precarios y tan engañosos, una cuestión que, sin embargo, cautiva nuestra imaginación y ha sido objeto de especulaciones científicas y filosóficas durante toda la historia de la humanidad. Me propongo hablarles del universo, de su edad, su forma y su composición, también de sus condiciones y de su pasado, porque hoy sabemos que el universo no fue siempre como lo percibimos en nuestros días; sabemos que también tuvo su infancia, su momento cero. Según se cree, hace 13.800 millones de años, la energía de los cielos al completo, esa misma que hoy nos asiste, que gobierna las órbitas de los cuerpos celestes, que hace rotar los planetas y brillar a las estrellas, que se transmite en forma de oscilaciones a través del espacio y que está facilitando su propia e inexplicable expansión, toda esa fuerza que hoy se despliega en una superficie de millones de años/luz, toda, estuvo en un primer momento concentrada en un punto inconcebiblemente pequeño.

Una gran explosión[22] liberó toda la concentración de energía e hizo posible el nacimiento del espacio y la materia tal y como los conocemos. Pero eso solamente lo sabemos con certeza desde mediados del siglo XX. Y queremos saber más sobre las fuerzas misteriosas, que han hecho posible la génesis y el gigantesco despliegue de energía, y que, de forma simultánea, han hecho surgir de su interior una extraña cuarta dimensión que llamamos tiempos. A pesar del caos, del desorden que sugiere una explosión inimaginable, todos los elementos del universo se comportan con arreglo a un orden, a una serie de reglas aparentemente inteligibles y explicables. Filósofos y científicos a lo largo de los siglos se han esforzado por ofrecer una explicación sobre ese conjunto de reglas que llamaremos «el orden universal».

Ojalá que, una vez leídas las páginas que siguen, puedan hacerse siquiera una idea aproximada sobre la naturaleza de nuestro deslumbrante universo.

---

22. Gran explosión es una forma coloquial de referirme al acontecimiento que, de manera correcta, deberíamos denominar Gran expansión.

Capítulo II

El orden universal

A medida que la ciencia moderna y la ciencia mental antigua se unen y trabajan juntas, más se explicará nuestro conocimiento.

DALAI LAMA

La Mente del Universo es la fuente de la vida. Es invisible, pero emite la vibración más hermosa, compuesta por la luz más brillante, el amor más intenso y la energía más poderosa. Con esta vibración crea, guía y cuida de toda la vida. La naturaleza es el cuerpo de la mente del universo, está constantemente dando todo lo necesario para que la vida continúe. Realmente quiero que cada persona sienta este amor de la Mente del Universo.

MASTER OH

Si alguien piensa de las líneas que siguen que son un intento de corroborar conclusiones científicas con ideas místicas, o filosóficas, significa sencillamente que me he explicado mal. Aquí encontrarán juntos pensamientos de una u otra naturaleza con la intención de que discurran en paralelo, de modo que puedan observarse y valorarse sin ninguna necesidad de que se crucen entre ellos. Yo trataré de exponer para que cada quien extraiga sus propias conclusiones, y si en alguna de mis consideraciones observan algún sesgo en un sentido o en otro, probablemente signifique que, de forma consciente o inconsciente, lo tenga; solo espero que eso no devalúe la cuestión narrativa.

En la década de1950 generalmente se aceptaba la teoría del universo en *estado estacionario,* sin matices ni fisuras, un modelo propuesto inicialmente por Thomas Gold y Hermann Bondi en 1948.[1] Un dogma científico igual de asombroso que inexplicable y que, sin embargo, aprovisionó el arsenal intelectual de los partidarios del materialismo científico que, finalmente, se impondría como corriente de pensamiento hasta bien entrado el siglo xx. Privando al universo de un origen, de un momento cero, desaparecía cualquier necesidad de una hipótesis filosófica relacionada con una inteligencia creadora, con la posibilidad de un génesis preconcebido, con una energía primera, en resumidas cuentas, con lo que muchos llaman Dios. Así las cosas, la mística creacionista, de cualquier naturaleza que fuese, resultaba excluida del debate intelectual sobre los orígenes.

De acuerdo con la manera prevalente de pensar, la idea de un punto concreto de partida, resultaba una explicación frágil y poco convincente, imaginativa

1. Penrose, R. (2011), *Los ciclos del tiempo. Una extraordinaria nueva visión del Universo.* Debate.

pero poco rigurosa e incompatible con un universo que nadie nunca creó, que no tuvo un principio y que, seguramente, no tendría un final, que siempre estuvo y que siempre estaría allí. Con la idea de un universo estacionario.

El paradigma del universo estacionario decaería cediendo ante la fuerza de nuevas observaciones, de nuevas comprobaciones y de nuevas evidencias. Las leyes del universo son esquivas y no siempre asequibles para nuestro entendimiento; pareciera que aumentan su complejidad conforme vamos descifrando las claves que explicarían su naturaleza. Afortunadamente, la curiosidad y la perseverancia humanas facilitan la elaboración permanente de hipótesis alternativas que desalojan al pensamiento dominante porque consiguen explicar mejor la realidad.

La existencia en el universo de una enigmática radiación de fondo de microondas fue anticipada en 1948 por George Gamow, Ralph Alpher y Robert Herman. La teoría que predecía tal radiación no fue inmediatamente considerada ni discutida por la comunidad científica y tuvo que ser redescubierta por casualidad y de manera simultánea en la década 1960 por Robert Henry Dicke, al que me referiré unas líneas más abajo, y el conjunto de físicos rusos conocido como grupo Zeldovich.

Considerando estos antecedentes, en 1964, Robert W. Wilson y Arno Penzias, dos jóvenes físicos que se disponían a utilizar un gran reflector para tratar de localizar un halo alrededor de la Vía Láctea, detectaron durante las pruebas preliminares, y sin que hubiera posibilidad de error, un ruido que no debería estar allí. Ellos no podían saberlo, pero su ruidoso descubrimiento era nada menos que el eco fósil de la creación del universo. El radioastrónomo Bernie Burke, amigo de ambos, les habló de los trabajos de un físico de Princeton llamado Jim Peebles, que, siguiendo a su vez las instrucciones del profesor Robert Dicke, había redactado un artículo previendo la posibilidad de encontrar esta radiación fósil asociada a los primeros instantes del universo. El descubrimiento hizo añicos la idea monolítica de un universo estacionario sin principio ni fin y reabrió de par en par las puertas a otras interpretaciones sobre el origen del universo, incluyendo las de carácter filosófico. Así lo relata el propio Wilson en el prólogo del libro superventas de Bolloré y Bonnassies: *Dios. La ciencia. Las pruebas.*[2]

---

2. Bolloré, M. Y. y Bonnassies, O. (2023), *Dios. La ciencia. Las pruebas: el albor de una revolución.* Editorial Funambulista, en coedición con Ladera Norte. Capitán Swing libros, S. L.

El fenomenal hallazgo hizo del tándem de físicos desconocidos una pareja célebre de físicos galardonados con sendos premios Nobel unos años más tarde, en 1978. Por su parte, las predicciones de Peebles, unidas a su trayectoria investigadora, le valieron a su vez el Premio Nobel en 2020.

Las consecuencias de las observaciones de Wilson y Penzias fueron de una importancia extraordinaria, tal y como hemos señalado, porque sugerían que el universo tuvo un principio, lo tuvo en una fecha determinable y los modelos matemáticos podían mostrarse muy explícitos al respecto. La teoría mayoritariamente aceptada hoy sobre los orígenes del universo se conoce como teoría del Big Bang; el término lo acuñó el astrónomo inglés Fred Hoyle y lo hizo con la idea de ridiculizar el concepto, como el que dice plis plás, o abracadabra pata de cabra, sin imaginar siquiera que ese nombre corto, sonoro y sugerente se convertiría en el nombre de pila de la teoría física más revolucionaria de todos los tiempos. De hecho Hoyle, en 1950, consideraba la teoría del gran estallido como una conjetura poco satisfactoria. En absoluto compartía la idea de un inicio concreto en un momento determinado; él pensaba más bien en su modelo estacionario, o semi estacionario puesto que Edwin Hubble ya había demostrado convincentemente el estado expansivo del universo. A pesar de las evidencias, Hoyle proponía un cosmos, si no permanentemente igual, sí permanentemente similar. Su comparación preferida era la de una película proyectada fotograma a fotograma a lo largo de miles de millones de años, entonces podríamos observar a las galaxias condensándose a partir de las fluctuaciones de fondo. Si bien no tuvo más remedio que aceptar el criterio de estado expansivo, propuso una suerte de compensación, gracias a la cual, las galaxias que desaparecieran en el proceso de expansión podrían verse sustituidas por otras de formación más reciente. Si un espectador se perdiera parte de la proyección de esa película de la que hablaba Hoyle, aquello no tendría importancia porque las imágenes parecerían las mismas por los siglos de los siglos.[3] Tal intento de explicación acabaría demostrándose incorrecto.

Años antes de que la radiación de microondas hiciera plausible la idea de un principio del todo, hacia 1930, el astrónomo y sacerdote belga Georges Lemaitre (1894-1966), ya había acariciado la idea de una gran explosión creadora y se refirió a ella como «huevo cósmico» o «átomo primordial».[4]

---

3. Frank, A. (2012), *El fin del principio. Una nueva historia del tiempo*. Editorial Planeta.
4. Christian, D. (2019), *La gran historia de todo*. Editorial Crítica.

En las líneas que siguen intentaremos explicar de forma simplificada la secuencia del llamado Big Bang, una idea que a primera vista resulta inaprensible y poco intuitiva, a menos que se analice desde un punto de vista más filosófico.

Los modelos matemáticos desentrañan con una precisión razonable los acontecimientos que median entre la Gran Explosión y nuestros días, esto es, un lapso de tiempo calculado de 13.800 millones de años. Sabiendo aproximadamente lo que pasó, también pueden desarrollarse hipótesis más o menos robustas sobre lo que todavía no ha pasado, lo que está por venir en este espacio descomunal que denominamos universo. Hasta donde sabemos, las ecuaciones arrojan resultados incontrovertibles, eso es precisamente lo que pone a prueba la capacidad de asombro de cualquiera, el momento cero, las condiciones que debieron darse necesariamente antes de la Gran Explosión para que esta efectivamente sucediera.

La comunidad científica considera mayoritariamente el Big Bang como el origen de la materia y del espacio, también del tiempo. Poniendo la marcha atrás en las ecuaciones que certifican el origen de todos los orígenes, concluimos que, para que materia, espacio y tiempo nacieran, toda la energía del universo, toda, tuvo que estar concentrada en un punto, por cierto, un punto diminuto, por decirlo burdamente, ni siquiera en el espacio que ocupan sus homónimos el punto y aparte o el punto y seguido en este mismo escrito. Todo lo que podemos ver al levantar nuestros ojos en una noche estrellada, más todo lo que no podemos ver en esa misma noche estrellada, más todo lo que podamos intuir o imaginar, más todo lo que existe a profundidades de millones de años luz en cualquier dirección, más cualquier otra cosa que a usted se le ocurra, se aglutinó en un espacio ridículamente pequeño, en un incomprensible punto. Una singularidad.

Probablemente hasta aquí todos podríamos ponernos matemáticamente de acuerdo, pero los resultados de las ecuaciones nos obligan a formular una pregunta inevitable: ¿Qué había antes del Big Bang?

Estrictamente hablando, es una pregunta que no tiene mucho sentido porque no se puede utilizar el adverbio de tiempo «antes», ni poco ni mucho ni nada antes, de que el propio tiempo naciera. Mientras no existía el tiempo, antes o después solamente es una forma abstracta de hablar, por decirlo de alguna manera. Una vez hecha esta salvedad, digamos que, en mi opinión, lo que parece demostrado es que solamente la energía del universo existía, circunstancia que se corresponde muy bien con la naturaleza de la energía, que ni se crea ni se destruye, solo se transforma.

Ahora llega la otra cuestión inevitable: nos preguntamos si todo el orden universal surgido de la Gran Explosión se comporta con arreglo a un mandato inteligente, obedece a un legislador con una voluntad concreta, o se debe al azar, a un juego de probabilidades de proporciones enormes.

Aquí entran en juego las disciplinas de carácter filosófico o místico, y provocan una bifurcación, una encrucijada, en las creencias de cualquiera de nosotros, con formación científica o sin ella. Cuando uno se encuentra confortablemente instalado en el momento del Big Bang, en el punto cero de la historia universal, nos vemos obligados a decidir entre uno de los dos caminos que acabamos de señalar, porque no hay muchos más: o bien todas las nuevas agrupaciones de elementos, la formación de cuerpos celestes o de estrellas, los conjuntos de galaxias, los agujeros negros, la materia oscura, o la materia misma en general y toda su enciclopedia de leyes gravitacionales y códigos cuánticos son el resultado de una probabilidad de cuya magnitud solo podemos decir que es distinta de cero, o toda la complejidad universal es responsabilidad de una voluntad primera.

Volviendo al encabezado de este capítulo encontramos la posición de Master Oh al respecto. Él considera que todo el orden universal y toda la perfección del conjunto se debe a una fuerza creadora que denomina «la Mente del Universo» y que es la fuente de la vida, que vibra en la frecuencia más alta y que esa vibración es su manera de intervenir, de comunicarse con todos nosotros, de enviarnos luz y amor. En un capítulo posterior profundizaremos sobre la naturaleza de la vibración y sobre su omnipresencia.

> **La Mente del Universo es la fuente de la vida. Es invisible, pero emite la vibración más hermosa, compuesta por la luz más brillante, el amor más intenso y la energía más poderosa. Con esta vibración crea, guía y cuida de toda la vida. La naturaleza es el cuerpo de la mente del universo, está constantemente dando todo lo necesario para que la vida continúe. Realmente quiero que cada persona sienta este amor de la Mente del Universo.**

Obsérvese el significante de la expresión, compuesto de «Mente», en alusión al significado de un diseño inteligente y voluntario, y del «Universo», en reconocimiento y aceptación de un todo común, un ámbito tan extenso como pueda imaginarse gobernado por los mismos principios y compuesto por los mismos elementos; sobre esta última idea volveremos más adelante. La interpretación de Master Oh con respecto a una divinidad, a una inteligencia superior que estuviera a los mandos de la creación, guarda cierta similitud con el resto de culturas creacionistas, si bien en su caso la concibe como una abstracción, como un fondo de bondad ecuánime, desprovista de ira y deseos de justicia estricta. En su relación con los seres animados e inanimados podríamos decir que interviene de manera natural y provee de todo lo necesario para la vida porque en su naturaleza está proveer, y no porque el comportamiento de unos merezca una atención especial o diferente de los otros. El enunciado «Mente del Universo» sugiere lo voluntario de la creación y la conexión existente entre todo y todos por el mero hecho de compartir un origen y un espacio común. Por la misma razón filosófica se podría decir que todos somos una fracción de esa abstracción que llamamos «mente universal».

En una esclarecedora conversación con el autor, Roberto y Elena Terlevich, un matrimonio de doctorados en astrofísica por la Universidad de Cambridge, abordan cuestiones fascinantes sobre los inicios del universo. Empezaremos diciendo que Elena y Roberto son parte de la historia reciente de la astronomía; ellos fueron en algún momento colegas y compañeros en Cambridge del célebre Fred Hoyle, el hombre que, como hemos comentado al inicio del capítulo, quiso ridiculizar la teoría de la Gran Explosión bautizándola con el nombre despectivo, o jocoso, de Big Bang.

No sé qué opinará usted, pero para mí, ni el Premio Nobel que por diferentes circunstancias Hoyle nunca ganó, ni todos los reconocimientos académicos que uno quiera imaginar, pueden compararse con la gloria de haber puesto un mote a la mismísima génesis del universo.

El Big Bang somos nosotros, explica Roberto, el centro del universo está en todas partes a la vez y conforme se expande se forma el propio espacio. La expansión del universo, constatable mediante modelos matemáticos y observaciones astronómicas, es otra de las evidencias de la teoría de la Gran Explosión; cada vez las galaxias están más alejadas unas de otras, lo que demuestra que si invertimos el sentido del proceso hallaremos la discontinuidad, el ente matemático de la concentración de la energía del universo en un solo punto. Elena, por su parte, nos habla del orden cósmico, la lógica de su funcionamiento y los caminos que nos han permitido llegar a conocerlo, a hacerlo previsible.

En los primeros momentos del cosmos la temperatura era enorme, el paulatino enfriamiento como consecuencia de la expansión permitió la formación de los primeros núcleos atómicos en el período llamado de nucleosíntesis primordial. El proceso de transformación e intercambio químico en los elementos primigenios cesó con el descenso de la temperatura y las condiciones insuficientes de densidad y presión. A partir de entonces los nuevos elementos se aglutinaron por la fuerza de la gravedad, al aglutinarse se comprimieron y al comprimirse aumentaron nuevamente de temperatura y se formaron las primeras estrellas. En el núcleo de las estrellas, las condiciones de temperatura y presión gigantescas volvieron a permitir la génesis de elementos uno a partir del otro.

El elemento más simple del universo es el hidrógeno y todo el hidrógeno del universo se formó en los primeros momentos de la creación; la transformación del hidrógeno en helio es el proceso que produce la energía de las estrellas como el Sol y es la esperanza para la humanidad de obtener una energía limpia e inagotable. Calculando la tasa de conversión de hidrógeno en helio, podemos calcular el tiempo necesario para tal transformación e, indirectamente, conocer la edad del universo, lo que se considera otra evidencia, unido al eco de microondas, de la verosimilitud de la teoría del Big Bang.

Recientemente la Agencia Espacial Europea ha detectado fluctuaciones en el fondo de microondas, predecibles y observables, lo cual en sí mismo no parece demasiado importante, hasta que no se considera que esas fluctuaciones podrían ser el origen de todos nosotros; son las fluctuaciones cuánticas que permitieron la formación de todo, desde los grandes cúmulos de galaxias hasta las formas de vida que conocemos. Con respecto a la conectividad del universo, a la unicidad de todo, hoy sabemos que el universo es isotrópico, lo que significa que es muy similar miremos hacia donde miremos; que la tabla de elementos, o tabla de Mendeléyev, publicada en 1869, es la misma aquí que a 12.000 millones de años de distancia y que las distancias fabulosas no provocan una desconexión causal, a pesar de verse limitada la comunicación por la infranqueable velocidad de la luz, así lo explica Roberto Terlevich al hablar del universo.

Esta última explicación sobre el nexo de causalidad y sobre las limitaciones que impone la velocidad de la luz, me obligan a reflexionar en un sentido quizá un tanto simplificador cuando advierto la enorme desproporción que existe entre las distancias galácticas y el límite de la velocidad científicamente considerado. Nuestra forma de concebir el universo y su propia expansión, unidos a la imposibilidad de traspasar la velocidad de la luz, nos condena a la aceptación de la ignorancia; en un universo cada vez más grande y cada vez más distante, el paso del tiempo debería hacer más difíciles las observaciones, las cuales tendríamos que sustituir por proyecciones matemáticas. Un observador humano podría considerar que la luz es demasiado lenta para recorrer el universo.

A veces las evidencias científicas se parecen a una poesía; sucede al conocer que las estrellas son en realidad fábricas de elementos pesados que, cuando agotan su provisión de hidrógeno, el helio de los soles se transforma en elementos más pesados, y así hasta el momento en que colapsan y explotan en forma de supernovas y aceleran la fabricación de más elementos pesados. Del caos explosivo surge el orden como lo hace una sinfonía de un conjunto de notas musicales dispersas.

Hasta una era determinada el universo era opaco, imposible de observar, hasta que alguien, desde el punto de vista místico, o algo, desde el punto de vista científico, como las condiciones gravitatorias o una fuerza causal desconocida dispuso que los núcleos se recombinaran con los electrones; esta relativa cautividad oscilatoria de las partículas hizo que el cosmos se volviera transparente. También esa es una idea maravillosa.

Nuevas estrellas se forman cada poco tiempo y siempre a partir de los mismos elementos comunes a todo y a todos, y reafirman la existencia de un orden universal sujeto a unas determinadas leyes, predecibles y observables en ocasiones, que afectan tanto a las partículas elementales como a las gigantescas formaciones celestes.

Los filósofos de todos los tiempos han cultivado teorías participativas razonablemente similares. Massimo Pigliucci, filósofo italiano, en su libro sobre los estoicos,[5] nos relata cómo el viejo Epicteto explicaba a sus alumnos de

5. Pigliucci, M. (2018), *Cómo ser un estoico. Utilizar la filosofía antigua para vivir una vida moderna*. Ariel.

la Grecia clásica la imposibilidad de que Dios fuera algo externo, algo que estuviera allí fuera, y les decía que todos éramos un fragmento de Dios. En ese sentido, razona Pigliucci, los estoicos podían considerarse panteístas, esto es, que pensaban que Dios es el propio universo y, por consiguiente, todos participamos en una u otra medida de la naturaleza divina. La identificación de la divinidad con toda la creación habría de ser una historia larga y de éxito, desarrollada, entre otros, por el filósofo holandés de origen sefardí Baruch Spinoza en el siglo XVII. Spinoza (1632-1677), fue uno de los grandes pensadores de la Ilustración, de la crítica bíblica moderna y del racionalismo. Este filósofo propone una realidad eterna, infinita y perfecta, distinta del Dios personal que se concibe en el teísmo clásico, una realidad donde todas las cosas del universo solo son «modos de Dios». Sobre esta idea panteísta volveremos en el capítulo dedicado a la espiritualidad y comprobaremos su influencia en la nueva manera de practicar la trascendencia.

Sobre el particular podemos analizar interpretaciones diversas; en el caso de Thomas Henry Huxley (1825-1895), biólogo y filósofo británico del siglo XIX, célebre entre otras cosas por haber sido el hombre que acuñó el concepto de «agnosticismo», es decir, que ni afirma ni niega, en su libro *Agnosticism*.[6] Según Huxley, la característica de un agnóstico es la ausencia de credo, ni siquiera un credo negativo; es un método cuya esencia reside en la aplicación rigurosa de un solo principio y que puede formularse como sigue:

> **En los asuntos relativos al intelecto, siga usted a su razón tan lejos como le lleve sin tener en cuenta ninguna otra consideración. Y negativamente: en los asuntos relativos al intelecto no pretenda que sean ciertas las conclusiones que no han sido demostradas o que no puedan demostrarse. Y tengo por fe agnóstica el que si un hombre se mantiene puro y de una pieza, no se avergonzará de mirar de frente al universo, sea lo que sea lo que el futuro le reserve.**

En su libro *El espejismo de Dios*[7] Richard Dawkins (1941) ofrece una postura que suena muy ecuánime porque, a pesar del ateísmo bien conocido del autor, afirma que la hipótesis de Dios es una hipótesis científica sobre el universo que hay que analizar con el mismo escepticismo que cualquier otra; o bien existe o bien no existe, es una cuestión científica, tal vez se conozca algún día la respuesta, pero, mientras tanto, podemos pronunciarnos con

---

6. HUXLEY, T. (2020), *Agnosticism*. Origami Books.
7. DAWKINS, R. (2010), *El espejismo de Dios*. Espasa.

fuerza acerca de su probabilidad y tales discusiones pertenecen a la misma categoría que las controversias acerca de las extinciones del Pérmico y el Cretácico. No fue Dawkins tan amable ni tan diplomático con las religiones en la mayoría de sus escritos; por ejemplo y por resumirles, ideó una droga literaria, alucinógena y perturbadora que convertía a las personas en esclavas intelectuales de organizaciones perversas. Sometidas las mentes a los efectos del fármaco, las personas eran capaces de matar, de comer carne humana y de todas las atrocidades imaginables; a tal compuesto lo llamó «geriniol», teorizó sobre sus efectos y se preguntó por qué no estaba prohibida. Si alguno de ustedes es disléxico quizá haya descubierto el truco, si le gustan las adivinanzas y las sopas de letras también: ponga las ocho que componen la palabra «geriniol» en una coctelera, remueva y sirva, alguna vez va a salir «religión», porque esa es la droga peligrosa de la que reniega el autor.[8] Dawkins es uno de los arietes de la supuesta confrontación radical entre la ciencia y la fe.

Steven Weinberg (1933-2021) obtuvo el Premio Nobel de Física en 1979 por sus aportaciones para la unificación de dos de las cuatro fuerzas que gobiernan el universo: la nuclear débil y la electromagnética. Ateo militante y materialista científico radical, en su obra sobre los primeros minutos del universo[9] expresó sus reparos a la teoría del Big Bang, oponiendo al modelo aceptado que, de ser cierto, la cantidad de luz que ahora mismo debería haber en el universo sería infinita, cuando claramente no es así. También se muestra muy explícito en su trabajo *El sueño de una teoría final.*[10] A lo largo de la obra critica la idea tan amplia, a su parecer, que algunas personas tienen de Dios; tanto que esa misma idea hace inevitable que se topen con ese Dios en cada momento y miren en la dirección que miren. También reprocha a los creyentes la flexibilidad del término «Dios», tanta que permite concebirlo como naturaleza, como definitivo o como universo.

> **Si usted quiere decir, por ejemplo, que Dios es energía, entonces lo podrá encontrar en un trozo de carbón.**[11]

---

8. Artigas, M. (2006), «El Capellán del Diablo. Ciencia y religión en Richard Dawkins». *Scripta Theologica*.
9. Weinberg, S. (2016), *Los tres primeros minutos del universo*. Alianza Editorial.
10. Weinberg, S. (2020), *El sueño de una teoría final: la búsqueda de las leyes fundamentales de la naturaleza*. Booket.
11. *Idem*.

El gran Albert Einstein (1879-1955), sobre cuya religiosidad o escepticismo se ha escrito tanto como si eso probara o desmintiera algo sobre la existencia de Dios, dejó dicho que no trataba de imaginar un Dios personal, porque a él le bastaba *con una contemplación reverente de la estructura del universo, en la medida en la que los defectuosos sentidos del hombre permiten apreciarla.* Verdaderamente las palabras del gran físico no sirven ni para corroborar ni para desdecir sus creencias, pero resulta llamativa su postración ante lo que él denomina la «estructura del universo». No se puede verificar, analizando el tenor literal de sus escritos, que en el universo vea a Dios; lo que sí se puede decir es que reconoce la insignificancia humana y que reverencia la grandeza del universo.

La fórmula semántica se parece sospechosamente a los postulados panteístas de los estoicos clásicos o de Spinoza. Einstein, probablemente para acabar de confundirnos sobre su posición al respecto, dijo de sí mismo:

> **Soy un no creyente profundamente religioso. De una suerte de nueva religión… Lo que veo en la naturaleza es una estructura portentosa que solo podemos comprender de manera muy imprecisa y eso debería proveer a cualquier mente pensante de la debida humildad.**[12]

Por concluir sobre las inclinaciones religiosas de Albert Einstein, digamos que todo el mundo, místicos y escépticos, encontró entre sus escritos razones suficientes para contarlo como un incondicional entre sus filas respectivas. Richard Dawkins, al que ya hemos mencionado como autor de *El espejismo de Dios,* se manifiesta convencido del agnosticismo del autor de la teoría de la relatividad; en cambio, el escritor y filósofo norteamericano Ken Wilber (1949), en el prefacio a la edición de 2021 de *Cuestiones cuánticas,*[13] considera que el propio Einstein, pero también Eddington, Bohr, Planck, Heisenberg y Pauli, a pesar de rechazar todos formalmente cualquier tipo de entrelazamiento entre la ciencia y la mística, a pesar de ello, insisto, fueron todos, según Wilber, místicos convencidos. Sobre este asunto volveremos más adelante.

Líneas atrás hacíamos alusión al vuelco filosófico que se produjo aceptando la idea del origen del universo; la circunstancia misma de un principio,

12. DAWKINS, R. (2010), *El espejismo… Op. cit.*
13. WILBE, K. (ed.) (2023), *Cuestiones cuánticas. Escritos místicos de los físicos más famosos del mundo.* Editorial Kairós.

decíamos, sirve para reabrir las puertas a las interpretaciones metafísicas. Consideremos, a modo de contexto, que durante buena parte de los siglos XIX y XX, como hemos visto, estaba muy extendida la opinión de que conocimiento y religión eran los contendientes de un conflicto aparentemente irresoluble. Sin embargo, bien podría ser, sin más, que la ciencia y la fe operaran en ámbitos diferentes e incompatibles entre sí, ni la una podría irrumpir en los dominios de la otra ni la otra en los de la una. El sentir científico de la época se instaló mayoritariamente en una idea de subsidiariedad, es decir, los conocimientos científicos deberían poco a poco sustituir a las creencias, rellenar sus huecos, hasta que todas las cuestiones relacionadas con la filosofía pudieran ser explicadas de una manera racionalmente satisfactoria.

El físico, teólogo y doctor en Filosofía Santiago Collado[14] nos ofrece una panorámica sobre las relaciones que mantienen entre sí la ciencia y la fe y sobre la usurpación mutua que frecuentemente se observa entre disciplinas. Para ofrecer una visión de conjunto y presentar un debate ordenado, algunos autores han propuesto la división de argumentos en diferentes categorías, concretamente cinco:[15] conflicto, independencia, diálogo, complementariedad e integración. Los defensores de la teoría del conflicto, especialmente intensa a finales del siglo XIX, observan a la religión como un lastre para el pensamiento científico, al situar a la fe por delante de la razón en el orden de prelación. El célebre caso de Galileo, obligado a retractarse sobre el movimiento de la Tierra, les sirve de referencia y de prueba. La opción de la independencia, por su parte, defiende la inexistencia del conflicto por ser diferentes los ámbitos de estudio de unos y otros; cada parte debería extraer sus propias conclusiones sin necesidad de confrontarlas.

Los entusiastas del diálogo proponen una apertura recíproca que no solo evite el conflicto, sino que permita un desarrollo científico desprovisto de ideologías y una teología que tenga en cuenta la explicación científica de la realidad. La complementariedad sostiene que, ambos tipos de conocimiento, filosófico y espiritual, contribuyen en alguna medida a ofrecer

---

14. Quiero hacer constar la amabilidad de Santiago, que en una amena conversación me prestó sus conocimientos, sólidos y bien fundados, sobre el tema y me sugirió fuentes bibliográficas muy valiosas.
15. Téngase en cuenta que en su sistematización, los autores en este caso toman al cristianismo como religión de referencia.

una explicación más fiable de todo lo que nos rodea. Los partidarios de la integración defienden, por su parte, la idea de que, frecuentemente, la ciencia confirma extremos sobre los que la fe ya se había pronunciado en el mismo sentido, o que, en todo caso, algunas ideas metafísicas pueden servir de inspiración o de indicios para la ciencia.[16] Me parece interesante tomar estas reflexiones en consideración para hacerse una composición de lugar sobre los contenidos de este capítulo.

Siguiendo con Einstein, quizá les resulte sorprendente saber que el célebre físico se empeñó en sostener matemáticamente la teoría de un universo estacionario, sin principio ni fin, muy diferente de lo que propone la teoría del Big Bang, como hemos visto. Lo hizo hasta el punto de introducir en sus ecuaciones un valor imaginativo y sonoro que le permitía alterar su propia ecuación original del campo gravitatorio para que arrojara unos resultados compatibles con su idea de un universo inmutable. A ese valor lo llamó «constante cosmológica». Tuvieron que ser otros grandes científicos como Friedman, Hubble, Eddington o Lemaitre, los que demostraran a Einstein que efectivamente él, Einstein, tenía razón, pero que la tenía antes y no después de introducir su famosa constante.

Michio Kaku (1947), físico japonés, autor de *La ecuación de Dios*,[17] menciona en sus consideraciones a Santo Tomás de Aquino, célebre teólogo católico del siglo XIII, quien propuso con entusiasmo los argumentos que, a su parecer, hacían inevitable la existencia de Dios como causa primera: argumentos de carácter cosmológico, en virtud de los cuales si los objetos se mueven en el espacio necesitaron de una ignición, una fuerza que iniciara el movimiento y que necesariamente debía de ser Dios. Argumentos teleológicos: a nuestro alrededor apreciamos la inmensa complejidad y la sofisticación de todo; tal complejidad sería imposible sin un diseñador inteligente que, por supuesto, debía ser Dios. Argumentos ontológicos: si Dios, por definición, es un ser perfecto se podría imaginar que no existe, pero en tal caso no sería perfecto, por lo tanto, necesariamente tiene que existir.

---

16. COLLADO GONZÁLEZ, S. (2013), «La religión en la ciencia contemporánea: impertinencias e inspiración». *Scientia et Fides*.
17. KAKU, M. (2022), *La ecuación de Dios. La búsqueda de una teoría del todo*. Penguin Random House Grupo Editorial.

Los razonamientos ontológicos se tomaron como pruebas de la existencia de Dios durante cientos de años, hasta el siglo XIX, cuando Immanuel Kant señaló un defecto en dichos argumentos al considerar que la perfección y la existencia son categorías muy diferentes entre sí. El físico autor de *La ecuación de Dios* no toma partido en las disquisiciones metafísicas, si bien considera que a los argumentos teleológicos se les pueden oponer las leyes de la probabilidad. Analiza con más cautela el argumento cosmológico y su necesidad de hálito inicial. En este caso sí observa la evidencia del Big Bang y no considera disparatada una intervención inteligente a la que solo cabría enfrentar, hasta donde sabemos hoy, una compleja e incompleta todavía teoría llamada «del multiverso».

En definitiva, seguimos asistiendo fascinados a la controversia entre el probabilismo racionalista y la intervención creacionista filosófica.

Max Planck (1858-1947), perteneciente al grupo de los fundadores de la mecánica cuántica, está considerado como uno de los físicos más importantes del siglo XX. En 1900 presentó un trabajo revolucionario titulado *Sobre la teoría de la ley de distribución de energía en el espectro normal.* Esta obra introdujo por primera vez la idea de la distribución de la energía en paquetes o «cuantos»; aquello fue un buen punto de partida para el desarrollo posterior de la nueva disciplina subatómica. Planck fue por ello galardonado con el Premio Nobel de Física en 1918. Fue conocido asimismo por sus conferencias de divulgación y por sus trabajos sobre las implicaciones filosóficas de los descubrimientos científicos. Con respecto a su visión metafísica de la realidad, sus conclusiones resultan muy alejadas del materialismo científico. En uno de sus libros sobre la nueva física,[18] Planck considera que cualquier persona que se interese por la ciencia debería apoyarse con decisión sobre su propia fe, porque la fe, bajo su manera de ver, no puede ser obviada por ningún científico. En intervenciones posteriores desarrolló la idea de que la materia en su conjunto debe su origen y su existencia misma a algún tipo de fuerza primigenia. Planck consideró que ese tipo de fuerza primera solo podía ser debida a un ente espiritual consciente.

Yalia Divakara Mayya, doctor astrofísico e investigador en el INAOE Instituto Nacional de Astrofísica, Óptica y Electrónica en Tonanzintla (México), en entrevista con el autor en noviembre de 2023, se mostró muy cauto con

18. PLANCK, M. (2019), *La visión del mundo de la nueva física*. Hitos.

respecto a sus creencias. Si bien reconoce que el fenómeno del Big Bang se presta a cualquier interpretación, afín o no a las doctrinas científicas generalmente aceptadas, él prefiere refugiarse en el cálculo de probabilidades, sin afirmar ni desmentir cualquier otra idea. Para Divakara, cualquier probabilidad distinta de cero es una posibilidad para que la formación de un universo como el que conocemos fuera técnicamente posible; en sentido contrario, si la probabilidad fuera igual a cero, nada de lo que sucedió hubiera podido suceder y entonces sí habría que buscar otro tipo de respuestas.

Hablando de estadística y de la amplitud de las probabilidades, déjenme que vuelva de nuevo sobre el bueno de Fred Hoyle, aquel que bautizó como Big Bang, con bastante mala intención, a la teoría del origen del universo. Sobre la posibilidad casual de la formación de la vida, Hoyle, en un artículo publicado en *Nature* encontró una analogía que se corresponde muy bien con su enorme capacidad intelectual:

> **Hay tantas posibilidades de que la vida haya surgido por azar como de que un tornado que barriera un depósito de chatarra hiciera posible la construcción de un Boeing 747 a partir de los materiales que allí se almacenaban.**

En artículos sucesivos, según recogen Bolloré y Bonnassies, se mostró convencido de que la existencia de Dios la prueban las probabilidades matemáticas, que él mismo calculó obteniendo la astronómica cifra de 10 elevado a menos 40.000. Tampoco creía posible que ningún científico que examinara las reacciones nucleares de fabricación de carbono en las estrellas, por poner un ejemplo, pudiera desoír la conclusión de que las leyes de la física han sido elegidas deliberadamente en vista de las consecuencias que se producen en su interior.[19]

Para Daniel Rosa González, doctor en Astrofísica e investigador de áreas extragalácticas, el universo está todavía en su mayor parte por descubrir. Su especialidad le ha permitido observar profundidades inconcebibles para la mayoría de nosotros, cercanas en el tiempo a la Gran Explosión. Para su trabajo se sirve de telescopios ópticos, del gran telescopio milimétrico (GTM) o incluso de telescopios de altas energías. Él ha visto formaciones de protogalaxias, menos masivas y más metálicas que las galaxias actuales, y está acostumbrado a considerar el tiempo como una cuarta dimensión.

19. BOLLORÉ y BONNASSIES, *Dios... Op. cit.*

Nos habla de un espacio sugerente, de una sopa primigenia formada por mares de protones y electrones libres a los que el progresivo enfriamiento del universo permitió agruparse para formar los primeros átomos de hidrógeno.

En un futuro impreciso, la expansión cada vez más acelerada del universo alejará a unas formaciones de otras a unas distancias inabarcables. A pesar del alejamiento, los elementos químicos en todo el cosmos seguirán siendo los mismos y la energía del universo también será siempre la misma, permitirá las transformaciones y la génesis de nueva materia que, a su vez, acabará transformada en energía componiendo una coreografía cíclica inexorable.

Tal y como sentenciara Anaxágoras, filósofo griego del siglo v a. C.:

> **Nada se crea ni desaparece, sino que las cosas ya existentes se combinan y luego de nuevo se separan.**

En lo que hace referencia a las creencias, Daniel Rosa no se muestra explícito; todo lo más concede que una mente científica no debe cerrarse a ninguna posibilidad. Él mismo repasa las teorías alternativas a la física que conocemos, nos habla de pensadores que entrevén la posibilidad de que nuestro universo no sea el único universo que existe. Al fin y al cabo, reflexiona, la ciencia avanza conducida por pensadores tan osados que pueden parecer incluso extravagantes y solamente el tiempo u observadores posteriores pueden reforzar la teoría, comprobarla mediante cálculos y observaciones que permitan predecir determinados comportamientos, o desbaratarla y desterrarla al depósito de las especulaciones inservibles.

Roger Penrose (1931) es un científico de vanguardia y un filósofo razonablemente polémico, Premio Nobel de Física en 2020 (compartido con Genzel y Ghez) al descubrir que la formación de agujeros negros era previsible atendiendo a las ecuaciones de la teoría de la relatividad general.

En su libro *La nueva mente del emperador*[20] aborda con ímpetu cuestiones relacionadas con este capítulo. Se refiere en varias ocasiones al momento inmediatamente posterior al Big Bang como el momento de la «creación»; eso sí nos parece un juicio de valor; su relato de los acontecimientos es preciso y ordenado. Destaca la uniformidad de un espacio que empezó

---

20. PENROSE, R. (2006), *La nueva mente del emperador*. Debolsillo.

siendo una bola de fuego primordial que ardía y se expandía a temperaturas imposibles mientras creaba el propio espacio, la materia y el tiempo. A lo largo del ensayo, Penrose expone sus teorías relacionadas con la física cuántica, habla sobre la entropía (desorden) y su aumento inexorable, se ocupa de cuestiones tan diversas como la conciencia y su relación con el cerebro, sobre el estado de la física clásica, la geometría euclídea o las dinámicas de Galileo y Newton. También de las llamadas «amplitudes de probabilidad»; juega a reflexionar cómo cree que lo haría un hipotético creador cuando dice que, si quería producir (el creador) un universo de baja entropía inicial, lo cual resulta imprescindible para que se cumpla la segunda ley de la termodinámica (la segunda ley de la termodinámica habla del calor que fluye de un objeto caliente a un objeto frío y establece la irreversibilidad de los fenómenos físicos, si todo el trabajo mecánico, por ejemplo, puede transformarse en calor, no todo el calor puede transformarse en trabajo mecánico), tuvo que haber apuntado con mucha precisión, tanta como de 10 elevado a la 123. Esta cifra no solamente resulta impresionante, sino que, además, por descomunal, es prácticamente imposible.

> **Yo diría que el universo tiene un propósito. No está ahí simplemente por casualidad.**
>
> **ROGER PENROSE**

Otro ganador del Premio Nobel de Física, en 1997, el norteamericano William Phillips (1948), advierte cada vez que tiene ocasión que él sí cree en un Dios personal que se relaciona con su propia creación. Para Phillips, las observaciones recientes del orden del universo físico y el ajuste, aparentemente tan preciso, de las condiciones necesarias para el desarrollo de la vida, sugieren la intervención de un creador inteligente.

Robert Kurland (1931), doctor en Física por la Universidad de Harvard y licenciado en Química, sostiene que nada de lo que conocemos entra en colisión con las doctrinas teístas. En el caso de Arthur Leonard Schalow (1921-1999), físico norteamericano, coinventor del láser y Premio Nobel de Física en 1981, apreciamos su sesgo metafísico cuando afirma que, al enfrentarnos a las maravillas de la vida y del universo, deberíamos preguntarnos el porqué y no solamente el cómo. Schalow solo concibe una respuesta religiosa, cree en la necesidad de la existencia de Dios.[21]

21. GONZÁLEZ-HURTADO, J. C. (2023), *Nuevas evidencias científicas de la existencia de Dios*. Voz de Papel.

Como hemos venido sosteniendo, las evidencias científicas que hacen plausible e identificable el momento inicial, el Big Bang, han reverdecido al conjunto de las ideas filosófico-creacionistas y han enriquecido las discusiones entre racionalismo y mística. Considero completamente fuera de mi alcance la especulación sobre la veracidad o la falsedad de los relatos opuestos; al fin y al cabo el relato bíblico del génesis, por ejemplo, trabaja en las oficinas de la filosofía y el Big Bang, como seguramente pensarán los defensores del conflicto, en la competencia. El propósito de este trabajo consiste en la exposición de los argumentos de unos y de otros y ofrecer algunas consideraciones, estas sí, más subjetivas. Lo que está claro es que asistimos a un debate candente y apasionado que despierta la curiosidad de capas muy amplias de la población; parafraseando al astrofísico Roberto Terlevich, científico del que hemos hablado líneas atrás:

Quizá un día se conocerá la respuesta…o no.

Oigan: si me dan a elegir entre todas las afirmaciones científicas, elijo como más verosímil la de Terlevich.

Volviendo sobre el debate, permítanme que les llame la atención sobre un asunto que quizá explique, siquiera en parte, la buena salud de la corriente espiritualista que parece haberse instalado en el mundo. Seguramente han reparado en las analogías tan evidentes que existen entre la teoría del Big Bang y el capítulo bíblico del Génesis. Para tener un orden de magnitud sobre el número de personas familiarizadas con la versión bíblica sobre el principio del mundo, digamos que practican el cristianismo en alguna de sus variantes 2.200 millones de personas en el mundo (David Barret y Todd Johnson, *International Bulletin of Missionary Research,* 2007), o si no la practican en sentido estricto, al menos sí que participan de la cultura anudada al cristianismo y seguramente conocen los rudimentos de su cosmovisión; a esta cifra habría que añadir a los practicantes, o a los conocedores, del judaísmo; cuando ellos se refieren a su *Torá* están hablando del Pentateuco, los cinco primeros libros de la Biblia: Génesis, Éxodo, Levítico, Números y Deuteronomio. Y asimismo al islam en su conjunto, lo que representa un número adicional considerable de creyentes.

El libro del Génesis, del griego *origen* o *nacimiento,* sienta los fundamentos teológicos y describe el carácter y el propósito del Creador. El mito, entendiendo por mito su condición de relato simbólico, se hace firme a través de la tradición oral, porque se corresponde con un período anterior a la aparición de la escritura formal, probablemente de ahí provenga su riqueza de matices. La creación en el libro del Génesis es un acto escrupulosamente ordenado, de baja entropía como diría Penrose, es un homenaje a la belleza y a la voluntad divina.

> **En el principio Dios creó los cielos y la tierra, y la tierra estaba desordenada y vacía… y Dios dijo: hágase la luz, y la luz se hizo. Dijo Dios: haya lumbreras en el firmamento de los cielos para separar el día de la noche; y sean señales para las estaciones, y para días y años… E hizo Dios las dos grandes lumbreras; la lumbrera mayor para que señorease el día y la lumbrera menor para que señorease la noche, y las colocó en el firmamento de los cielos para alumbrar sobre la tierra…**

La descripción recuerda vagamente a la bola de fuego primigenia tal como la imaginaba el Nobel George Penrose, a la luz repentina que debió aparecer de la nada. De todos modos resulta sorprendente que el relato del génesis bíblico preceda en unos miles de años a las modernas teorías físicas sobre la Gran Explosión, y que ambas presenten analogías razonables entre sí por cuanto proponen un momento inicial; obsérvese que el relato religioso se parece más a los postulados del Big Bang, que a la teoría del universo estacionario generalmente aceptada entre la comunidad científica hasta bien entrado el siglo XX.

Si el Big Bang fuera un ensayo literario redactado por un testigo presencial, el libro del Génesis sería su novela, mucho más trepidante y simbólica que el relato estricto, con más recursos de estilo, mejor adornada, pero, por supuesto, *inspirada en hechos reales.*

Algo muy parecido pensaba Arno Penzias (1933-2024), el compañero de Robert W. Wilson (1936), y descubridor conjuntamente con él de la llamada «radiación fósil», el fondo de microondas que certificó el acta de nacimiento del Big Bang, a los que nos hemos referido al principio de este capítulo. Penzias, en el transcurso de una conferencia en la Universidad de Illinois,[22] llegó a decir que, de no haber dispuesto de los datos de los que dispuso, hubiera podido llegar a las mismas conclusiones de haber tenido a mano los cinco libros de Moisés, los Salmos y la Biblia en su conjunto,

22. Bolloré y Bonnassies, *Dios… Op. cit.*

porque allí se describe algo razonablemente parecido a la expansión inicial del universo.

Me llaman la atención las conclusiones de una pareja de hermanos: Igor y Grichka Bogdanov, polémicos conductores de programas de televisión, ensayistas y divulgadores científicos, ambos con formación superior en física, aunque sus trabajos fueran severamente criticados en entornos académicos, hasta el punto de protagonizar en Francia, donde residían y trabajaban, una controversia conocida como el escándalo Bogdanov.

Probablemente sus tesis sean revisables como lo acaban siendo todas las tesis, pero su costumbre de interpelar a los espectadores y su inclinación al debate les llevó a proponer que, si la singularidad en el origen del universo está perfectamente establecida, ¿por qué esa singularidad suscita tantos rechazos y tantas pasiones? Según Igor y Grichka, se debe a que esa certeza nos obliga a tomar una decisión imposible: o bien optamos por un universo sin causa, o bien debemos prepararnos para ver el rostro de Dios.[23]

No podemos acotar la discusión limitándola a decidir entre probabilidades o creacionismo, sería demasiado sencillo y, tal y como están las cosas, eso casi se podría decidir por sorteo y acertar. Para terciar en la controversia y animar las discusiones han aparecido numerosas teorías alternativas al Big Bang. Debe ser a causa del proverbial inconformismo del ser humano o al gusto por la discusión, aunque también puede ser que la idea de aglutinar toda la energía del universo en un solo punto, y que ese fuera nuestro alumbramiento, resulte tan incomprensible que alguien se haya sentido en la obligación de proponer alguna posibilidad menos estrambótica. La teoría del *Big Crunch*,[24] por ejemplo, formulada en la década de 1970, no deja de tener su lógica desde un punto de vista intuitivo. Si consideramos la aceleración que la Gran Explosión imprimió al universo, podríamos prever que esa energía tendiera a desaparecer, a transformarse, con el avance de la propia expansión, sufriendo un paulatino enfriamiento y la consiguiente contracción hasta colapsar y volver al punto de partida. El llamado *Big Crunch* especula con la probabilidad de que el arranque y el colapso del universo se sucedan de forma infinita, cíclica, de tal manera que se desdibujara la necesidad de un origen o un final concreto. Es un buen intento, pero ya

23. BOGDANOV, I. y G. (2010), *Le Visage de Dieu*. Grasset&Frasquelle.
24. WRAY, M. (2014), *The Big Crunch*. Medeas Wray Ed.

advertimos líneas atrás que en lo referente a las leyes universales las cosas tienden a la complejidad. Ahora sabemos algo que no sabíamos, y es que nuestro universo no solo está en expansión, sino que está experimentando una expansión acelerada. ¿Cómo puede ser que después de una explosión la expansión no solo no vaya a menos, sino que vaya a más? ¿De qué tipo de energía se sirve el espacio para acelerar su expansión? La respuesta no está clara porque está oscura. Materia oscura y energía oscura, cuya naturaleza precisa desconocemos pero sabemos que ocupan prácticamente la totalidad del universo, podrían reclamar su cuota de responsabilidad. En el apartado correspondiente a los mundos visible e invisible abordaremos esta cuestión.

En la teoría del Big Bang podríamos decir que matemáticamente todo es coherente, o casi todo, dado que los avances de la ciencia se hacen posibles a base de localizar grietas que permitan la demolición de teorías vigentes. Como ya hemos explicado al inicio de este capítulo, de la radiación de fondo de microondas de Wilson y Penzias se hizo la argamasa que, en buena medida, ofrecía consistencia a la explicación sobre la génesis del universo; ahora bien, si la radiación cósmica de fondo de microondas presenta propiedades y naturaleza idénticas llegue de donde llegue, incluso proviniendo de regiones extremadamente alejadas entre sí y, por lo tanto, desconectadas causalmente, una mirada crítica quizá podría considerarla contradictoria. O la cuestión de la materia que hay en el universo, sobre la cual observaciones cosmológicas sugieren que existe en una cantidad muy cercana a lo que se conoce como «densidad crítica», lo que significa que solamente un poco más de masa podría detener la expansión del universo.

En 1981 Alan Guth (1947) trató de resolver los inconvenientes en una hipótesis denominada teoría de la inflación cósmica, de acuerdo con la cual el universo hubiera padecido una expansión exponencial en los primeros 10 elevado a menos 35 segundos de vida (es un lapso de tiempo inimaginablemente pequeño). Durante el episodio de expansión acelerada todas las perturbaciones primordiales habrían sido expulsadas fuera del llamado «radio de Hubble», que es el límite espacial desde el que podemos recibir información. El modelo de Guth prevé que todas las fluctuaciones cosmológicas, imprescindibles para delimitar las diferentes densidades necesarias para formar galaxias, provienen de fluctuaciones cuánticas acaecidas dentro del citado radio de Hubble y, por lo tanto, conectadas entre sí por un nexo de causalidad. El enunciado, sin embargo, no explica satisfactoriamente todos los enigmas porque necesita de algunos reajustes en las cifras, algunas artificialmente bajas, y que, además, no se corresponde con las observaciones.[25]

La veracidad de la conjetura no desmentiría por completo la necesidad de un origen, pero en cierto modo podría debilitarla.

En la obra *A Universe from Nothing* («Un universo de la nada»), de Lawrence Krauss,[26] que mereció los aplausos y la colaboración de Richard Dawkins, sobre el que ya hemos hablado *(El espejismo de Dios),* propone un modelo cosmológico resultante de un conjunto de leyes físicas preexistentes, como si el universo fuera la consecuencia de una orden matemática sin precisar muy bien el origen.

La discusión y las ideas aparentemente sin sentido son la base de la ciencia; después del enunciado hay que proveer de modelos matemáticos que lo corroboren y de observaciones que lo hagan incontrovertible. En la cima del edificio intelectual de la física, de la ciencia en general, encontramos la capacidad de predecir acontecimientos. Si los modelos teóricos están correctamente concebidos hay eventos que en determinado momento deberíamos ser capaces de prever; en caso contrario hay que volver al rincón de pensar. No sabemos si en un futuro una nueva idea sobre el origen de todo sucederá al modelo de la Gran Explosión, aspiran a tal honor la llamada teoría de cuerdas, que requiere diez inimaginables dimensiones[27] o la teoría de la cosmología cíclica o la cuántica de bucles. Al respecto, recuerden lo que dijo un hombre sabio, Gaston Bachelard (1884-1962), filósofo, epistemólogo, físico y crítico literario, rivalizando con Fred Hoyle, o con los físicos cuánticos en términos de expresividad literaria:

La ciencia es el museo de los errores…

Si la monumental idea del Big Bang ha sido capaz de excitar la imaginación y la creatividad de científicos, filósofos, místicos y escépticos, veremos que algo muy parecido ha ocurrido, o está ocurriendo, conforme se avanza en

25. Gangui, A. (2009), *Cosmología*. Ministerio de Educación de la Nación.
26. Krauss, L. M. (2020), *A Universe from Nothing: why there is something rather than nothing*. Atria Books.
27. Kaku, *La ecuación… Op. cit.*

la descripción de los fundamentos de una nueva disciplina, joven y cautivadora, que está penetrando con fuerza en nuestra mente y también en nuestros espíritus: estamos hablando de la mecánica cuántica. [28]

Como veremos en las líneas que siguen la nueva disciplina acabaría revelándose como sorprendentemente probabilista; en síntesis, propuso una naturaleza cuya materia podría tener unas propiedades u otras completamente diferentes con distinta probabilidad, circunstancia que tiene su importancia porque, en cierto modo, haciendo una interpretación mística, podría relacionarse el concepto de libre albedrío o indeterminación. Recordemos que hasta entonces la regla general era el determinismo; Pierre-Simon Laplace (1749-1827), astrónomo, físico y matemático, continuador de los trabajos de Newton, en su *Tratado de mecánica celeste* (1795) afirmó que, conociendo la naturaleza de las fuerzas que operan en el universo, podría trazarse un mapa perfecto que englobase pasado, presente y futuro. El dogma, como ven, describe un panorama inamovible sobre el que de ninguna manera se puede intervenir. Se cuenta de Laplace que, interpelado por Napoleón sobre la existencia de Dios, le respondió al emperador que en ninguna de sus hipótesis se había visto necesitado de acudir a Él.

En 1795, aunque él no podía saberlo, le quedaban al determinismo de Laplace poco más de 100 años antes de verse sacudido por la gran perturbación cuántica.

Por enfocar un poco y delimitar el ámbito de la mecánica cuántica, podríamos decir resumiendo mucho que se trata de la disciplina que proporciona explicaciones sobre la naturaleza y las reglas del mundo subatómico. Podríamos decir también que esta nueva especialidad tiene la vocación de completar algunos extremos de la física que denominaremos clásica, esto es: la mecánica newtoniana, la electrodinámica de Maxwell y la termodinámica, que, hasta ese momento se habían ocupado de ofrecer explicaciones sobre todos los fenómenos conocidos. Es importante señalar que la arrogancia humana, agravada probablemente con algo de miopía, había llevado a las instituciones científicas de entre finales del siglo XIX y principios del XX al extremo de considerar que la física había alcanzado su plenitud y que todo

28. Agradezco a Francisco Soto Eguíbar su paciencia y su disposición para repasar la historia y los fundamentos de la mecánica cuántica.

lo que había que decir ya estaba dicho y todo lo que había que explicar ya estaba explicado.

Antes de entrar en materia quiero hacerles notar algo: cuando hablamos de física cuántica siempre aparece alguien dispuesto a relacionarla con religión, o espiritualidad, si lo prefieren. A los ojos de un inexperto, la nueva mecánica parece una *Ciencia de todo lo posible*, excita la imaginación y se presta a interpretaciones supraempíricas. La fascinación por lo desconocido nos empuja a relacionar el mundo invisible con la trascendencia y a la búsqueda de explicaciones simples y convenientes. Como consecuencia, la oferta bibliográfica al respecto es de un tamaño considerable, tanto que no creo que en el espacio-tiempo que conocemos nos diera tiempo a leer, ya no digo asimilar, la totalidad de conjeturas, unas más disparatadas que otras, que allí se proponen. Generalmente los títulos y subtítulos de los escritos que podemos encontrar en todas las librerías del mundo son enigmáticos y sugerentes. Vean una muestra:

La física de Dios, de Joseph Selbie; *La prueba de que Dios existe,* de Josep Àngel Colomés; *Los territorios de la ciencia y la religión,* de Peter Harrison; *Dios, ciencia y filosofía, de lo racional a lo divino,* de Carlos Blanco; *Dios. La ciencia. Las pruebas*, de Michel-Yves Bolloré y Olivier Bonnassies; *Dios, la ciencia y la Biblia,* de Arnold Page; *Prueba científica de la existencia de Dios,* de Aharón Shlezinger; *Conversaciones con Dios,* de N. Donald Walsh; *Conciencia cuántica,* de Sophia Parker; *Física cuántica y la conciencia del universo,* de Bruno Del Medico; o *El entrelazamiento cuántico y la conciencia del universo: el entrelazamiento de las partículas en el Todo cósmico,* del mismo autor; *Sanación cuántica,* de Thomas Drachentöter; *Investigaciones metafísicas cuánticas,* de Baca Carmona; *Curación cuántica,* de Frank Kinslow; *Energía mental y conciencia cuántica,* de J. Blashke, o uno de mis preferidos, *La ecuación de Dios,* de Michio Kaku... en fin, creo que por el momento es suficiente para dejar constancia del entusiasmo con el que se relacionan los postulados cuánticos con las conjeturas filosóficas.

Consideremos, por ejemplo, que el vacío clásico, al cual le pusimos ese nombre por alguna razón, no está vacío si lo miramos con perspectiva cuántica; más bien todo lo contrario, allí podrían haber tenido lugar las perturbaciones primigenias, una forma de ondulación causal. Werner Heisenberg describe el llamado Principio de Incertidumbre. Erwin Schrödinger, mecánicas ondulatorias aparte, descubre la «superposición de estados» que, en el mundo cuántico, significa que un gato, metafóricamente, podría estar vivo y muerto a la vez. Einstein, Podolsky y Rosen, por su parte, no quisieron ser menos en la olimpiada semántica y describieron el llamado «entrelazamiento cuántico», en el que proponen la transmisión de información entre los elementos entrelazados, algo verdaderamente asombroso si tratamos de interpretarlo conforme a los criterios clásicos. También quiero mencionar el enunciado del «cuerpo negro», de Planck, o de las trayectorias de los electrones, partículas subatómicas con carga negativa, que describiera Bohr y a los que prohibió por decreto girar en determinadas órbitas. Rutherford nos explicó el funcionamiento de los átomos, de los núcleos, y lo describió con una expresión fascinante: lo llamó «modelo del átomo planetario».

El «límite de Eddington» es otro representante del torbellino literario cuántico; se refiere a la cantidad de luminosidad que puede ser radiada por acreción a un cuerpo compacto; como es natural, ese límite lo puso el físico Arthur Stanley Eddington.

Max Born (1882-1970), además de colaborar en la mecánica matricial, desarrollada finalmente por Werner Heisenberg, describió una naturaleza probabilística que sabemos que no gustaba ni poco ni mucho a sus ilustres colegas.

El novedoso ángulo desde el que los padres de la naciente mecánica nos invitaron a interpretar la realidad, tan contraintuitivo y cautivador, actuó de espoleta en la imaginación de científicos y pensadores, unos y otros se afanaron en una simplificación imposible que pusiera al alcance de todos el nuevo paradigma. El mundo invisible, la dualidad onda-partícula, la intervención del observador como desencadenante de sucesos y la descripción de toda una nueva serie de fenómenos trajeron consigo el protagonismo de aquello que no podemos ver. Einstein sugirió con humor que, cuando decides simplificar una teoría para hacerla comprensible, te ves obligado sin remedio a falsearla, pero si decides no simplificarla te aseguras de que nadie la entienda.

Si la teoría del Big Bang reverdeció la espiritualidad creacionista, la mecánica cuántica facilitó un constructo intelectual más cercano a las energías que a la bioquímica como fenómeno causal, por ejemplo. Me gusta especialmente la explicación tan simple que encuentra el físico David Jou (1953) a esta tendencia a relacionar la filosofía con la física cuántica; según Jou, la cuestión podría ser una azarosa analogía semántica, de tal modo que donde los científicos describen la indeterminación, la complementariedad o el entrelazamiento, algunos otros consideran oportuno asimilarlos a significantes con los que guardan un parecido discreto, como es el caso de la libertad, la armonía o la globalidad.[29]

No obstante, me inclino más a considerar la proximidad relativa entre el comportamiento de los campos electromagnéticos y las doctrinas místicas de raíz oriental, mucho más proclives a las influencias energéticas.

La idea de la física clásica como una ciencia completa empezó a agrietarse cuando aparecieron las primeras especulaciones sobre la radiación electromagnética de los cuerpos en su condición de emisores-receptores de luz, sobre su carácter y su naturaleza. Pronto surgiría el concepto de «cuerpo negro» como representante, en determinadas condiciones, del equilibrio perfecto entre emisión y recepción de ondas electromagnéticas.

En el curso de las investigaciones aparecieron datos discordantes que impedían a la física clásica ofrecer una explicación satisfactoria sobre la densidad espectral de ese llamado «cuerpo negro». Max Planck, científico alemán al que ya hemos mencionado, considerado uno de los padres de la física cuántica y Premio Nobel de Física en 1918, consiguió describir la radiación electromagnética en un cuerpo negro en equilibrio térmico en el enunciado de una ley que lleva su nombre. A Planck debemos la idea de la discontinuidad de la materia, que parece agrupada en paquetes o «cuantos» de naturaleza discreta. La hipótesis resultaba tan rupturista con los conocimientos clásicos que aquello hizo dudar al propio Plank. Fue Einstein, en 1905, mientras estaba empleado en una oficina de patentes suiza, el que concibió una explicación aceptable, según la cual durante el intercambio de radiación electromagnética la luz puede adquirir un carácter corpuscular, esto es, puede comportarse como una partícula y no como una onda.[30] El descubrimiento de la dualidad onda-materia, imposible por contradictorio para la física clásica, representa para muchos físicos el verdadero arranque de la Revolución cuántica. Unos años más tarde, en 1924, el físico y aristócrata

29. Jou Mirabent, D. (2012), *Introducción al mundo cuántico. De la danza de las partículas a las semillas de las galaxias*. Ediciones Pasado&Presente.
30. Kaku, *La ecuación... Op. cit.*

francés Louis-Victor de Broglie (1892-1987), extendió a la materia en general la condición dual, onda-partícula, que Einstein describiera en la luz. Dos años más tarde, Erwin Schrödinger (1887-1961) certificó matemáticamente el comportamiento, en determinadas condiciones, del electrón como onda. De Broglie obtuvo el Premio Nobel de Física en 1929. En 1927, Werner Heisenberg (1901-1976), al que nos hemos referido en un apartado anterior, estableció la imposibilidad de medir con exactitud la posición y la intensidad del movimiento de una partícula un momento concreto; a esa situación, como ya hemos mencionado, la definió como Principio de Incertidumbre.[31]

La cuestión del equilibrio entre la radiación que emite y que absorbe un cuerpo me hace pensar en una interpretación filosófica, siguiendo el razonamiento de Jou sobre las analogías semánticas: donde científicamente hablamos de equilibrio, filosóficamente podríamos hablar de equidad. Master Oh repite con cierta frecuencia que la Mente del Universo provee en forma de vibración, de campos electromagnéticos, en definitiva, y que lo hace con arreglo a una máxima muy sencilla: tanto como das, recibes; seguramente por eso en su práctica se enseña y se ensaya la manera de llegar a ser mejor ofreciendo para poder recibir más y mejor desde el universo.

Sobre la causalidad del comportamiento de la luz como onda o como partícula se ha discutido mucho desde principios del siglo XX hasta hoy sin un atisbo de convenio y, por lo que parece, es probable que el debate se alargue durante algunos años. Quizá tengamos delante una nueva oportunidad para las interpretaciones filosóficas; hasta donde sabemos también eran muy del gusto de Planck, como veremos a renglón seguido.

En su obra sobre el futuro científico,[32] Planck se extiende en consideraciones filosóficas relacionadas con el libre albedrío, sobre la necesidad humana de orientación en su existencia, la cual considera incluso más acuciante que la necesidad de conocimiento científico. Opina que hay un punto único entre la mente y la materia donde la ciencia y, por lo tanto, todos los métodos causalistas de interpretación, resultan inaplicables por motivos no solamente prácticos, sino también lógicos, y que seguirán siéndolo en el futuro. A su

---

31. COBIAN, J. (2018), «El modelo estándar de la física de partículas». *Sociedad Nuclear Española.*
32. PLANCK, M. (1932), *Where is de Science Going?* Norton.

manera de ver, la ciencia es incapaz de resolver el misterio último de la naturaleza, entre otras cosas, porque nosotros formamos parte de esa misma naturaleza y, por lo tanto, de ese misterio que estamos intentando resolver. En cierta medida, la música o el arte en general, reflexiona Planck, son intentos de desvelar el misterio. Por esa razón, el progreso humano en esos terrenos sitúa al hombre en una posición más armónica con la naturaleza; habría que observarlo, entonces, como uno de los grandes servicios que la ciencia puede prestar al individuo.

Con respecto al campo electromagnético, podemos decir que es una suma infinita de osciladores armónicos que, simplificando mucho, podríamos representar como esferas sujetas por un resorte, en perpetuo movimiento ondulatorio y cuya energía siempre es superior a cero. El electromagnetismo es la rama de la física que se ocupa del estudio y unificación de los efectos eléctricos y magnéticos. La interacción electromagnética es una de las cuatro fuerzas que gobiernan el universo, junto con la fuerza gravitatoria, la nuclear fuerte y la nuclear débil. La propia luz es un campo electromagnético.

Wolfgang Pauli (1900-1958), físico teórico austriaco y uno de los padres de la mecánica cuántica, galardonado en 1945 con el Premio Nobel de Física por sus teorías sobre la estructura de la materia, consideró que la composición de esa misma materia siempre fue y siempre sería una de las cuestiones fundamentales de la física. Aunque parezca increíble, a principios del siglo XX no estaba perfectamente establecida la teoría atómica; si bien los positivistas científicos aceptaban la hipótesis teórica de su verosimilitud, la relegaron al depósito de las teorías imposibles de demostrar. Nuevamente Einstein, en aquel año mágico de 1905, describió una interpretación sirviéndose del viejo conocido movimiento browniano, así llamado en honor del biólogo y botánico del siglo XIX Robert Brown, que describe el movimiento aleatorio que se observa entre partículas sumergidas en un medio líquido y sus colisiones con el fluido.

Al observar la incompatibilidad tan frecuente entre las reglas de la física clásica y la física cuántica se inauguró una competición de científicos por la obtención de explicaciones, de nuevas leyes que nos ayudaran a comprender la esencia misma de la materia, los fundamentos de su funcionamiento. Las comprobaciones experimentales hacían cada vez más evidente que, en el mundo subatómico, las leyes de la física clásica eran mucho más frágiles de lo previsto, menos deterministas. Las razones por las cuales la mitad de los átomos de carbono 14 encerrado en un recipiente decaen y se convierten en átomos de nitrógeno durante los primeros minutos, y la otra mitad permanece inmutable durante miles de años sugieren una manera de comportarse, una respuesta probabilista, porque no parece razonable pensar que el carbono decida a su criterio lo que va a suceder; entonces lo único que podríamos afirmar es que el carbono decae o no con una probabilidad del 50 %.

Este tipo de paradojas llevaron a pensar a determinados físicos que la mecánica cuántica era una explicación incompleta de la realidad, bien porque podrían existir determinadas variables ocultas que, a su vez, condicionarían su comportamiento, de origen completamente desconocido, bien porque no estaba correctamente enunciada; porque la otra explicación, la tercera, es más difícil de aceptar: supone tanto como admitir que así de azaroso es el universo.

Tratando de desenredar la madeja intelectual se empezaron a desarrollar las *teorías cuánticas de campo,* hipótesis que pudieran explicar el comportamiento de las partículas elementales y la interacción entre ellas. La teoría generalmente aceptada hoy es el llamado *Modelo estándar de partículas elementales,* de acuerdo con la cual todo en el universo son campos electromagnéticos, ondas, oscilaciones. Esas perturbaciones, esos campos, son la materia misma. Por cada una de las partículas obtendríamos un campo, un estado oscilatorio en el espacio y en el tiempo interactuando con el resto e impulsados por la fuerza electromagnética.

En este punto necesito hacer una pausa para poder hablarles de la entrevista que sostuve con la doctora Luján Comas, en Barcelona, durante el rodaje de la película documental *De la luz y de las sombras,* en noviembre de 2023. Ella está muy familiarizada con las enigmáticas experiencias cercanas a la muerte (ECRs), estudia los casos, investiga, identifica coincidencias en los relatos y decide sobre la verosimilitud del testimonio. Cuando un paciente traspasa el umbral de la llamada «muerte clínica» lo hace con arreglo a unos criterios de actividad cerebral y cardiaca determinados; por eso la investigación siempre se lleva a término en hospitales, para que puedan certificarse las condiciones de forma instrumental. Pues bien, después de estudiar muchísimos casos, la doctora ha concluido que el alma, o el espíritu, o la conciencia extendida, o como queramos llamarlo, en primer lugar, existe, y que existe en forma de campo, de campo de información. No me extenderé en los detalles, pero, de ser acertada esta conclusión, podría resultar compatible con el mencionado «modelo estándar de partículas elementales».

De manera que si la materia en general puede comportarse como onda o como partícula no tendría nada de particular que nuestro espíritu fuera un campo, o un conjunto de campos. Naturalmente para que esto sea así, previamente hay que creer en la existencia del alma.

Volviendo al cauce central, digamos que, intuitivamente, un campo oscilatorio se nos representa como algo más desordenado y menos previsible, más azaroso que una materia digamos convencional, tal y como se concebía la sustancia no hace tantos años. Como hemos mencionado con anterioridad en este mismo capítulo, las cuatro fuerzas o interacciones que gobiernan el universo son: la fuerza gravitacional, nuclear fuerte, nuclear débil y electromagnética; veremos más adelante que la primera y la última no acaban de conciliar. La fuerza gravitacional que fuera concebida por Isaac Newton (1642-1727), y corregida por Einstein en su *Teoría General de la Relatividad,* describía muy bien el nexo de causalidad entre fuerza y movimiento, la masa y la energía actuando en armonía para incurvar el espacio tiempo, transformándolo hasta obligar a los cuerpos celestes a adoptar trayectorias orbitales óptimas.

El *Modelo estándar de partículas elementales* no puede hoy describir su interacción con la gravitación; tanto es así que ni siquiera la menciona. Conviene al caso recordar que, hasta la fecha, nadie ha podido demostrar un solo error en el relativismo de Einstein, y eso tiene su importancia al observar una incompatibilidad aparente entre la interacción electromagnética y la *Relatividad General.*

El modelo estándar propone la existencia de dos clases de partículas indivisibles: *Quarks* y *Leptones,* los cuales, en la proporción adecuada, pueden formar cualquier átomo. A estos dos tipos de partículas habría que añadirles un tercer grupo de partículas elementales llamados «bosones de Gaugue», portadores de las interacciones fundamentales del universo. No podemos explicar de manera convincente por qué en el mundo subatómico pareciera que, determinadas propiedades de la materia, necesitan de un observador para que se confirmen o se desmientan, para «colapsar la función de onda» mediante una intervención. Einstein, el hombre que desveló los secretos de la relación universal entre masa y energía, era claramente partidario de una naturaleza con unas propiedades cuya existencia no precisara de tal observador.

Uno de los objetivos prioritarios de la ciencia hoy consiste en la unificación de las interacciones gravitacional y electromagnética, o si lo prefieren, de la relatividad general y la mecánica cuántica. Al respecto, el propio Stephen Hawking (1942-2018), fue el responsable de la llamada «paradoja de la información», cuando concibió una teoría, de acuerdo con la cual los agujeros negros emitirían un tipo de radiación continua a la que se conoció como radiación de Hawking. Hasta aquí no parecía haber nada nuevo; lo que no previó Hawking era que sus conclusiones le iban a llevar a confrontar la relatividad general con la mecánica cuántica, a tener que decidir cuál prevalecería ante una situación determinada. El horizonte de sucesos es el perímetro de un agujero negro; una vez rebasado el umbral la velocidad de escape gravitacional se vuelve mayor que la de la luz, extremo imposible de acuerdo con el relativismo, cuyo enunciado prevé que cualquier objeto engullido por un agujero negro permanecerá allí para siempre con toda su información.

Por el contrario, la mecánica cuántica admite la posibilidad de reconstrucción a pesar de una disgregación previa; como ven, la cuestión es endiablada y no estamos cerca de encontrar una solución.[33] La unificación de las reglas que gobiernan los cielos y la tierra posiblemente abriría una ventana desde la que podríamos atisbar la cara oculta de los agujeros negros, lo que nos permitiría conocer con más precisión la naturaleza del Big Bang, y que quizá incluso nos convirtiera en viajeros capaces de atravesar en una u otra dirección el espacio y el tiempo.

La síntesis matemática de todas las fuerzas sería, probablemente será, en un futuro no muy lejano uno de los mayores acontecimientos científicos de la historia de la humanidad.

A esa resolución numérica milagrosa que nos permitiera comprender lo incomprensible e imaginar lo inimaginable, Michio Kaku, físico teórico y uno de los padres de la controvertida teoría de cuerdas, en un trance

---

33. SABADELL, M. A. (2018), «La radiación de Hawking: el universo de los agujeros negros». *Revista de Seguridad Nuclear y Protección Radiológica. Consejo de Seguridad Nuclear.*

filosófico, en un arrebato de inspiración literaria, dio en llamarla *La ecuación de Dios.*[34]

Espero que convengan conmigo en que todo aquello que se relaciona con el origen y con los aspectos mecánicos del universo resulta fascinante. A lo largo de la historia se han sucedido las conjeturas, especulaciones, hipótesis, intuiciones, demostraciones, refutaciones, incluso iluminaciones, que permitieran desvelar el propósito de las leyes que gobiernan la enormidad cósmica. Vean que la carrera de los hombres hacia el conocimiento encierra una conclusión un tanto desalentadora: a medida que adquirimos certezas y despejamos incógnitas sentimos que, exactamente igual que ocurre con el universo, el tamaño de nuestra ignorancia se encuentra en un estado de expansión acelerada.

Entiendo que esta manera de sobrevolar cuestiones tan complejas, tal como lo he intentado en este capítulo es, desde cualquier punto de vista, insuficiente y superficial; me conformo si he conseguido entretenerles mínimamente o si he conseguido alentar un poco su curiosidad.

Visto lo visto hasta este punto y puestos a simplificar, les propongo una disyuntiva, no es un juego de palabras: o todo esto es casualidad, o todo esto es causalidad.

Y ahora prepárense para vibrar…

Recordemos que la Mente del Universo, fuente de vida y origen de todas las energías, según nos propone Master Oh, *emite la vibración más hermosa, compuesta por la luz más brillante, el amor más intenso y la energía más poderosa. Con esta vibración crea, guía y cuida de toda la vida.* Como decíamos en la entradilla de este capítulo.

En el siguiente capítulo les propongo una revisión de todo aquello que significa en el universo la naturaleza oscilatoria, de qué manera se disponen las enormes fuerzas gravitacionales y también las partículas elementales del mundo subatómico, todas con arreglo a unas determinadas frecuencias, a un modo de vibración. Cuando se profundiza en la naturaleza y en la condición de esa oscilación permanente se puede cobrar conciencia de su

---

34. KAKU, *La ecuación… Op. cit.*

importancia. Se podría decir que aquello que no vibra no existe, no es. El universo es como una enorme orquesta sinfónica repleta de ondas de diferente longitud y se sirve de ellas para establecer las reglas y para intervenir en cualquier transformación. La propia génesis de la materia, de las formaciones galácticas y de todo cuanto nos rodea está relacionado con una forma de vibración. Como veremos, hombres sabios de la Antigüedad ya habían intuido la condición vibratoria del universo milenios antes de que la mecánica cuántica explorase a conciencia su naturaleza y sus propiedades. Espero que la revisión de esas frecuencias que nos unen a todo les resulte tan interesante como a mí.

Capítulo III

La cuestión de la vibración

Con un microscopio lo bastante potente podríamos ver que electrones, quarks, neutrinos, etcétera, no son más que vibraciones de minúsculas cuerdas similares a una goma elástica...

Michio Kaku (1947), físico teórico y uno de los creadores de la teoría de campo de cuerdas. Autor de *La ecuación de Dios*

Si quieres descubrir los secretos del universo, piensa en términos de energía, frecuencia y vibración.

Nikola Tesla (1856-1943)

La vibración es el lenguaje del universo.

Master Oh

Cuando se aborda en profundidad la cuestión de la vibración resulta inevitable concluir, como concluyó Master Oh, que el universo se expresa en un lenguaje oscilatorio, simbólicamente hablando, y que la materia misma es un campo. De hecho, la teoría ondulatoria establece que cualquier partícula que registre una temperatura superior al llamado «cero absoluto» (–273,15 °C) genera, según indican Hernández y Montaner, una vibración que, a su vez, es la causa de perturbaciones que se desplazan en forma de ondas sinusoidales a través de los campos eléctrico y magnético. Las ondas viajan hacia el infinito a una velocidad constante: la velocidad de la luz.[1] En las líneas que siguen nos ocuparemos de analizar desde todos los ángulos posibles la naturaleza y la función, las causas y las consecuencias de ese fenómeno vibratorio común a todos los elementos del universo. El fundamento de este texto no es difícil de aceptar, si bien resulta un tanto contraintuitivo, y es que todos y todo somos una forma de energía, y la energía es la materia primordial en el universo y se manifiesta de diferentes maneras, en diferentes longitudes de onda, por así decirlo. No son pocos los autores que atribuyen al fenómeno capacidades de uno u otro orden, según la frecuencia de la vibración: poder de sanación, de armonización, de transformación o de creación.[2] Como es el caso del propio Master Oh:

> **Me di cuenta de que el ritmo de los latidos de mi corazón era en realidad una vibración, y que debió existir una vibración de vida que creó ese ritmo original, lleno de luz, lleno de amor, lleno de energía para mantenernos vivos, para crear vida y sostener la vida. La vibración permite que todo conviva como un solo ser.[3]**

---

1. Hernández, J. y Montaner, D. (2009), «Patrones de respuesta espectral». *Tecnologías geoespaciales: experiencias aplicadas al estudio y gestión del territorio.*
2. González-Cubillán, L. (2009), «Proyección de algunos postulados de la teoría cuántica en el cine». *Encuentros Multidisciplinares.*
3. Master Oh, *El poder del Qi.*

El concepto mismo de materia ha sido la causa de inagotables controversias, de interpretaciones de carácter opuesto y de intentos descriptivos. Ahora sabemos que nuestra percepción de la cosa material está viciada por nuestras propias limitaciones, y que nuestros sentidos a veces nos engañan de principio a fin, porque nos hacen percibir un aspecto de la realidad que, justamente, no coincide con la realidad. Fíjense en nuestro propio cuerpo, de aspecto tan sólido y tan opaco. El aspecto no se corresponde en absoluto con la realidad; el hecho es que el cuerpo está compuesto en última instancia por partículas diminutas que orbitan a velocidades asombrosas y de fluctuaciones de energía que transportan información; y eso mismo no solo pasa con nuestro cuerpo, pasa también en toda la materia del cosmos, compuesta a su vez por esas mismas partículas y átomos, y todas ellas organizadas con arreglo a un orden que está en el origen de todo. Algunos autores se refieren a estos campos como campos de conciencia y los conciben como la argamasa que nos mantiene unidos con todo y con todos. Como ya previeran los antiguos griegos, hoy aceptamos que hay una sola sustancia primordial, a partir de la cual se hace posible todo lo demás; esa sustancia, o como queramos llamarla, adopta formas muy diversas, pero siempre participa de la misma naturaleza. Me refiero a la energía.[4]

Según especula la célebre periodista de investigación norteamericana Lynne McTaggart (1951), los seres humanos, y en general todos los seres, somos más una carga energética que un compuesto químico. El campo energético haría las veces de «conector» con el resto del universo, sería nuestro motor principal y el alimento de nuestra conciencia.

La autora cita a Einstein cuando dice que: *El campo es la única realidad.*[5]

Por las razones que hemos explicado, el conocimiento de todo aquello que se relaciona con los campos electromagnéticos, con la vibración, con esa especie de unicidad de la materia en el universo, es el conocimiento propio de la mecánica cuántica. Las conclusiones al respecto son tan asombrosas que, muchos de los pioneros de la nueva ciencia subatómica recurrieron al estudio de la filosofía para tratar de obtener explicaciones allí donde la ciencia solamente podía ofrecer respuestas. Wolfgang Pauli se interesó por

4. SIMONE, M. y BERTUCCIO, J. (2007), *Energía: el principio del Universo*. Editorial Kier.
5. MCTAGGART, L. (2002), *El Campo: en busca de la fuerza que mueve el Universo*. Editorial Sirio.

el psicoanálisis, los arquetipos y la Cábala. Niels Bohr estudió el Tao y algunas ramas de filosofía china. Schrödinger consultó bases filosóficas de corte hinduista, y Heisenberg prestó atención a las hipótesis de los antiguos griegos.[6]

Ya que vamos a hablar de nexos de causalidad entre unas cosas y otras, déjenme que llame su atención sobre las propuestas de la vieja filosofía *Hermética*, tan vieja como que afloró hace 5.000 años si hacemos caso a la leyenda, y que, como veremos, ya percibió la fuerza de la vibración como propiedad intrínseca de la materia. Desde el antiguo Egipto nos llegaron las enseñanzas de Hermes Trimegisto, padre de la sabiduría, que, según algunos autores, habrían ejercido una influencia profunda en culturas importantes posteriores, como la cultura india, persa, caldea, china, japonesa, o las clásicas griega y romana. Muchos años después de su muerte, Trimegisto fue deificado por los egipcios que lo renombraron como Tot. Los griegos, que lo divinizaron a su vez, lo llamaron Hermes, el tres veces grande. Las doctrinas herméticas se compilaron en un texto conocido como *Kybalión*, publicado en 1908, de significado impreciso, consistente en el enunciado de los principios básicos de la llamada «alquimia hermética», así denominada por analogía con la ciencia de la transformación de los metales, pero relativa en realidad a las fuerzas mentales y a la vibración. De acuerdo con el *Kybalión*, hay varios principios fundamentales que permiten comprenderlo todo:

> **Los principios de la verdad son siete, el que comprende esto perfectamente posee la clave mágica ante la cual todas las puertas del Templo se abrirán de par en par.**

Principio del Mentalismo: *Todo es Mente, el universo es mental. La sustancia que se esconde tras la materia es, en realidad, una mente universal, infinita y viviente.* Esta afirmación la podrían suscribir filósofos e incluso científicos contemporáneos; acuérdense de la superioridad de la mente sobre el cuerpo que hemos venido comentando a lo largo de este trabajo, la capacidad de la mente para provocar enfermedades o para sanarnos, el poder de la meditación y su aceptación generalizada como elemento terapéutico en todo el mundo. Cuando Master Oh se refiere al orden que gobierna el cosmos lo hace como *Mente del Universo,* los creacionistas hablan de mente o inteligencia primera. Los desórdenes mentales se relacionan con la fragilidad

6. *Idem.*

material, con las enfermedades. Hay doctores, como Manuel Sans Segarra, que opinan que hasta el 90 % de las enfermedades son debidas a una alteración mental, como el estrés, la ansiedad o la depresión.

En fin, las analogías herméticas con la corriente mentalista contemporánea me parecen suficientemente explícitas. Visto con unos ojos miles de años más jóvenes, podríamos decir que las afirmaciones contenidas en el *Kybalión* suenan como suenan los postulados enunciados mucho más cerca de nuestros días.

Principio de Correspondencia: *Como arriba es abajo, como abajo es arriba. La comprensión del principio es como la luz que atraviesa la oscuridad.* Este enunciado se aproxima simbólicamente con la cuestión física de la complementariedad, de la dualidad de la materia que, unas veces, se comporta como corpúsculo y otras veces como oscilación. La tensión entre los extremos de una cuerda es la causa de una nueva cuerda con sus dos nuevos extremos opuestos entre sí, de un nuevo ciclo. Es muy similar a lo que sucede en el universo en la relación perpetua entre partículas y antipartículas.

Principio de Vibración: explica las diferentes manifestaciones de la materia, de la fuerza, de la mente e incluso del mismo espíritu, porque todos ellos *no son sino la consecuencia de los diferentes estados vibratorios. La vibración del espíritu es de una intensidad infinita.* Esta afirmación no requiere otro comentario que no sea la expresión de sorpresa; pareciera que el viejo Hermes se hubiera anticipado unos cuantos milenios a la descripción cuántica de la realidad. Cómo en su tiempo y con sus medios pudo percibir el filósofo la composición oscilatoria de la materia y sus diferentes intensidades es un misterio insondable, es como si estuviera anticipándose a la aparición de la teoría cuántica de campos o a la mecánica ondulatoria. Hay algo verdaderamente mágico en la precisión de sus conclusiones que me recuerda al concepto religioso de «verdad revelada». Me extenderé un poco más en lo que se refiere a las ideas herméticas sobre la vibración porque me parece que el conocimiento antiguo, necesariamente empírico, obtenido de la introspección y la observación, igualó en capacidad de abstracción al pensamiento moderno, algo asombroso, considerando que este se vio ayudado de técnicas de observación y comprobación infinitamente más precisas. La doctrina hermética propuso la presencia de un éter universal, una especie de océano omnipresente capaz de canalizar la energía del universo y que sería, de acuerdo con sus conclusiones, un estado vibratorio superior.

No puedo dejar de señalar la coincidencia con las propuestas del célebre inventor Nikola Tesla, que vivió entre finales del siglo XIX y mediados del XX, y que dejó dicho a todo aquel que quiso escucharle que, efectivamente, imaginaba una sustancia, según Teodorani, que él también llamaba *éter*, como un depósito de energía inagotable que podría proveer en un futuro próximo a viajeros del espacio de manera ilimitada. Pero esto no se acaba aquí; es verdad que ahora no lo llamamos éter, pero podría ser que el vacío no estuviera tan vacío y que unas oscilaciones residuales, energía de vacío o de punto cero, fueran la semilla en forma de energía de todo lo que conocemos.[7]

Los discípulos de Hermes, según la edición disponible del *Kybalion*, aprendían que la frecuencia oscilatoria se manifiesta en notas, en sonidos de una intensidad u otra dependiendo de la frecuencia, todas ellas audibles hasta un cierto punto para los humanos. Más allá de este registro, la vibración seguiría ejerciendo su influencia, pero para nuestro oído significaría un estado de silencio profundo. El aumento en la intensidad de la vibración es, para los ocultistas herméticos, la forma de elevar la materia a planos de existencia superiores mejor relacionados con el aspecto espiritual.

Según la antigua doctrina esotérica, todas las formas de pensamiento, emoción, razonamiento o voluntad, están anudadas a una frecuencia oscilatoria determinada, cada modalidad vibratoria puede replicarse como puede replicarse una nota musical concreta. Cualquiera que conozca el principio vibratorio puede trasladar su mente a cualquier estado, adquirir el control y el dominio e influir en la mente de todos los demás. Tales habilidades se adquieren mediante la práctica de la llamada «transmutación mental», una rama de conocimiento propia de la doctrina hermética.

Los exégetas de la práctica creían firmemente que *aquel que comprendiera el principio de la vibración, habría hecho suyo el cetro del poder.*

Esta visión del conocimiento y la posibilidad de influir en otras personas no deja de tener su lado oscuro; me viene a la cabeza el programa, ilegal, en cualquier caso, de control mental, que desplegó la Agencia Central de Inteligencia (CIA) norteamericana, llamado MK Ultra, entre los años 1953 y 1973. Los objetivos del programa consistieron en tomar el control de

---

7. TEODORANI, M. (2005), *Nikola Tesla. Vida y descubrimientos del más genial inventor del siglo XX*. Editorial Sirio.

mentes ajenas mediante terapias repetitivas de conducta en concurso con la administración de drogas potentes. Quizá no tuvieron mucho éxito porque no habían leído el *Kybalión* y confiaron más en las drogas de diseño que en las vibraciones para hacerse con el control de la mente de los enemigos, los interrogados o los discrepantes. La cosa es que desde hace 5.000 años a esta parte todo el mundo acaricia la idea de dominar las mentes ajenas.

Siguiendo con los fundamentos de la filosofía hermética, encontramos el llamado Principio de Polaridad: *Todo es doble, todo tiene dos polos; los semejantes y los antagónicos son lo mismo, todas las paradojas pueden reconciliarse.* Atendiendo al significado, parece otra manera de decir que se puede ser una cosa y su contraria a la vez; más que se puede, se debe. Recordemos las discusiones entre físicos materialistas decimonónicos que concibieron la materia como masa inerte, compacta e impenetrable, y los nuevos físicos, ya entrado el siglo XX, que demostraron que la materia no es compacta y que, en buena medida, es luz. Por cierto, que una idea razonablemente similar se había acariciado en la Grecia clásica. Esa dualidad complementaria y no contradictoria no solo es posible, sino que es inherente a la materia, como bien parecía saber Hermes sin que yo alcance a ofrecerle una explicación verosímil que nos aclare de dónde obtuvo este hombre toda esta información.

Principio del Ritmo: *Todo fluye y refluye, todo se mueve como un péndulo, el ritmo es la compensación.* Es como el baile perpetuo de las partículas; sin retorcer ni un poco la idea hermética, podríamos trazar un paralelismo con la materia, como sabemos, en perpetuo movimiento, en permanente oscilación. La ausencia de tal es incompatible con la naturaleza de la materia. Por eso el valor del cero absoluto, temperatura a la que cesan las oscilaciones, es solo una referencia teórica. Recordemos que todo en el universo son campos y que la característica de los campos es su condición ondulatoria; por supuesto que todo fluye y refluye conforme a un orden cognoscible. Heráclito lo decía de una manera más elemental, pero lo decía:

En el universo no hay nada quieto.

Principio de Causa y Efecto: *Toda causa tiene su efecto y todo efecto su causa, todo sucede conforme a una ley; hay muchos planos de causalidad, pero nada escapa a la ley.* El enunciado recuerda bastante a los postulados de Spinoza, pensador al que nos hemos referido en otros capítulos de este trabajo. El filósofo neerlandés sostuvo que, una vez sustituido el azar por la razón, que escudriña la realidad, que la observa, se pueden establecer nexos de causalidad entre diferentes fenómenos, es decir, comprobar que nada ocurre si nada lo provoca. Todos los actos tienen una consecuencia y las consecuencias se engarzan en una cadena cuyo significado puede descifrarse, y, si así es el caso, podemos alcanzar a comprender el pasado y el presente, pero también el futuro.[8]

Principio de Generación: *La generación existe por doquier, todo tiene sus principios masculino y femenino; la generación se manifiesta en todos los planos.*[9] Lo masculino y lo femenino, trasuntos de las cargas positivas y negativas, electrones y protones que se atraen, se fusionan y generan materia nueva y diferente. Partículas y antipartículas, fermiones y bosones, estructura de la materia aquellos y conductores de las fuerzas estos. Corpúsculos u ondas, energía que se desprende y energía que se absorbe...

Causa estupor la constancia de una compilación doctrinal tan arcaica que ya sugiera la unicidad de la materia, la posibilidad de una mente universal y el poder de la vibración. Pero es que, además, entre las herramientas herméticas para alcanzar la perfección figuran, entre otras, la meditación, la concentración, la visualización y la programación mental. Todas descritas, al menos en la edición contemporánea, como eficaces para alcanzar el bienestar físico, emocional y espiritual. Suena familiar. Hay teorías científicas enunciadas no hace demasiados años que parecen una antigualla al lado de la doctrina hermética. Los textos del *Kybalión* precedieron en la línea de pensamiento al budismo, en algunos aspectos, pero también al panteísmo o a la cosmovisión monoteísta, eso en lo que hace referencia a la metafísica; con respecto a la física, a estas alturas ya hemos podido apreciar lo sorprendente que resulta la analogía simbólica entre unos y otros conceptos.

Ni en la vida ni en la mecánica cuántica hay nada seguro del todo, seguramente sea la consecuencia del llamado Principio de Incertidumbre, al que nos hemos referido con anterioridad. Como fuere, de acuerdo con este principio, no podemos conocer con exactitud el valor y la derivada temporal de una magnitud cualquiera, como por ejemplo un campo electromagnético, eso implica que el vacío cuántico no se corresponde exactamente con el concepto clásico de «vacío». En términos cuánticos, el vacío estaría

8. Spinoza, B. (1936), *Ética*. Ediciones Espuela de Plata.
9. Trimegisto, H. (2006), *El* Kybalión. Editorial Mente-cuerpo.

necesariamente poblado de fluctuaciones, vibraciones, que se manifestarían en una frenética confrontación entre opuestos, un baile continuo de *génesis y destrucción* a cargo de partículas y antipartículas. En la era cuántica, el término «vacío», en tanto que contiene energía causal en forma de fluctuaciones, ha permanecido en forma de sustantivo, pero ha desaparecido como adjetivo: digamos que todavía es, pero ya no está.[10]

Recordemos a Nikola Tesla y su concepción del éter. Siguiendo con lo nuestro, en ese caso, hablando del mal llamado vacío, podríamos decir que está compuesto de pares de partículas y antipartículas virtuales que, para mayor confusión, no pueden ser observadas de forma directa, sino que hay que verificar su existencia confirmando su forma de expresarse a través de interacciones, como el efecto Lamb, un desplazamiento respecto a la posición que debería ocupar en un vacío clásico, o el efecto Casimir, relacionado con la atracción.[11]

El profesor Dean Lockwood, sociólogo e investigador, sostiene que la vibración es el hilo conductor, el ritmo, que recorre el universo desde su caótica infinitud orgánica hasta sus más íntimas fuerzas, que son las que imprimen su huella en toda la creación y viceversa.[12]

También Master Oh se refiere a la vibración como el lenguaje del universo, simbólicamente representa la unión de todo con todos y es la expresión de amor y de belleza; él la llama la *vibración de la vida*. Consideremos que la nada es un concepto contradictorio en sus propios términos, tanto que ya producía estupor a los sabios de la Grecia clásica que, reticentes, sospechaban incluso de su inexistencia; el vacío ya hemos visto que no está vacío, aunque eso solamente es así desde la era cuántica.

Podría ser que una vibración de determinada intensidad hubiera sido el relleno de la nada, la compañera del vacío, y que, justamente ahí se encontrara la causa primera. David Jou, al que ya he mencionado, catedrático de física en la Universidad Autónoma de Barcelona, investigador en el terreno de la termodinámica de procesos irreversibles, autor de varios libros y de

10. Jou Mirabent, D. (2012), *Introducción al mundo cuántico. De la danza de las partículas a las semillas de las galaxias.* Ediciones Pasado&Presente.
11. Jou Mirabent, D. (2008), *Reescribiendo el Génesis. De la gloria de Dios al sabotaje del universo.* Ediciones Destino.
12. Goddard, M.; Halligan, B. y Hegarty, P. (eds.) (2012) *Reverberations. The philosophy, aesthetics and politics of noise.* Continuum.

más de doscientos artículos científicos, cuando se refiere a esa oscilación, a esa vibración que desafió a la ausencia, la llama «agitación primigenia».[13]

Según el *modelo estándar,* en el universo hay dos tipos de partículas, lo digo con ánimo de simplificar y por no hablarles de los 18 tipos de quarks, los tres de leptones con sus correspondientes neutrinos, 8 gluones, antipartículas y demás participantes del mundo subatómico. Resumidamente hablaremos de dos: las partículas que componen la materia, llamadas fermiones, y las que transportan las fuerzas, denominadas bosones.[14] Los nombres de las partículas, de apariencia tan extraña como las mismas partículas, no son caprichosos, deben los apelativos respectivamente a Enrico Fermi (1901-1954), físico italiano naturalizado estadounidense, y a Satyendra Nathan Bose (1894-1974), físico ilustre de origen indio.[15]

Recordemos que las fuerzas del universo son cuatro: gravitacional, nuclear débil, nuclear fuerte y electromagnética. Los fermiones ocupan espacio, mientras que los bosones son como el saber, que no ocupa lugar; por eso se pueden acumular unos sobre otros. Los objetos que percibimos como sólidos, como las llaves de su casa, su mujer o su marido o el planeta Marte, están formados por conjuntos de fermiones que, a su vez, pueden ser de varias familias, como los quarks o los electrones, que se mantienen unidos a su vez por las fuerzas. Los electrones, por su parte, son más ligeros que neutrones y protones, pero son los responsables de la solidez de la materia, lo uno no quita a lo otro. Los bosones son, digamos, el compañero ideal porque no ocupan espacio, da igual que conviva con dos que con 200 millones, de todos modos, como transmisores de las fuerzas, pueden combinarse y hacerse evidentes. En determinadas circunstancias se convierten en campos macroscópicos como lo son los campos gravitatorios o magnéticos.

A la fuerza de la gravedad se le asocia una partícula que nunca nadie ha observado pero que, nuevamente, sabemos que está allí por las consecuencias de su desempeño, es el atractivo gravitón. Los gravitones son a la gravitación lo que los fotones al electromagnetismo; tal partícula es puramente hipotética pero necesaria para explicar la interacción gravitatoria, se encuadra en el

13. JOU MIRABEN, *Reescribiendo... Op. cit.*
14. *Idem.*
15. KRAUSS, L. M. (2023), *Lo que sabemos que no sabemos. Los misterios no resueltos del cosmos.* Ediciones Pasado&Presente.

grupo de los botones y ella misma sería su antipartícula; sin su concurrencia no podría existir un orden orbital como el que conocemos.[16]

La fuerza nuclear fuerte se compone de gluones y la débil de bosones de tres tipos diferentes.[17] Y esto solo es un resumen, podríamos hablar de más y más extrañas partículas. La descripción de tanta complejidad, la infinitud de la subdivisión de la materia y el asombroso comportamiento de las partículas elementales, cada cual al servicio de su fuerza correspondiente, nos anuncia un intercambio permanente entre partículas que se manifiestan como corpúsculos pero que, en realidad, según la física cuántica de campos, no son otra cosa más que vibraciones.

Hasta aquí hemos analizado la naturaleza de la vibración desde un punto de vista físico y esotérico. Asimismo ha llamado la atención de grandes filósofos como Hermes Trimegisto, fundador de la teoría hermética. También percibió algo al respecto el influyente filósofo del movimiento Brahmo Samaj, poeta, dramaturgo, músico, novelista y Premio Nobel de Literatura en 1913, Rabindranath Tagore (1861-1941). Tagore concibió las ondulaciones y vibraciones del universo como una danza rítmica preconcebida y no como una sucesión de movimientos erráticos o azarosos; para el pensador, el ritmo nunca puede ser la consecuencia del azar. Su principio fundamental es la unidad, nunca el antagonismo.[18]

A lo largo de este trabajo, siempre que tengo ocasión insisto en la idea de que, a mi manera de ver, la física y la metafísica deberían discurrir por caminos paralelos sin sentir ninguna necesidad de encontrarse. Ciencia y filosofía son disciplinas diferentes con ámbitos de estudio también diferentes. De todos modos, no puedo evitar pensar que, analizando las conclusiones de unos y constatando las comprobaciones de otros, pareciera que están colaborando, aunque fuera sin querer, y que, a veces, la metafísica alerta a la física sobre una pista verosímil y otras veces es la física la que sugiere a los filósofos nuevas variantes en el ángulo de la interpretación. Pero esto es solamente una idea.

---

16. COBIAN J. (2018), *El modelo estándar de la física de partículas*. Sociedad Nuclear Española.
17. CARROL, S. (2013), *La partícula al final del universo. Del bosón de Higgs al umbral de un nuevo mundo*. Random House Mondadori.
18. ARNAU, J. (2023), *Materia que respira luz, ensayo de filosofía cuántica*. Galaxia Gutenberg, S.L.

Juan Arnau (1968), astrofísico, especialista en filosofías orientales y autor de numerosas publicaciones, sostiene que cada uno de nosotros llevamos asociada una onda y que quien se muestre insensible a las ondas de nuestros semejantes se verá envuelto permanentemente en malos entendidos e incomprensiones; por el contrario, la sintonía con el resto de oscilaciones nos proporcionaría fluidez entre las personas. En una interpretación personal del llamado «factor Planck», Arnau considera que es precisamente por eso que en algunos lugares de México se saludan preguntando «¿Qué onda?».[19]

En un sentido muy parecido concibió el intercambio de energías entre personas el famoso novelista y dramaturgo francés Honoré de Balzac (1799-1850), cuando concluyó sobre el «amor a primera vista» que, al circular por nuestras venas, la sangre genera un campo magnético, una vibración que se manifiesta a través de calor, irradiación y resplandores. De estos campos emana lo que él describe como un alfabeto *aeroluminoso,* único en cada individuo. Tales alfabetos o códigos serían ilegibles para cualquier otra persona, exceptuando a aquellas cuyo código energético, alfabeto para Balzac, fuera tan similar que propiciara un entendimiento instantáneo y recíproco. La atracción entre seres cuya expresión energética sea similar resulta ineludible. Por eso, entre tantas frecuencias que comparten el dial, la conexión entre dos, el amor a primera vista, parece una posibilidad bastante remota.

Recordemos que el concepto mismo de materia ha sido objeto de discusiones enconadas. Se podría decir que todo aquello que nosotros captamos como materia es aquello que nuestros sentidos, bastante deficientes bien mirado, nos señalan como tal. Inevitablemente percibimos una realidad incompleta o distorsionada y no alcanzamos a entender utilizando los sentidos que nuestro cuerpo físico, igual que cualquier estructura material, se compone en último extremo de partículas que se mueven a un ritmo enloquecido y de fluctuaciones de energía, de vibraciones que transportan información y que nos unifican con el universo. Nuestra propia percepción es un campo de información.[20]

Permítanme profundizar un poco en esta cosa de las ondas; finalmente en este capítulo intentamos establecer la profundidad e importancia, desde los puntos de vista físico y metafísico, de ese hipotético lenguaje universal,

---

19. ARNAU, *Materia... Op. cit.*
20. SIMONE, M. y BERTUCCIO, J. (2007), *Energía: el principio del Universo.* Editorial Kier.

como lo considera Master Oh, que es la vibración. A lo largo de este trabajo hemos venido explicando que uno de los grandes retos de la física consiste en la obtención de una teoría del todo. Una ecuación que relacione satisfactoriamente las leyes gravitacionales con el universo subatómico, tan esquivo, tan anárquico en apariencia y tan complejo. Esta carrera teórica en la que compiten todos los aspirantes a la unificación de las leyes de la física la va ganando, al parecer, la críptica teoría de cuerdas. La califico de esta manera porque, entre otras cosas, requiere un entorno espacio-tiempo de diez dimensiones, o más, para funcionar, para que los cálculos no acaben arrojando cifras imposibles o infinitas. La primera aproximación a la teoría de cuerdas la debemos a los físicos Joël Scherk y John Henry Schwarz, quienes la concibieron como una hipótesis prometedora en 1974. Tras el auge de los primeros momentos, la comunidad científica pareció desestimarla considerándola una más entre tantas conjeturas erróneas sobre el tema. No obstante, por diferentes razones que serían demasiado largas de explicar aquí, diez años más tarde consiguió nuevamente concitar el interés de la ciencia. De acuerdo con la teoría de cuerdas, todas las partículas subatómicas dejarían de existir como tales, por sí mismas. Electrones, fotones o quarks no serían más que la consecuencia de una vibración. En la causa hallaríamos unos filamentos con aspecto de cuerdas incomprensiblemente pequeños, tanto como 10 elevado a la menos 33, un trillón de veces menor que un insignificante protón y que, dependiendo el tipo de pulsión, se expresaría en forma de una u otra partícula subatómica. En ese caso, la frecuencia oscilatoria sería la última responsable de la creación de estructuras.

Atendiendo a esta explicación de la naturaleza esencial de la materia, podrían identificarse primero, y relacionarse después, los gravitones con el resto de partículas subatómicas y de esta manera enlazar la fuerza gravitacional con el mundo electromagnético. El universo así concebido se parecería mucho a una monumental orquesta sinfónica de cuerdas que modelara con sus notas la materia, el espacio y el tiempo.[21] A mi modo de ver, todos los modelos cosmológicos bien establecidos, o los aspirantes a establecerse, reconocen la participación imprescindible de la vibración en la explicación de la realidad. A falta de una objeción más severa, Stephen Hawking propone un inconveniente de carácter funcional a la teoría de cuerdas cuando advierte, con ojo clínico, que elevar el número de dimensiones necesarias hasta diez puede

21. KAKU, M. (2005), *Universos paralelos. Los universos alternativos de la ciencia y el futuro del cosmos*. Ediciones Atalanta.

resultar excitante para la comunidad científica, pero sería un enorme dolor de cabeza para cualquiera de nosotros cuando tuviéramos que recordar en cuál de ellas hemos aparcado el coche.[22]

Según el pionero de la medicina cuerpo-mente, Deepak Chopra (1947), autor de una treintena de libros traducidos a otros tantos idiomas, el remedio para un padecimiento tan habitual en las sociedades modernas como es la fatiga crónica, consiste en nuestra propia capacidad para succionar energía de la única fuente inagotable que nos rodea: el universo. Recuerden nuevamente a Nikola Tesla y su éter y, miles de años antes, a Hermes, el tres veces grande, teorizando de manera parecida sobre las propiedades de ese mismo éter.

Einstein acreditó que cada átomo en el universo contiene energía y, según parece, todo en ese mismo universo, vivo o inerte, es debido a fluctuaciones, a vibración de un campo unificado, si lo prefieren. Todos nosotros no somos sino concentraciones de energía en el campo universal. La mecánica cuántica explica la naturaleza subatómica, en absoluto sólida e irreductible. Todo en la materia se compone de órbitas vertiginosas, las partículas están proporcionalmente tan separadas entre sí como lo están unas formaciones galácticas de otras en el espacio exterior. Finalmente, eso significa que el cuerpo humano está, en términos relativos, tan hueco como el espacio interestelar. Una idea interesante de Chopra es que, desde un punto de vista cuántico, nuestros propios pensamientos son sucesos de esta naturaleza, vibraciones con posibilidad de influir en el resto del cuerpo, de adquirir conciencia y capacidad para transformarlo.[23]

En el año 2003, el satélite WMAP (Sonda Anisotrópica de Microondas Wilkinson) ha permitido la obtención de imágenes asombrosamente precisas del universo en lo que podemos considerar su período infantil, cuando solamente tenía 380.000 años. Pues bien, en las imágenes aparecen unos puntos que, según todos los indicios, representan una pequeña fluctuación, una vibración cuántica en la luminiscencia de los primeros momentos de la creación. Esta aparentemente insignificante expresión ondulatoria fue la semilla, la causa primera, de todas las formaciones galácticas posteriores. Cuesta creer que las descomunales estructuras celestes hubieran sido en su origen una fluctuación. El razonamiento se podría relacionar muy bien con

---

22. HAWKING, S. y MLODINOW, L. (2010), *El gran diseño*. Editorial Crítica.
23. CHOPRA, D. (2005), *Energía sin límites*. B de Bolsillo.

la idea filosófica de Master Oh sobre la vibración y su condición de lenguaje universal y de fuente de vida.[24]

Entonces y visto que todos nosotros somos materia en permanente vibración, resultaría fácil de aceptar, en ese caso, que nuestros cuerpos son, en cierto modo, un campo de energía; eso sucede en el mundo subatómico, como ya hemos explicado, pero también se proyecta en el terreno macroscópico; los ritmos y las frecuencias de las fluctuaciones tienen una razón de ser, ahora mismo me estoy refiriendo al ritmo cardiaco. Sin la consistencia de una teoría acreditada, hay autores que sostienen que esos mismos campos magnéticos, o vibraciones, son a su vez una suerte de escudos protectores cuyo mecanismo de funcionamiento está relacionado con la longitud de onda; en ese caso, obteniendo una determinada ondulación armónica se preservaría la salud de las células. Por el contrario, la disritmia, o ausencia de armonía, en su caso, se podría identificar con la enfermedad. Cada célula, a su vez, se comporta como una central eléctrica que provee de energía; si sus niveles de carga disminuyen por debajo de un determinado nivel, la célula muere. Las ondas electromagnéticas de nuestros cuerpos se sirven para su transporte de los llamados «cuantos de luz» y son portadores de una energía mayor cuanto más corta es su longitud de onda y su frecuencia más alta, justo al contrario de lo que sucede en los casos de longitudes de onda más largas y menor frecuencia.[25]

En lo que se refiere a la energía contenida en los cuerpos, Master Oh, seguramente dotado de una receptividad especial, afinada con los años y la experiencia, puede calcular el nivel de carga en cada caso. Para él es evidente cuando una persona se encuentra falta o sobrada de energía y esa carencia o abundancia se relaciona de manera directa con el bienestar o el desasosiego.

La doctora Valerie Virginia Hunt (1916-2014), autora de *Infinite mind: science of the humans vibrations of consciousness*,[26] sostiene que existe algo llamado bioenergía, que rodea a los cuerpos humanos, también conocido como aura o cuerpo astral. Según Hunt, el campo que forma esa misma carga o bioenergía, contendría información relacionada con las enfermedades tanto

---

24. Kaku, *Universos... Op. cit.*
25. Ruiz Galicia, S.R. (2015), «Medicina tradicional mexicana, un enfoque científico de las limpias». *Ponencia en la Universidad Autónoma de Chapingo.*
26. *Mente infinita: ciencia de las vibraciones humanas de la conciencia.*

físicas como emocionales. A un campo de frecuencias altas se le relaciona con la resistencia a las enfermedades; si por el contrario, presenta perturbaciones, el cuerpo lo acusaría manifestando mayor fragilidad. Coincide Valerie Hunt con Master Oh cuando sopesa la influencia de la espiritualidad en la salud general; de acuerdo con su idea, la práctica espiritual fortalece el campo magnético y hace que los cuerpos debilitados vibren en frecuencias más altas, como consecuencia, el sistema adquiere fortaleza y coherencia. Ahondando más entre salud y práctica espiritual, propone la autora que esa misma práctica, llevada a término en grupo, facilita todavía más que el desempeño individual la obtención de frecuencias beneficiosas. Si el espectro de una persona es completo y coherente, sostiene Hunt, esa misma persona podría acceder a toda la información contenida en el campo electromagnético.[27]

Emoto Masaru (1943-2014) no es exactamente un científico; fue un hombre inquieto graduado en Relaciones Internacionales por la Universidad de Yokohama que se hizo célebre por sus conclusiones sobre la influencia de los pensamientos en la materia. Sus proposiciones habría que analizarlas desde un punto de vista quizá más filosófico, pero defiende una relación de causa-efecto que me ha parecido muy interesante, aunque él no haya podido esquivar algunas críticas bastante poco amables.

Una vez hecha la salvedad, creo que conviene al caso la exposición de sus razonamientos con independencia de su verosimilitud.

Para Masaru, nuestros propios pensamientos o nuestras creencias pueden convertirse en un campo energético que, a su vez, genere una señal que ordene a nuestros órganos, o a nuestros tejidos, una transformación. Está hablando de sanación a través de las vibraciones y de la energía contenidas en el pensamiento. Esta idea la desarrolla cuando afirma que las palabras amables se expresan en un tipo de frecuencia beneficioso y con un gran impacto positivo. Sostiene el autor que cada uno de nosotros tenemos la habilidad innata de percibir las vibraciones de los demás. Una frecuencia determinada, acompañada de otra de frecuencia equivalente, compone una resonancia. Las vibraciones se atraen y se fortalecen actuando de forma conjunta. Prestar atención a los demás es una forma de dar y de recibir energía.[28] Es verdad que las teorías de Masaru no se sostienen como se sostienen

27. Ruiz Galicia, *Medicina... Op. cit.*
28. Masaru, E. (2005), *Los mensajes ocultos del agua.* Santillana.

las teorías científicas y, en un trabajo como este, hay que dejar constancia de tal extremo; no obstante y ateniéndonos a todo lo que hemos venido comprobando en este capítulo, en el criterio argumental se reconocen aspectos comunes con otras teorías mejor contrastadas. Somos energía y somos vibración, campos electromagnéticos que, de una forma u otra, ejercen influencia sobre el resto de campos electromagnéticos. Si damos por buena esta afirmación poco matizada, podría ser tan disparatado considerar falsas las apreciaciones del japonés como considerarlas verdaderas. Por supuesto que los críticos de Masaru podrían mostrarse igual de susceptibles con el Premio Nobel de Literatura, Rabindranath Tagore, o con el padre de la teoría hermética, Hermes Trimegisto, a los que hemos mencionado líneas atrás, porque más o menos venían a concluir lo mismo.

El cirujano español Manel Sans Segarra, popular científico rebosante de confianza en las posibilidades del espíritu, afirma que el 90 % de las enfermedades son debidas a un desorden mental; cuando hablo de desórdenes me refiero a la ansiedad, la depresión, el estrés o la fatiga crónica. Eso suena en cierto modo parecido. Lo mismo afirma la neuróloga Marian Idiazábal; según la doctora, la influencia de la mente en el cuerpo puede tener efectos tanto positivos como negativos, y eso otra vez suena razonablemente parecido.[29] Tengamos en cuenta que, hace más de 2.000 años, Dionisio de Halicarnaso ya analizaba la vibración y los sonidos de palabras y expresiones y sus efectos. Lo recoge en su obra *De compositione verborum*. A lo largo del texto encontramos reflexiones filosóficas sobre la multiplicidad de frecuencias en las voces y sus efectos.[30] También podríamos hablar de la musicoterapia, que, en el fondo, se trata de los efectos físicos y emocionales beneficiosos derivados de la exposición a un conjunto de vibraciones armónicas. Una extracción de sangre a varios miembros de un grupo coral, previamente y posteriormente a la interpretación del *Réquiem* de Mozart, acreditó un aumento de las concentraciones de inmunoglobina, también detectó la presencia de endorfinas, las llamadas «hormonas de la felicidad».[31] Todavía hoy desconocemos los detalles de la influencia que ejercen las ondas en nuestros organismos, lo que sí sabemos, atendiendo a las consecuencias, es que dicha influencia efectivamente se produce.

---

29. Ambos doctores fueron entrevistados por el autor durante la filmación del largometraje documental *De la luz y de las sombras* en los últimos meses de 2023.
30. Enríquez, A. M. y Chávez, L. A. (2024), «Sonoridad y Armonía en *El Gallo de Oro* de Juan Rulfo». *La sempiterna presencia de un escritor: Juan Rulfo*. Universidad Autónoma del Estado de México.
31. Fernández, J. (2014), «Cantar en un coro, salud a todo pulmón». *Suplemento ES*.

Se ha propuesto con entusiasmo por parte de numerosos autores que los estados de salud o enfermedad pueden relacionarse con el flujo de nuestras corrientes energéticas. Esta idea, nada nueva en las culturas orientales, está siendo insistentemente puesta a prueba por científicos occidentales. Un punto incuestionable en términos de biología es que el funcionamiento satisfactorio de cualquier organismo depende de la comunicación entre células dentro del propio organismo y de la comunicación de ese mismo organismo con el entorno. Una vez aceptadas las leyes de la mecánica cuántica, podríamos prever una consecuencia inevitable de carácter biológico: si los campos de energía gobiernan sobre las partículas, modificando el flujo vibratorio, podríamos intervenir para corregir las insuficiencias de nuestra propia energía. Esas corrientes modificadas proporcionarían, de forma instantánea, toda la información necesaria para que nuestro propio cuerpo restableciera el orden. Haríamos uso de una fuerza, una energía vital disponible para todos relacionada en último caso con las interacciones entre partículas y perfectamente descritas por la física cuántica. Quizás, en ese caso, podríamos intervenir en cualquier parte de nuestro cuerpo mediante una alteración vibratoria.[32] La idea de fondo es algo muy similar a lo que propone Master Oh en sus sesiones de energía.

Veamos otra de las ventajas de la aproximación cuántica a la disciplina de la biología; recordemos que los campos gobiernan sobre la materia y que pueden proveer de información instantánea, porque sencillamente contienen esa misma información; es inevitable comparar la velocidad de la luz de los campos con la lentitud relativa de los procesos bioquímicos tal y como los hemos concebido hasta ahora. A través de los campos electromagnéticos fluyen la energía y la información y se hace colaborando, en último término, con la vida.

La información contenida en las vibraciones se transfiere a través de osciladores armónicos; en eso consistiría esa especie de inteligencia biológica que a menudo, desde un punto de vista místico, se identifica con la conciencia o con el espíritu. Nuestra existencia discurre en un océano de vibraciones, en un sinfín de ritmos y frecuencias que abarcan el universo al completo y se expresan en forma de rotación de galaxias o de órbitas planetarias,

---

32. González, M.J.; Miranda-Massari, J.R.; Schaffner, C.; Sayer, J.I.; Olalde, S.; Kalcher, A.L. y Berdiel, M.J. (2003), «Medicina ortomolecular cuántica: el concepto bioortofotónico de energía curativa». *Servicio de Noticias de Medicina Ortomolecular*.

incluyendo en la lista de fluctuaciones al ritmo cardiaco, la resonancia de Schumann o a las oscilaciones de las partículas subatómicas.

Podríamos considerar al médico suabo Franz Anton Mesmer (1734-1815) como el ancestro involuntario de la sanación electromagnética. Este hombre intuyó, aunque estuvo lejos de poder acreditarlo de manera científica, la existencia de energías invisibles capaces de restablecer el orden en pacientes con disfunciones mentales, aunque también en algún caso consiguió sanaciones físicas. Stefan Zweig relata sus peripecias, sus desventuras, mejor dicho, en una obra dedicada a lo que él llamó «curación por el espíritu». Mesmer desarrolló una teoría, de nombre un tanto hilarante, en virtud de la cual el magnetismo en todas sus variantes tenía la propiedad de sanar, de restablecer el orden natural. En el empeño perdió su reputación y casi toda su fortuna, fue objeto de ataques por parte de sus propios colegas y de las instituciones y trató, con poco éxito, de convencer con la práctica a todo aquel que le quiso escuchar. A esa misteriosa propiedad que Mesmer tan nítidamente intuyó la llamó «magnetismo animal».

Ni él mismo supo enhebrar un razonamiento que explicara la mejoría que experimentaban sus pacientes, pero sostuvo la veracidad de sus afirmaciones en la práctica y defendió su intuición hasta el final. Conoció a Mozart, devolvió la vista a una niña prodigio pianista ciega, si bien cuentan las malas lenguas que a medida que recuperaba la vista, la niña perdía el talento para la música, y que solo lo recuperó cuando volvió a perder la visión. Yo no sé decirles si eso es verdad o es mentira y es parte de la campaña de descrédito organizada por sus colegas. Él mismo, Mesmer, tocaba la armónica de cristal y sometía a sus pacientes a sesiones musicales terapéuticas. Sus pacientes confirmaron una y otra vez que sus imposiciones de manos y la exposición al agua magnetizada les había devuelto la salud. Imagínense la dificultad de Mesmer para probar, entre los siglos XVIII y XIX, la existencia de un flujo electromagnético de todo punto invisible, silencioso y con propiedades terapéuticas desconocidas hasta el momento.

Es posible que, en una u otra medida, Mesmer estuviera señalando un camino verosímil cuando intuyó las propiedades del electromagnetismo que, en nuestros días, conocemos de manera mucho más afinada.[33]

---

33. ZWEIG, S. (2006), *La curación por el espíritu (Mesmer, Mary Baker-Eddy, Freud)*. Acantilado.

Con un siglo de demora, el biólogo y Premio Nobel ruso Albert Szent Györgyi (1893-1986), fue el primero en afirmar que las moléculas no tenían la necesidad de tocarse entre sí para interactuar, la información que una envía a la otra puede viajar a través de campos electromagnéticos; previó que las células proteicas estarían actuando como conductores, transmitiendo la energía contenida en los electrones como vehículo de información.[34] Cualquier cuerpo, inerte o animado, que pueda observarse en el universo, en su último extremo, en el nivel más fundamental, es una enormidad de cargas electromagnéticas, lo cual hace que, en realidad, la masa no es que pueda relacionarse con la energía, es que es equivalente a la energía.

Biólogos y físicos en diferentes universidades acarician la hipótesis de que precisamente las vibraciones, en forma de radiación u ondas oscilantes, podrían ser la causa y la guía en los procesos de sincronía e intercambio de información durante los procesos de división celular. Herbert Fröhlich (1905-1991), físico teórico germano-británico, adscrito a la Universidad de Liverpool y galardonado con la prestigiosa medalla Max Planck en reconocimiento a su carrera por parte de la Sociedad Alemana de Física, fue quizá el primero en proponer la existencia de algún tipo de vibración colectiva ordenadora de la información, e incluso de la colaboración, entre unas proteínas y otras, haciendo que se ejecuten meticulosamente las instrucciones contenidas en el ADN. Fröhlich predijo que, determinadas frecuencias, ahora denominadas con su nombre y observadas bajo la membrana celular, podrían haber sido generadas a partir de estados vibratorios. Este destacado científico concluyó que, una vez la energía alcanza el umbral necesario, las moléculas sintonizan entre sí vibrando al unísono hasta alcanzar un nivel de coherencia que las obliga a colaborar.[35]

Renato Nobili, físico de la Universidad de Padua, acreditó experimentalmente la presencia de fluctuaciones electromagnéticas en tejidos animales. El propio fluido celular contendría patrones de onda que se corresponden punto por punto con los patrones observables en los electroencefalogramas.[36]

Deepak Chopra, al que hemos mencionado páginas atrás, conjuntamente con el físico Menas Kafatos, nos hablan de una teoría relacionada

---

34. GONZÁLEZ, MIRANDA-MASSARI, SCHAFFNER,... *Op. cit.*
35. MCTAGGART, L. (2002), *El Campo: en busca de la fuerza que mueve el Universo.* Editorial Sirio.
36. *Idem.*

con la precisión en los procesos de fotosíntesis enunciada en Berkeley, durante 2007. Gregory Engel y Graham Fleming, junto con su grupo de trabajo, ofrecieron una explicación cuántico-mecánica sirviéndose en la base de su razonamiento de la condición dual, onda-partícula, de los fotones. Engel y Fleming consideraron verosímil que, en el instante en que un fotón entra en contacto con los electrones que orbitan alrededor de un átomo, la onda se colapsara en forma de partícula. Durante la fotosíntesis, la luz conservaría su estado ondulatorio solamente el tiempo necesario para explorar toda la gama de blancos posibles, de entre los cuales seleccionaría al más eficiente. Proponen una inclinación predeterminada a la coherencia cuántica que permitiría a un fotón conservar su naturaleza ondulatoria sin colapsar en forma de corpúsculo. El mecanismo consistiría en igualar la resonancia de la luz, su frecuencia vibratoria, con la frecuencia de las moléculas receptoras de energía; del mismo modo que dos diapasones vibrando al unísono en una llamada «resonancia armónica».[37] Una forma de comunicación muy interesante entre diferentes formas de materia.

En la entradilla de este capítulo y en las líneas dedicadas a la antiquísima doctrina hermética, me he referido al gran genio Nikola Tesla y le he parafraseado hablando del universo que él concibió en términos de vibraciones y frecuencias. Tesla nació en la linde entre Croacia y Serbia en 1856; era un hombre notablemente culto, conoció las matemáticas más avanzadas de su tiempo, también estudió filosofía, literatura y física. Hablaba nueve idiomas y fue un trabajador incansable capaz de rendir durante veinte horas al día. Conviene al caso mencionarlo en este apartado por su clarividencia en el terreno de las energías. El gran inventor llegó a la conclusión de que la mayor parte de la energía no se concentraba en la materia, sino en una sustancia entre partículas que él denominó éter y que no era otra cosa más que electromagnetismo, tal y como ya hemos explicado. Una descripción más precisa de aquello que imaginó Tesla, podría ser la de un mar de energía primigenia inagotable en el que nos hallamos inmersos y al que podríamos someter.

Mi opinión sobre el asunto es que, en cierto modo, estaba anticipándose a las fluctuaciones cuánticas de vacío con su descripción, la energía llamada «de punto cero» o «de vacío», probada por el físico holandés Hendrik Casimir mediante el efecto vibratorio que lleva su nombre. Indisimuladamente místico, el gran inventor que fue Tesla pensaba que sus intuiciones

---

37. Chopra, D. y Kafatos, M. (2017), *Tú eres el Universo. Una nueva alianza entre ciencia y espiritualidad. Un nuevo futuro de posibilidades infinitas.* Gaia Ediciones.

y su sensibilidad hacia las ideas rupturistas provenían de un ser superior del que todos formamos parte; solía decir que el poder de la mente proviene de Dios y que, concentrando el pensamiento en esta enorme verdad, podríamos sintonizar con su gran energía. Nikola Tesla fue partidario de lo que él llamó una «ciencia completa», una disciplina que no excluyera la visión religiosa ni la filosófica del conocimiento en general.[38]

Hay autores que proponen un conjunto de ideas relacionadas con lo que podríamos llamar «principio vital»; una especie de flujo energético contenido en cada partícula de nuestros cuerpos, responsable de la armonía, la sincronía, el orden y la precisión de las funciones vitales. Una suerte de factor inteligente compuesto exclusivamente de oscilaciones y con la información necesaria para recibir y transmitir instrucciones. Relacionado con lo anterior se baraja la hipótesis, insuficientemente probada todavía desde el punto de vista científico, de la llamada «resonancia mórfica», de acuerdo con la cual la materia se organizaría de maneras infinitas dependiendo exclusivamente de la intensidad y la frecuencia de su vibración. En tal caso, los sistemas serían herederos de una forma de memoria colectiva, un recuerdo sobre las circunstancias de sus semejantes, ello con total independencia de la distancia y el tiempo. La naturaleza de cada elemento estaría, de ese modo, entrelazada a través de los hipotéticos campos mórficos. Un campo organizativo reproduce un patrón que puede dejar de existir, como una gota de agua se funde en el mar, pero no por ello el campo pierde su potencial para volver a organizar, porque conserva la memoria necesaria para replicar el esquema cuando las condiciones sean favorables.

La hipótesis de la resonancia mórfica es un concepto madurado por el bioquímico y biólogo inglés Rupert Sheldrake (1942), del que me ocuparé con más detalle en el capítulo de los mundos visible e invisible; pero, como les digo, la teoría explora las interacciones vibratorias de una forma atrevida; quizá en un futuro llegue a formar parte de un nuevo paradigma, hoy todavía vive en el mundo de las conjeturas.[39]

Hablando de paradigmas: Thomas Kuhn, doctor en Física por la Universidad de Harvard, filósofo e historiador, en su obra *La estructura de las*

---

38. TEODORANI, *Nikola... Op. cit.*
39. STITZMAN, L. (2001), «Tropismo, repetición y forma: el modelo de la repetición entrelazada». *Psicoanálisis: Revista de la Asociación Psicoanalítica Colombiana.*

revoluciones científicas nos describe el concepto de paradigma como un conjunto de creencias y de compromisos generalmente aceptados, una convención entre pares, un patrón en el que se describen las acciones y reacciones anudadas a cualquier proceso y que, siempre según el autor, en el sentir de las mentes conservadoras, tanto mejor cuanto menos cambien, acusando el temor a la incertidumbre que acarrean las novedades. Pues bien, hasta hace muy poco tiempo, el paradigma médico se fundamentaba en la aceptación de la naturaleza bioquímica de los organismos, lo cual ha traído como consecuencia el desarrollo formidable de una industria, la farmacéutica, que se ha especializado, naturalmente, en la provisión de soluciones bioquímicas.[40] Parece una consecuencia necesaria y razonable.

Sin embargo, el nuevo paradigma que está cobrando forma desde hace tan solo unas décadas rebate la idea de la naturaleza principalmente bioquímica del ser humano y sostiene, por el contrario, la condición de entramado energético de todos nosotros. Esta nueva consideración resulta más fácil de interpretar atendiendo a los extraños descubrimientos de la física cuántica y a las interacciones entre partículas. De este modo, conceptos enraizados en la existencia necesaria de formas de energía sanadora se están intentando hacer con un puesto respetable en el templo de la ciencia. El desarrollo de instrumentos especialmente sensibles, tanto como para detectar y medir diminutos campos de energía alrededor del cuerpo humano, como es el caso del magnetómetro SQUID (Superconducting Quantum Interference Device), un dispositivo superconductor de interferencia cuántica, han hecho posible la observación de campos biomagnéticos relacionados con funciones fisiológicas; de este modo se podría establecer con poco margen de error un nexo de causalidad entre las energías y el estado de salud en general.

Probablemente el campo que detectan los dispositivos sea el mismo campo que tradicionalmente han sabido detectar, con sus manos, terapeutas y sanadores como Master Oh, tan arraigados en las culturas orientales. El problema de la gente sensible no es tanto que los campos estuvieran ahí o no, que ahora sabemos que estaban, sino que hasta hace muy poco no había forma instrumental de medirlos. Todos los tejidos y órganos, por lo tanto, producen pulsaciones magnéticas, vibraciones específicas que genéricamente conocemos como «campos biomagnéticos». En la década de 1980, el doctor John Zimmerman, doctor en Medicina, máster en Ingeniería Biomédica,

---

40. KUHN, T. S. (2022), *La estructura de las revoluciones científicas*. Fondo de Cultura Económica.

licenciado en Ingeniería Eléctrica y especialista en medicina complementaria y alternativa, de la Universidad de Colorado, utilizó magnetómetros para medir la energía que irradiaba de terapeutas digitopresores y confirmó que sus manos emitían en frecuencias extremadamente bajas, entre 0,3 y 30 hercios que obtenían una respuesta contundente en la salud de los pacientes. El trabajo, expuesto en el prólogo de un libro de McKusick, fue confirmado por un grupo de investigadores japoneses que la identificaron con la llamada energía Qi, de la que Master Oh nos habla y de la que se sirve con tanta frecuencia, una especie de energía universal que penetra en todos nosotros a través de determinadas vibraciones.[41] Él la llama «energía de la vida».

En medio del ciclo interminable de vibraciones y energías, Master Oh propone la existencia de tres puntos de recepción existentes en el cuerpo humano. Según las enseñanzas de Master Oh, recibimos luz, amor y energía universales de la Mente del Universo a través de esos tres centros receptores.

El centro de energía superior se encuentra entre las cejas; en las culturas orientales es frecuente referirse a él como «el tercer ojo». Es un receptor que capta la luz invisible de la Mente del Universo y nos ayuda a mantenernos en paz, tranquilos y felices, y nos permite conectarnos con nuestra sabiduría innata, la misma capacidad que, según opinaba Nikola Tesla, proviene de Dios.

Cuando este centro de energía está abierto, la luz invisible que recibimos nos da una capacidad natural para tomar decisiones correctas. Podemos discernir entre lo que es bueno o lo que es correcto, lo que es bello o es justo, algo en nuestro interior nos impulsa a ayudar a los demás, estimula la compasión. El centro de energía superior nos da la capacidad de asimilar la información que recibimos a través de nuestros cinco sentidos y relacionarla para extraer conclusiones. A esta recepción debemos nuestra salud espiritual y mental. Si este centro de energía permaneciera cerrado, no podríamos recibir la luz que necesitamos y entonces harían su aparición desórdenes como el estrés mental, el insomnio, la falta de concentración o los estados emocionales adversos.

El centro de energía medio es el centro de nuestro corazón. Su esfera de influencia es el amor. Cuando este centro está abierto, podemos usar este amor para guiar nuestros sentimientos, pensamientos y acciones. Todos

---

41. McKusick, E. D. (2023), *Sintoniza el biocampo humano: sanación con terapia de sonido vibracional*. Inner Traditions en español.

necesitamos amor, y lo recibimos desde las fuentes de todos los sentimientos bellos, que están en la Mente del Universo. El amor universal es incondicional, nos permite sentir compasión y nos da el poder para transformarlo todo. Siempre ofrece y abraza, como un latido del corazón. El amor universal es inherente a la vida y es la verdad más firme. Cuando nos sentimos abrumados o limitados, este centro se cierra y entonces las emociones negativas se convierten en dominantes, y condicionan los comportamientos. Como resultado, podemos hacernos daño a nosotros mismos y podemos hacer daño a los demás. Estamos concebidos para recibir y para ofrecer amor universal siempre a todos los seres vivos. Cuando lo hacemos nos mantenemos abiertos y accedemos a los arcanos de la verdadera felicidad.

La mayoría de las relaciones que sostenemos se basan en el amor humano, un amor imperfecto condicionado por nuestro estado de ánimo y opuesto, por lo tanto, al amor universal, completamente incondicional. Porque, como seres imperfectos y egoístas, pensamos más en recibir que en ofrecer y a veces nos desentendemos de los demás. Los sentimientos humanos pueden hacernos caer en estados de ira, odio, celos, depresión y dolor. El amor universal viene de la Fuente y nos permite dar de forma natural, sin esperar nada a cambio. No alcanzamos a comprender que cuando damos recibimos, de hecho, cuanto más damos, más recibimos.

Esta es la ley del universo.

Cuando nuestro centro cardíaco está cerrado no podemos recibir el amor que necesitamos y por lo tanto comenzamos a desarrollar problemas emocionales como ansiedad, depresión, miedo, ataques de pánico y falta de empatía con los demás. Cuando somos emocionalmente negativos, todo nuestro sistema energético se ve perjudicado, lo que acarrea consecuencias como los bloqueos en el centro de energía inferior.

El centro de energía inferior está situado en el centro de nuestro abdomen, justo debajo del ombligo. A través de este centro de energía podemos recibir y almacenar energía de fuerza vital que proviene de la Mente del Universo. Desde aquí, la energía universal irradia a las diferentes partes del cuerpo facilitando las funciones físicas y manteniendo nuestra salud. Nuestros sistemas endocrino, respiratorio, circulatorio y otros sistemas del cuerpo están respaldados por la energía almacenada. Cuando el centro de energía inferior está cerrado, surgen todo tipo de problemas físicos, como fatiga crónica,

problemas digestivos, presión arterial baja o alta, dolor, infertilidad, enfermedades autoinmunes e infecciones virales y bacterianas.

Hemos visto una interpretación metafísica, poco convencional, de la emisión y recepción de energías, que son una forma de vibración. Permítanme ahora que les hable de Eileen McKusick (1968), porque tiene relación. Eileen es una mujer intuitiva de ideas también muy poco convencionales, pero siempre preocupada por la observación de las reglas del método científico. Investigadora del biocampo y de la función terapéutica de las ondas sonoras, ella asegura haber obtenido resultados convincentes mediante el tratamiento de diversas dolencias a través del sonido. Determinadas frecuencias, vibraciones, obtenidas de un diapasón, habrían conseguido restablecer los ritmos y el orden biológico en numerosos pacientes, observando notables cambios fisiológicos, disminuyendo el dolor o mejorando la movilidad. Para comprenderlo mejor hay que describir con cierto detalle su manera de concebir al ser humano energético; su hipótesis sobre la anatomía del llamado biocampo es que se extiende metro y medio a ambos lados del cuerpo y un metro por encima de la cabeza y por debajo de los pies, esta especie de halo tendría forma toroidal (forma de rosquilla). Este halo, o campo, o como quieran llamarlo, contendría el registro de toda nuestra memoria en forma de ondas estacionarias. El biocampo, sostiene, está fragmentado en parcelas de información relacionada con las emociones, los estados mentales y el mapa sobre el que se organiza el cuerpo físico. De acuerdo con este razonamiento, las experiencias traumáticas podrían ser causantes de los desórdenes fisiológicos.

McKusick utiliza para su terapia, como ya he dicho, un diapasón que, a modo de sonar, fluctúa y produce mejoras introduciendo orden en el sistema a través de la vibración. En sus veinticinco años de ejercicio clínico dice haber comprobado la eficacia de la técnica en perturbaciones como el estrés postraumático, ansiedad, depresión o dolor crónico, trastornos digestivos, vértigo, migrañas o dolencias emocionales.[42] Que, por cierto, son los desórdenes a los que de forma insistente se refiere Master Oh.

Como hemos podido comprobar, cada vez es más frecuente encontrar aproximaciones científicas que consideran importante el poder de la vibración en todos los órdenes de la vida. Nuestro propio planeta, ese que nos

42. McKusick, E. D. (2023), *Sintoniza el biocampo humano: sanación con terapia de sonido vibracional*. Inner Traditions en español.

sirve de casa, sobre el que ponemos los pies y a través del cual nos movemos, también vibra. A estas alturas ya se habrán dado cuenta de que no podía ser de otra manera, todo vibra y nuestro planeta no es una excepción. Es la llamada resonancia de Schumann, apelativo que debemos al científico Winfried Otto Schumann (1888-1974), que fue quien la predijo de manera matemática, aunque, curiosamente, el primero en, según Massimo Teodorani, fue Nikola Tesla, al que nos hemos referido cumplidamente en este mismo capítulo. La medida, variable, se sitúa en torno a los 7,8 hercios. Hay quien obtiene conclusiones extraordinarias de este valor y de su arco de fluctuación, pero yo solo quería aquí redundar en la idea de que todo, todo, siempre y en cualquiera de los casos, vibra.

También hay grupos de personas, más o menos numerosos depende de la sensibilidad de cada quien, que opinan que existe una vibración, una frecuencia, de Dios. Por si quieren sintonizarla, que sepan que es 963 Hz. En teoría es una altísima vibración espiritual, basada en el *solfeggio* (vocalización de tonos en una escala musical) transformadora y con influencia sobre el espíritu. Insisto, el dato es solo para que lo tengan en cuenta.

En alguna parte de este capítulo me he referido a las propiedades terapéuticas de la música; hemos revisado el caso del médico visionario austriaco Franz Anton Mesmer y sus misteriosas sanaciones musicales y electromagnéticas; también les he hablado de las mejoras del estado en general de los componentes de una orquesta, obtenidas de mediciones anteriores y posteriores a la interpretación, pero quizá esta forma de vibración que es la música merezca un poco más de atención. Está convenientemente acreditado y ampliamente aceptado que la música modifica el ritmo cardiaco, la frecuencia respiratoria, la transpiración y otros varios mecanismos biológicos. Mediante técnicas de «musicoterapia», así se llama esta relativamente nueva disciplina, se produce la intervención entre terapeutas y pacientes y se usa para inducir estados de relajación, para potenciar la memoria y la capacidad intelectual en general. Ya lo he subrayado, pero vuelvo a decir que la música es una forma de vibración; en ese sentido, la musicoterapia se está ramificando y ha surgido una disciplina relacionada que profundiza en la idea, llamada «vibroacústica» y que es, en realidad, una superposición de vibraciones porque se somete al paciente a un baño de sonido, a la acción conjunta de música, llamémosle convencional, y vibraciones procedentes bien de instrumentos, bien de dispositivos electrónicos. Durante las sesiones de terapia, el rango vibroacústico oscila entre las frecuencias 20 y 120 Hz. La combinación de música y tonos simples o sinusoidales pulsados o de baja frecuencia podrían estar confirmando su eficacia en pruebas sucesivas.

La vibroacústica es una especialidad novedosa que está siendo objeto de estudio desde hace pocos años. Haciendo uso de instrumental electrónico, se buscan patrones que determinen las variaciones de energía vital a través de luminiscencia, el coeficiente de activación-estrés mediante la medición de la entropía. A los individuos que componen la muestra se les prepara utilizando técnicas de relajación y de respiración pausada, tal y como se practica durante las sesiones de meditación. Todavía disponemos de datos insuficientes sobre el impacto de la vibroacústica en la salud, si bien las conclusiones preliminares invitan a pensar con cierto optimismo en el futuro de esta rama de la musicoterapia porque, aunque limitadas, las observaciones sugieren variaciones positivas en indicadores de vitalidad, humor, relajación, estado general y niveles fisiológicos de estrés en los pacientes después de recibir los tratamientos.

Quizá tengamos delante de nosotros una nueva técnica de sanación no invasiva e incluso placentera. El tiempo y los sucesivos estudios lo confirmarán o lo desmentirán en un futuro próximo.[43]

Creo que con lo que hemos visto hasta aquí tenemos suficiente material para reflexionar sobre el potencial protagonismo de la vibración en las relaciones universales, para considerar que las fluctuaciones son la materia misma y para comprender por qué Master Oh considera que es el lenguaje del universo y el origen de la vida. Afinando un poco el argumento y sin salirnos de los límites razonables, podríamos interpretar que cualquier transformación que se persiga en la materia, o en la estructura de la materia, requiere del concurso de alguna forma de vibración.

A mi parecer, sobre este punto de vista podrían estar de acuerdo perfectamente filósofos y pensadores por un lado y científicos por otro. Pero nuevamente esto es solo una idea.

---

43. SOTO LOPETEGUI, H.; D'ALESSANDRO, G.; PFEIFFER C. y ZAIN, J. (2019), «Musicoterapia receptiva: experiencia vibroacústica en la variabilidad del nivel de estrés». *ECOS. Revista científica de musicoterapia y disciplinas afines.*

En el siguiente capítulo me ocuparé de las creencias religiosas en el mundo, desde las primeras manifestaciones de abstracción simbólica hasta la sorprendente corriente espiritual que se ha instalado recientemente entre nosotros. Hablaremos de las arcaicas creencias politeístas y de su evolución hasta conformar una idea monoteísta, repasaremos los credos de Oriente y de Occidente, las divinidades de aquí y de allí e incluiremos en la revisión a los mitos y leyendas; también hablaremos de la astrología, enigmática, simbólica y compleja, porque se ocupa de las relaciones entre los cielos y la tierra. Creo que un repaso al conjunto de dogmas en el mundo a lo largo de los siglos nos ayudará a entender mejor el estado actual de nuestras relaciones con el mundo espiritual.

Capítulo IV

Sobre la espiritualidad

La vida solo es soportable cuando el cuerpo y el alma viven en perfecta armonía, existe un equilibrio natural entre ambas y se respetan recíprocamente.

David Herbert Lawrence (1885-1930), escritor

Según el autor Frédéric Lenoir (1962), historiador de las religiones, los vestigios arqueológicos más antiguos relacionados con la espiritualidad estudiados hasta la fecha tienen una antigüedad de alrededor de 100.000 años. Se trata de una tumba conjunta de una mujer joven y un niño en Qafzeh, cerca de lo que hoy es Nazaret, y que permiten constatar las primeras manifestaciones de religiosidad, o de trascendencia, en tiempos de los llamados protocromañones. Impulsados por el terror o por creencias imprecisas en una vida después de la vida, nuestros antepasados accedieron a la abstracción del pensamiento simbólico y lo expresaron mediante ritos, sirviéndose de objetos mágicos y ofrendas que acompañaran a sus semejantes, después de terminada su vida, en el gran viaje hacia el más allá. Las cabezas de los inhumados, por lo general, se encuentran orientadas al este, en un paralelismo sugerente con el renacer del sol.[1]

Desde aquellas primeras expresiones espirituales hasta nuestros días han pasado muchas cosas; creyentes de todo el mundo se han agrupado en torno a grandes religiones; los espíritus sobrenaturales primeros evolucionaron hasta convertirse en dioses y en dioses se quedaron en algunos casos, para inspiración y gloria de las religiones politeístas; en otros, el monoteísmo se concibió como agrupación de dioses en un solo ente todopoderoso e intemporal e incluso evolucionó una tercera concepción de divinidad consistente en una participación común y universal de la naturaleza de Dios que denominaremos genéricamente panteísmo. Sobre las numerosas interpretaciones supraempíricas volveremos más adelante; revisaremos la evolución de las diferentes religiones para tratar de establecer un nexo de causalidad entre

1. Lenoir, F. (2018), *Breve tratado de historia de las religiones*. Herder Editorial.

las primeras evidencias de simbolismo religioso y las últimas, que son las de hoy, las de usted, las mías, las de todos nosotros.

¿Qué está pasando ahora mismo? Pues algo que no resulta fácil de explicar; generalizando un tanto podríamos describir una religiosidad oficial que acusa el desgaste de los siglos y que parece hallarse en estado de retroceso por causas de diferente naturaleza. Lo que resulta paradójico es que mientras la religión, llamémosle formal, se contrae, la espiritualidad en un sentido más amplio y peor delimitado se extiende con una intensidad que nadie acertó a prever. A continuación hablaremos sobre las posibles causas y consecuencias de esta impactante corriente de pensamiento en una población que parece más permeable que nunca a una serie de maneras nuevas de concebir y cultivar la trascendencia.[2]

A modo de contexto podemos decir que vivimos en sociedades sometidas a una carrera de obstáculos que no tiene fin; todos los días oímos hablar de conflictos bélicos, no tenemos más remedio que negociar nuestras propias turbulencias sociales, personales o familiares, soportamos como podemos un cambio climático que nos angustia, nos sentimos obligados por cientos de compromisos y temerosos por las transformaciones tecnológicas que nos desbordan a una velocidad asombrosa; consideren como un ejemplo la inteligencia artificial, de la que no sabemos si nos va a hacer el trabajo más llevadero, nos va a esclavizar o se va a quedar con nuestro empleo, en fin, que, como he oído alguna vez decir, con algo de sorna:

Dios aprieta pero no suelta.

Algunos autores están describiendo la era que nos ha tocado vivir como la era de la *Post Verdad.* La desinformación se ha convertido en una práctica tan habitual que muchas veces resulta trabajoso decidir entre lo que sí y lo que no es verdadero, los propios gobiernos y las instituciones se encuentran con frecuencia envueltos en esta pegajosa tela de araña.

Michael Sandel, profesor de Teoría de gobierno en la Facultad de Derecho de la Universidad de Harvard, opina al respecto que:

---

2. El grueso de las conclusiones que aquí se exponen provienen de una investigación sociológica de tendencias, elaborada desde Ideas Agitadas y dirigida por Ana Lacarte.

El peligro no es que sea difícil distinguir lo real de lo falso, sino que esta distinción deje de importarnos.

Una consecuencia evidente de lo que venimos explicando es la prevalencia en aumento del estrés, la fatiga o el desgaste profesional, y los médicos en todo el mundo lo están advirtiendo. Este tipo de dolencias de origen mental, digamos, deterioran peligrosamente nuestro sistema inmunológico y nos dejan muy expuestos a las enfermedades. Margaryta Yakovenko, redactora de *El País* (España), ha publicado recientemente en el rotativo que la respuesta más frecuente para la pregunta *¿Qué tal estás?* Es *Estoy agotado.* Según la BBC, un metaanálisis que durante 2023 examinó 91 estudios relacionados en tres continentes, concluyó que uno de cada cinco adultos en todo el mundo experimentó una fatiga general que duró hasta seis meses y que no estaba relacionada con ninguna patología física previa identificable. La afección es tan frecuente que el Servicio Nacional de Salud del Reino Unido ha acuñado un acrónimo para referirse a ella: TATT *(Tired all the time).*[3] La cosa es muy seria porque la fatiga, aunque parecería lo contrario, dificulta el descanso y, una de las consecuencias más naturales en este tipo de situaciones sostenidas son los estados depresivos. Un daño colateral de la fatiga son los accidentes de tráfico; tanto, que las autoridades británicas consideran que esa es la causa de hasta un 20 % de los siniestros consignados en sus carreteras. Algo que empeora las cosas es que, según todos los indicadores, la comunidad científica todavía no está en disposición de ofrecer soluciones a la altura de las circunstancias. El filósofo coreano Byung-Chul Hang considera que la obsesión por la eficiencia profesional y la hiperconectividad digital deterioran el cuerpo y la mente y provocan desórdenes graves que siempre tienen un punto de partida común: el cansancio crónico. Verdaderamente Dios aprieta; probablemente por eso a principios del año 2020 nos envió una epidemia global, contribuyente neta a la proliferación de las perturbaciones mentales, incluyendo entre tales el miedo y la incertidumbre. Según la OMS, antes de la COVID-19 casi 200 millones de personas fueron diagnosticadas de trastornos depresivos mayores, lo que representa una prevalencia de 2.471 casos por cada 100.000 habitantes, y otros casi 300 millones padecieron trastornos de ansiedad, en términos relativos, 3.825 de cada 100.000. Como les decía sobre la inoportuna epidemia, en un solo año los trastornos depresivos mayores y los trastornos de ansiedad aumentaron un 28 y un 26 %, respectivamente. Semejante panorama nos

3. Cansado a todas horas, o siempre cansado.

ha animado a recurrir a la farmacopea: ansiolíticos, antidepresivos… felicidad química. España se convirtió, por ejemplo, entre 2020 y 2021 en el mayor consumidor de diazepan del mundo. Resulta un tanto sorprendente si atendemos al número de días de sol que se registran en el país, y que frecuentemente se relacionan con el estado de ánimo, o a la oferta generosa de ocio y al estilo de vida de los nacionales. Todas estas circunstancias deberían hacer innecesario el recurso a la felicidad artificial.

No abundan las razones para mostrarse optimistas, al menos a corto plazo; el catedrático de psicopatología español Carmelo Vázquez opina que lo peor no es que los estados depresivos sean muy discapacitantes, ni que obligue a los pacientes a unos costes económicos altos; él dice que lo peor de todo esto es que la naturaleza de la depresión es bastante incierta, bastante difícil de abordar, por lo tanto. Todos los indicios sugieren que no estamos muy cerca de la solución. Tiempo atrás, cuando hablábamos de tristeza, o de incertidumbre, pensábamos que estábamos hablando simplemente de emociones, pero ahora no es exactamente así, porque cuando se presentan de forma recurrente se consideran enfermedades, tan lesivas, por otro lado, como cualquier otra enfermedad en cualquier otro lugar de nuestro organismo.

Cuatro de cada diez jóvenes europeos manifestaron haber sufrido desórdenes mentales, y de ellos, un 44 % hablaron de tristeza profunda, y otros tantos de incertidumbre, de miedo al porvenir.[4]

Veamos, en ese caso, adónde nos conduce la irrupción de todos estos desarreglos tan infrecuentes hace solo unos pocos años. Según numerosos autores, la incapacidad colectiva para enfrentarnos a las perturbaciones mentales y la creciente cantidad de preguntas para las que no encontramos respuesta, han obligado a dirigir nuestras miradas hacia un lugar prácticamente desconocido hasta hoy; ese lugar no es otra cosa más que nuestro propio interior. Desde un punto de vista pragmático parece una relación de causa-efecto razonable; la mente, el espíritu o el alma son el último recurso cuando ya se han exprimido las posibilidades físicas. Podríamos considerarlo como una salida de emergencia. Algunos autores han relacionado las situaciones de incertidumbre con la hormona del estrés, y tal incertidumbre solamente se neutraliza con un orden, con un conjunto de normas previsibles cuya naturaleza, material o espiritual, es lo de menos.

4. *El País* 5/4/2024 y *FAD Juventud* 9/10/2023.

Lo que se vuelve apremiante para todos nosotros es la eliminación de las incógnitas en la ecuación de nuestra vida, es un discurrir no tan emocionante, quizá, pero menos perturbador.[5]

A renglón seguido desarrollaremos la idea y les ofreceremos una serie de datos relacionados causalmente con todo lo que venimos exponiendo.

De acuerdo con el Pew Research Center, siete de cada diez norteamericanos se describen a sí mismos como personas sensibles a la espiritualidad. El instituto detecta una corriente novedosa en el carácter de las creencias, más personalizadas, de corte más introspectivo y a la vez más conectado con todo y, no necesariamente anudadas a una religión como la que hemos denominado formal. En el mismo sentido, el historiador de las religiones Frédéric Lenoir, al que hemos mencionado al principio del capítulo, considera que en general somos menos religiosos en cuanto a los compromisos con los rituales institucionalizados, pero cada vez tenemos más interés por la dimensión espiritual, por el sentido trascendente de la vida.

Pensemos que, en el fondo, una religión formal acepta para sí la responsabilidad de ofrecernos una explicación determinada de la realidad; a cambio, formaliza con cualquiera de nosotros un contrato en el que se contienen obligaciones y derechos de acuerdo con esa misma concepción de la realidad; la espiritualidad no reglada, en cambio, es como una aventura, un viaje interior con pocas ataduras, muchos derechos y pocas obligaciones.

Según el diario de gran difusión español *La Vanguardia*, esa espiritualidad que podríamos denominar no confesional, ofrece una cosmovisión, una descripción del universo y una lectura de nuestro lugar en él y nuestra forma de participar que resulta, generalmente, muy satisfactoria.

Determinados sectores sociales parecen sugerir una inclinación hacia una interpretación universal de perfiles panteístas, donde Dios es todo el universo y nosotros somos parte de Él, porque también somos parte de él. A finales de 2023, el diario *El País* se hizo eco de un nuevo hábito aparentemente contradictorio: los católicos encuentran sentido al Karma y los ateos sosiego en la oración. La explicación consiste en ese deseo irreprimible de encontrarse a uno mismo y de obtener salud mental y energía en el proceso.

---

5. PARRA, S. (2021), *Historia de la Incertidumbre*. Editorial Pinolia.

Llegados a este punto del capítulo creo que conviene al caso hacer algunas observaciones sobre la práctica de Master Oh. Muchos años antes de que los problemas que hemos descrito favorecieran la apertura espiritual, Master Oh, en sus centros Sun Kyeong ya recomendaba la introspección y la práctica meditativa como palanca contra los desórdenes emocionales, ya nos hablaba de la Mente del Universo como fuente de la vida, con aspecto de doctrina panteísta, en la que todos estamos conectados con el resto del universo y todos participamos de esa voluntad superior porque todos somos parte de esa voluntad superior.

Probablemente el carácter integrador de su cosmovisión es lo que la hace compatible con cualquier otra creencia; sus centros están llenos de cristianos, judíos, musulmanes o panteístas de cualquier condición sin que eso haya sido nunca un problema. Master Oh parece que hubiera podido prever con toda claridad la oleada de padecimientos mentales y espirituales que hoy nos aquejan y organizó alrededor del mundo retiros espirituales donde pudieran encontrarse el tiempo y la técnica para saber sobre nosotros mismos. Durante sus enseñanzas siempre prestó atención especial a la naturaleza, a la que concibe simbólicamente como el aspecto material de la Mente del Universo. Supo de la importancia de los tratamientos de energía porque anticipó sociedades enfermas de fatiga, y viajó por el mundo mostrando a cualquiera que estuviera dispuesto a abrir su corazón la importancia del Karma, de los ancestros, de los patrones energéticos hereditarios, participando, en cierto modo, a mi parecer, de una visión epigenética. Las ceremonias de Sanación Ancestral, coloridas y con una enorme carga simbólica, son la clave de bóveda de su doctrina; se celebran en todos los rincones del mundo, en los centros de cada ciudad se disponen vistosas ofrendas de alimentos y vino para aquellos que nos precedieron y, de ese modo, mostrarles el camino hacia la luz.

Me parecen un buen puñado de razones que explican por qué Master Oh es cada vez más conocido, por qué lo siguen con entusiasmo en países tan diferentes entre sí como México, Colombia, Canadá, Australia, Indonesia, Dubái, Inglaterra, Países Bajos, Sudáfrica, Francia o España. Pensándolo bien, a mi manera de ver, resulta impactante el hecho de que Master Oh pudiera ofrecer tantas respuestas tantos años antes de que nos hiciéramos tantas preguntas.

Alejandro Pareo, en un artículo para la Universidad de Guadalajara (México), coloca a la meditación, e incluso a la astrología, en el medallero de las tendencias globales.[6] Según la BBC, la industria del bienestar se ha convertido en una necesidad global y ya se habla del *Mercado de la Felicidad.* Por supuesto no podemos olvidar nuestra dependencia digital, en estos tiempos de auge espiritual era previsible la aparición de plataformas relacionadas con el interés por la trascendencia, como Gaia, o Angel Studios y tantas y tantas otras.

Es evidente el auge de una nueva literatura, la literatura espiritual, miles de títulos que tratan sobre el tema se convierten en súper ventas, y las estanterías de las librerías rebosan de títulos nuevos cada día; conferenciantes como Joe Dispenza o Deepak Chopra reúnen a millones de seguidores entusiastas en torno a sus redes sociales. Algo está pasando en nuestra manera de concebir la realidad; el espíritu ha dejado de ser el extremo olvidado del ser humano y eso parece algo más sólido que una conjetura.

Creo que hasta aquí hemos podido establecer una relación de causa-efecto entre las cuestiones de salud mental y espiritualidad y explicar una parte de las razones que hacen que millones de personas en todos los lugares estén dispuestas a observar la vida desde otro ángulo. Cabe citar los grandes descubrimientos científicos del siglo XX, como la teoría del Big Bang, tan relacionable con la mística creacionista, o el desarrollo de la inaprensible mecánica cuántica, que, además de haber cuestionado severamente la explicación clásica de la realidad, resulta tan desconcertante que parece cosa de otro mundo. De ambos, Big Bang y física subatómica, por su influencia en las corrientes de espiritualidad, me he ocupado en el capítulo correspondiente. Quedó explicada en su momento la contribución de ambas áreas de conocimiento a determinadas aproximaciones de naturaleza metafísica. Numerosos pensadores están tratando de las fronteras entre la filosofía y la ciencia, entre la física y la metafísica. Algunos autores sugieren que, detrás de los desarrollos científicos más brillantes, trabaja en silencio la inspiración que proviene del pensamiento abstracto, filosófico, podemos llamarlo como mejor nos parezca.

Con respecto a la espiritualidad más reconocible, más formal, más accesible desde el punto de vista estadístico, lo que podemos decir es que, según David Barrett y Todd M. Johnson, la participación en el mercado global de la espiritualidad, permítaseme el recurso a una analogía tan materialista, quedaría como sigue: más o menos un tercio de la población consta como

---

6. *El tiempo* 18/05/2023.

oficialmente adscrito al cristianismo; naturalmente que en este epígrafe tan amplio deben incluirse aquellos que practican cualquier variedad de cristianismo, incluso los que no practican nada y sobre los que no sabemos ni siquiera si creen o no creen, pero por razones de carácter cultural, constan. Los fieles al islam, también entendido en términos generales, sin reparar mucho en los matices, son más de una quinta parte de la humanidad. No hace falta utilizar una hoja de cálculo para darse cuenta de que la mitad de las personas de este mundo o son cristianas o son musulmanas. O lo que viene a ser lo mismo, la concepción histórica de la espiritualidad, en medio mundo, se relaciona con el monoteísmo teísta; más adelante me extenderé en las sutilezas y en las consecuencias de esta observación. La siguiente religión más importante no es propiamente una religión, sino un grupo de ellas; me estoy refiriendo al conjunto de doctrinas y creencias hinduistas, que, sin contabilizar en la suma a los budistas, podrían englobar a otros 1.000 millones de personas, en términos aproximados.

Otro heterogéneo club circunstancialmente espiritual que admitiese como socios a los que se describen a sí mismos como no religiosos, al cual añadiré yo, arbitrariamente, a los ateos convencidos, podría, siempre de acuerdo con la misma fuente, significar un monto también muy próximo a los 1.000 millones.

El resto de sensibilidades metafísicas tienen un peso cultural importante, pero desde el punto de vista cuantitativo son más escasas; estoy hablando del judaísmo, que por razón de parentesco abordaremos junto al cristianismo, del sintoísmo, el confucianismo chino, el chamanismo, los sijs, y otro grupo tan atomizado de prácticas que no alcanzaríamos a describir con detalle aunque dispusiéramos de un espacio varias veces mayor.

Por analogía, vamos a incorporar a esa categoría de opciones espirituales la espiritualidad no religiosa, pero espiritualidad, al fin y al cabo, e incluiremos unas líneas sobre la antigua e inquietante disciplina de la astrología.

También por proximidad, y porque han ocupado el imaginario y el espíritu de los hombres desde siempre, se han ganado el derecho a figurar aquí los mitos y las leyendas, sobre todo los mitos y las leyendas que habitan en el espacio sobrenatural. Y por qué no, vamos a probar a describir una variante de ejercicio espiritual que habitualmente pasa desapercibida: la espiritualidad social, esa que practicamos casi por descuido o por costumbre, y, lo más revelador, que a veces nos emociona; me refiero al recuerdo que guardamos para la divinidad en las ceremonias civiles de manera llamativamente frecuente en los himnos nacionales.

No se puede escamotear la idea, por otro lado, muy bien acreditada, de que el antagonismo entre religiones a lo largo de la historia ha sido una de las maneras más imaginativas y más recurrentes que hemos escogido los hombres para desangrarnos entre nosotros; sin embargo, creo que para ser justos tenemos que mencionar al menos un puñado de gestos en sentido contrario que nos recuerdan que la esperanza es lo último que se pierde. Los ejemplos, de los que haríamos bien en tomar nota, seguro que no son todo lo numerosos que deberían, pero son. Jean Delumeau, en el prefacio de su obra monumental sobre religiones, nos recuerda un episodio protagonizado en 1812 por un puñado de monjes budistas, los cuales, se ocuparon de que la Biblia fuera traducida al cingalés, a pesar de favorecer a la competencia, como ven. También ofrecieron hospitalidad y convivencia a unos cuantos misioneros cristianos protestantes. La propia madre Teresa de Calcuta (1910-1997), Premio Nobel de la Paz en 1979 y canonizada en 2015, rezó en un templo jainista de Digambar, otra vez favoreciendo a los competidores, y lo hizo adoptando sin complejos las oraciones animistas de este culto que, por cierto, es una profesión de corte no teísta, en las antípodas por lo tanto de la fe de la madre Teresa. Mucho antes, en el siglo XVI, también en la India, el emperador mogol Akbar ordenó construir una casa, llamada de las culturas, para acoger a los representantes de cualquier religión. En Occidente también se dieron situaciones así de esperanzadoras; Ramon Llull, Nicolás de Cusa y Guillaume Postel habían abogado por la unión de las diferentes familias cristianas, pero también entre cristianos, musulmanes y judíos y, finalmente, entre los discípulos de cualquier religión, anteponiendo de ese modo la condición religiosa, así, con mayúsculas, a las especificaciones de cada creencia en concreto.[7]

Una idea muy parecida de universalismo fraternal se recoge en los textos fundacionales de la masonería especulativa moderna del siglo XIX, las *Constituciones de Anderson*, donde se propone la obligación de todos los hermanados frente a la abstracción de una hipotética ley moral superior y se aconseja el temor de Dios, de cualquier Dios.[8] A pesar de todas las controversias que

7. DELUMEAU, J. (1997), *El hecho religioso. Una enciclopedia de las religiones hoy*. Siglo XXI Ediciones.
8. GONZÁLEZ-CUEVAS, J. A. (2020), *El general Prim y la Res Publica Panhispánica*. Ediciones Sílex.

se han suscitado a lo largo de los siglos entre las diferentes iglesias y la orden del compás, los masones utilizan como emblema un triángulo equilátero, símbolo de la perfección de Dios, y un ojo, recordando que todo lo ve. Cuando se refieren a Él hablan del gran Constructor del universo.

Durante las líneas que siguen me propongo analizar los fundamentos de los diferentes credos religiosos, necesariamente de forma superficial, determinar algún tipo de patrón que nos desvele las analogías, si es que las hay, o que señale las grandes discrepancias, de ese modo podremos siquiera entrever la cosmovisión de las diferentes culturas en los diferentes momentos de la historia; lo que esperan los pueblos de las divinidades y lo que las divinidades esperan de los pueblos, la cuestión ritual, la liturgia y el simbolismo de cada cual, los preceptos que obligan, enseñanzas, normas y prohibiciones que conciernen a todos los miembros, sobre el destino de los hombres, determinismo o indeterminismo, líneas teológicas, causas y consecuencias, premios y castigos, encuentros y desencuentros entre el cielo y la tierra, entre lo humano y lo divino.

El alcance de este capítulo, bastante modesto, no permite el recurso a una gran profusión de detalles, de manera que, si cualquier lector quiere saber más, encontrará en el apartado de bibliografía un buen número de fuentes que ayudarán a satisfacer su curiosidad. Me siento obligado a insistir en una advertencia: el contenido del texto solamente es una orientación, una fotografía tomada desde muy lejos. Haría falta una enciclopedia gigantesca para empezar a abordar las hechuras filosóficas de las religiones, muchas veces de una sutileza y de una complejidad lejos del alcance de la mayoría, que además han necesitado de siglos, o de milenios, para tomar forma, y han contado con el concurso de grandes pensadores y filósofos, religiosos o no. Entiéndanlo más bien a modo de contexto, si me siento obligado a ocuparme del tema es porque no hay duda de que las creencias religiosas forman parte de las causas que trajeron como consecuencia la pujanza de la espiritualidad de nuestros días.

Seguramente la descripción más compleja que se corresponde con un conjunto de creencias es aquella que hemos convenido en llamar hinduismos, así, en plural, tal y como acostumbraban a denominarlos los ingleses durante el período colonial. El problema es que, entre cada una de ellas, por más que las agrupemos, algunas veces encontramos similitudes y concordancias, pero muchas más veces lo que se observa son discrepancias difíciles de conciliar, contradicciones proporcionales a la extensión de un subcontinente.

Parece una exageración, pero Mc Dermott, en su libro sobre religiones del mundo,[9] nos habla de fuentes bibliográficas que recogen la existencia, o la mención, de 330 millones de dioses. Si a mí me salen las cuentas casi tocan a una divinidad por cada cuatro o cinco personas.

Haciendo abstracción de esta pequeña salvedad, encontramos una creencia muy extendida en el hinduismo, que es la cuestión cíclica, la reencarnación; todos vamos a renacer con mejor o peor fortuna dependiendo del Karma, de la trayectoria buena o mala en vidas pasadas; si fue buena uno se reencarna en algo mejor y todo lo contrario si fue mala. Lo curioso del Karma es que no hay nadie en particular que lo decida, simplemente pasa como pasan los días o pasa que llueve o pasa que hace sol, es como una norma universal que nadie nunca promulgó y que, sin embargo, es ineludible. Al contrario de lo que también sucede en muchas otras religiones, muchos hinduistas no tienen ningún propósito de permanecer para siempre en el círculo infinito de nacer, morir y reencarnarse, ni en ningún otro círculo; lo que les gustaría es alcanzar la perfección en una medida tal que les permitiera dejar de dar vueltas, o, como mucho, integrar su alma en una deidad universal abstracta y no personal conocida como *Brahman*.

La recompensa por haber obtenido la perfección, en este caso, es desaparecer, alcanzar la liberación que ellos llaman el *Moksha*. Siempre generalizando un poco, los hinduistas disponen de un par de recorridos alternativos para acceder a ese estado: el camino del conocimiento o *Advaita Vedanta,* y el camino de la devoción o *Bhakti*.[10] Según Juan Carlos Ramchandani, sacerdote hindú *vaishnava* y escritor, no debemos confundir la profusión de deidades con el politeísmo; de acuerdo con las escrituras védicas, Dios es solamente uno, aunque tiene el poder de representarse en formas múltiples. Ramchandani denomina a esta forma de entender la deidad «monoteísmo polifórmico».[11] Como un reflejo de la influencia del Karma y lo inapelable del círculo de la vida, la muerte y la reencarnación, es el sistema de organización social de la India, me refiero a las castas. Tal sistema representa la concepción determinista de la vida, la fatalidad si lo prefieren, porque no se puede cambiar y porque es tan propia de la mística hinduista. En

---

9. McDermott, G. R. (2013), *Religiones del mundo, una introducción indispensable*. Grupo Nelson.
10. *Idem*.
11. Ramchandani, J. C. (2016), «Análisis introductorio del hinduismo». *Encuentros Multidisciplinares*.

términos legales, la discriminación por pertenencia a una clase o a otra es una práctica formalmente proscrita, pero sea como fuere, una buena parte de la sociedad vive con arreglo a unas normas inmemoriales que regulan la convivencia entre, al menos, cinco grandes conjuntos de población, de los que podemos decir que, en el trato que se dispensan recíprocamente, tienden a ignorar las disposiciones legales al respecto.

En la cúspide se encuentran los llamados *Brahmanes*, que son curadores de las creencias, genealogistas, astrólogos y sanadores profesionales; les siguen los *Chatrias:* gobernantes, líderes o grandes propietarios de tierras. En tercer lugar figuran los *Vaisyas:* burócratas, comerciantes o prestamistas. La casta de los *Shudras* se compone de pequeños artesanos, trabajadores manuales y sirvientes. Y, por último, los *Dalits,* o intocables. Nadie quiere ser uno de ellos y nadie quiere aceptar los trabajos que ellos se ven obligados a aceptar. Dominique Lapierre, en su conmovedor libro del género novela no ficción *Más grandes que el amor,* ambientado en Benarés (India), hace un retrato descarnado de la casta de los intocables, representados en este caso por Sor Ananda, una de tantas desheredadas de la fortuna que revuelve las aguas cenagosas del río Ganges en busca de algún objeto de valor. Porque ella nació intocable.[12]

El célebre filósofo, poeta, educador, músico y maestro indio Rabindranath Tagore consideró que Dios está muy por encima de cualquier manera de división o mirada parcial. Para el influyente pensador, la religiosidad debe observarse como la reconciliación del hombre suprapersonal, o el espíritu humano universal, con el individuo. Los hombres deben cultivar el alma para obtener la paz y deben hacerlo inspirados por el amor a todo y a todos.[13]

> **Me proporcionó gran alegría sentir en mi vida el misterio de una unión de los dos en una camaradería creadora. Sentí que, al fin, había encontrado mi religión, la religión del Hombre, en la cual lo infinito se hacía claro dentro de la humanidad y se me acercaba necesitado de mi amor y mi cooperación.**
>
> **RABINDRANATH TAGORE**

12. LAPIERRE, D. (1995), *Más grandes que el amor.* Editorial Planeta.
13. BENÍTEZ VILLODRES, C. (2016), «El tema religioso en Rabindranath Tagore». *Sur. Revista de literatura.*

Pero no todo es un asunto entre los dioses y los hombres; con cierta frecuencia, el conjunto de creencias de las que hemos denominado hinduistas presenta algún tipo de conflicto con las legislaciones modernas, concretamente con algunas normas de vocación global, como es el caso de la Declaración de los Derechos Humanos y su relación con la reencarnación.

Permítanme que me sirva de una historia que representa muy bien la colisión entre leyes y tradiciones: en un templo, de nombre Kami Mata, se venera a las ratas porque todo el mundo está convencido de que, en realidad, son la reencarnación del pueblo de Durga, diosa del poder y la victoria; los roedores no se pueden tocar porque eso impediría que volvieran a reencarnarse en seres humanos. Kami Mata se identifica con una guía espiritual del siglo XIV, reencarnación a su vez de la diosa Durga. Cuando un niño de corta edad de entre sus súbditos murió, ella intentó regresarlo a la vida, pero Yama, dios de la muerte, objetó que el niño ya había reencarnado, en una rata para ser más concretos, y eso hacía imposible el regreso a su vida anterior. Kami Mata pactó con el dios de la muerte que, desde ese momento, todos los miembros del clan se reencarnarían en el cuerpo de una rata hasta que juntos pudieran volver a convertirse en humanos. Una historia conmovedora de reencarnaciones y destino común y tratos entre dioses. Como podía preverse, las creencias se han convertido en un problema de salud pública de primera magnitud; las ratas, proverbialmente prolíficas, tensan el sistema sanitario, representan un peligro público, son una amenaza para la salud que las autoridades estarían obligadas a erradicar. Esto nos indica hasta qué punto las leyes humanas y las leyes divinas no siempre son compatibles entre sí.[14]

En general, todas las ramas del hinduismo son muy proclives a confrontar con el resto mediante el desarrollo de una teología especulativa propia, muy elaborada y de una gran sutileza que se sirve para su expresión escrita del antiguo idioma sánscrito, la lengua sagrada de los brahmanes, aunque la devoción popular se manifieste en su idioma cotidiano. Entre su mosaico de divinidades está muy extendido el culto a Shiva, que representa la fuerza del universo; es un dios ascético e indiferente al que se representa con serpientes enroscadas al cuello, cubierto de cenizas y armado con un tridente; su esposa es Parvati y sus hijos Genesha, con cabeza de elefante, y Skanda, el terrible dios de la guerra de seis brazos y doce cabezas. Ella,

14. TARASCO, M. (2014), «Hinduismo y derechos humanos». *Studia Biblioteca.*

Parvati, no solo es la esposa de Shiva; es por sí misma una gran deidad también conocida como Maha Devi, Durga, Kali, Chamunda o Amba; hay más apelativos para referirse a la misma deidad, menciono solo estos cinco por ser los más conocidos y por abreviar el relato. Ella es muy activa bajo cualquiera de sus identidades, es la diosa creadora y también destructora, muy diferente de su marido, Shiva, que es más inclinado a la pasividad. Otro de los vecinos predilectos del panteón hinduista es Vishnu, que también atiende por los nombres de Narayna, Vamana, Varaha, Narashima, Rana, o el más popular entre nosotros los occidentales, Krisna. Es el dios cósmico de cuerpo azul que descansa sobre la serpiente del infinito. Exhibe cuatro brazos fuertes y lleva en las manos un caracol, un disco, una maza y una flor de loto. Es un dios salvador que combate a los demonios; probablemente a eso se deba su morfología, sus cuatro brazos y su maza, y protege a sus devotos.[15] Como pueden ver, la complejidad y la extensión de creencias, dioses y diosas, símbolos e identidades le sienta como un guante al entramado extenso, místico y complejo que conocemos como la India.[16]

Por proximidad, y por afinidad cultural y geográfica, vamos a continuar repasando brevemente el estado de cosas en esa religión que parece la predilecta de Occidente: me estoy refiriendo al budismo. Consideremos que, en general, las prácticas orientales se entienden mal en Occidente; Carl Gustav Jung, padre de los «arquetipos», al que ya nos hemos referido en el capítulo sobre la meditación, desarrolló en su día una buena teoría para explicar el desentendimiento este-oeste, contraponiendo conceptos como mente y cerebro, extroversión e introspección o teorías personales contra miradas universales, correspondientes en cada caso a los unos o a los otros; hay que decir que en la comparación resulta bastante mal parado el pensamiento occidental, entre otras cosas por la incapacidad o la cerrazón proverbial occidental para aceptar los fundamentos de la metafísica oriental.[17]

Parece, por parte de Jung, un análisis riguroso y bien argumentado y cualquiera admitiría que es así; en ese caso ¿a qué se debe tanta predilección en Occidente por la mística budista?, al fin y al cabo tan oriental y tan extraña para los occidentales como cualquier otra creencia oriental. Probablemente habría que buscar la respuesta en la personalidad atractiva del Dalai Lama,

---

15. Preciado Solís, B. (1992), «El hinduismo». *Dialnet Unirioja.*
16. Bruce-Mitford, D. (1997), *Signs & Symbols.* Diana E.
17. Jung, C. G. (2020), *Psicología de la religión oriental.* Trotta, pliegos de Oriente.

pero también en la repercusión que obtuvo en todo el mundo la brutalidad de China y su invasión del Tíbet en 1950; a los nuevos amos no les tembló el pulso cuando anularon sin contemplaciones la autonomía legislativa del pequeño país y negaron la concurrencia de una autoridad civil superpuesta a una autoridad religiosa. Una corriente de simpatía y de solidaridad con los tibetanos se instaló en las sociedades occidentales e hizo aparecer un sesgo favorable hacia su epopeya y sus costumbres, incluidas sus costumbres espirituales.[18]

El budismo apareció en la India alrededor del siglo v antes de la era cristiana; su corpus doctrinal se apoya en las enseñanzas de Sidharta Gautama, Buda, personaje histórico nacido príncipe que solamente sería divinizado siglos después de su muerte y que enseñó los caminos de la iluminación y de la liberación.

La filosofía budista, según Bendriss, registra una influencia intensa del hinduismo.[19] Una concepción introspectiva de la realidad fue lo que empujó a Buda a abandonar todo para dedicarse a una vida ascética y meditativa, lo cual a su vez le permitió encaminar sus pasos hacia el Nirvana.[20] Buda enseñó a sus discípulos las llamadas cuatro *Nobles Verdades:* la definición del sufrimiento, que tiene carácter universal; el deseo como causa del sufrimiento; la posibilidad de eliminarlo y los medios para acceder al Nirvana.

La doctrina budista evolucionó de manera diferente dependiendo de los territorios en los que podía arraigar. Así, por ejemplo, en la India acusó la llamada reforma brahmánica, que estuvo a punto de eliminarla.

En el siglo XII, período de penetración del islam en el sureste asiático, sufrió a su vez un declive notable en la región.

---

18. Obsérvese un ejemplo de la filmografía dedicada a la mística social tibetana, ampliamente divulgada y producida sin estrecheces de medios: *La Copa,* de Khyentse Rimponché; *El libro tibetano de los muertos,* largometraje documental narrado por el célebre Leonard Cohen y emitido en la NFBC; *Kundun,* de Martin Scorsese; *Bandera Roja,* narrado por Orville Schell; *Siete años en el Tibet,* protagonizada por Brad Pitt; *Compasión en el exilio, Escape del Tibet, Free Tibet* de Juan E. García, fotografiada por mi amigo Lorenzo Hagerman; o *Samsara,* de Nalin P. Y creo que me dejo bastante más de lo que menciono.
19. BENDRISS E. Y. (2014), *Breve historia del budismo.* Ediciones Nowtilus, S.L.
20. El Nirvana, en la cultura budista, representa un estado de liberación y de erradicación del sufrimiento mediante la ausencia de deseo; simbólicamente alude a la fusión con el universo.

En la China del emperador Wuzang se proscribieron los cultos extranjeros, haciendo inevitable la decadencia del budismo; mejor suerte corrió la práctica filosófica que nos ocupa en el Japón del período Kamakura (1185-1333), donde las escuelas se ramificaron y nacieron las corrientes neobudistas zen y nichiren. El maestro vietnamita Thich Naht Hanh, en un bello relato, nos describe la iluminación de Buda:

> Gautama sintió como si la cárcel en la que había permanecido confinado durante miles de vidas se hubiese abierto de golpe. La ignorancia había sido su carcelera, a causa de la ignorancia, su mente había quedado velada, como quedan veladas la luna y las estrellas por las nubes de tormenta. Oscurecida por interminables oleadas de pensamientos engañosos, la mente había dividido equivocadamente la realidad en sujeto y objeto, uno mismo y los otros, la existencia y la no existencia, el nacimiento y la muerte, y de esas distinciones habían surgido visiones erróneas: la prisión de las sensaciones, del ansia, del aferramiento y del devenir. El sufrimiento del nacimiento, de la vejez, de la enfermedad y de la muerte no habían hecho más que consolidar los muros de la cárcel. Lo único que había que hacer era apoderarse del carcelero y contemplar su verdadero rostro. El carcelero era la ignorancia… Una vez eliminado el carcelero, la cárcel iba a desaparecer para no ser reconstruida nunca más.[21]

Las enseñanzas de Buda proponen tres factores que hacen que la meditación deje de ser un simple instrumento de relajación y felicidad temporal, y se convierta en un instrumento de iluminación propia y de todos los demás, los factores que propone Buda son: *bien al principio, bien en medio, bien al final.* Bien al principio significa comprender que todos los seres conscientes participamos de la esencia de Buda, y que eso nos puede liberar de la ignorancia y del sufrimiento. Bien en el medio es nuestra disposición mental hacia la práctica, saber que las cosas son tan ilusorias como los sueños. Bien al final alude a la manera de terminar la meditación. Deben dedicarse todos los méritos a la iluminación de todos los seres; es el poder positivo, el beneficio, la paz y la felicidad que emanan de cualquiera de nosotros.[22]

---

21. RIMPOCHÉ, S. (2023), *El libro tibetano de la vida y de la muerte.* Edición conmemorativa 30 aniversario. Ediciones Urano.
22. *Idem.*

El actual Dalai Lama, además de su conocido mantra de amor y compasión, predica las ventajas de la búsqueda de la felicidad, no solo para aquel que la busca, sino también para sus familiares, sus allegados y para el resto de la sociedad.

Cree que sí, que podemos alcanzar la felicidad, pero que en absoluto es algo simple; explica que en el seno del budismo se hace referencia a los cuatro factores de la felicidad: riqueza, satisfacción mundana, espiritualidad e iluminación. Pero todos ellos están supeditados al estado de ánimo, a la buena salud espiritual. Solo si utilizamos de forma positiva nuestras circunstancias favorables, como la riqueza o la salud, pueden estas contribuir a la felicidad plena; sin una actitud mental adecuada los bienes tienen un impacto muy limitado a largo plazo. Si se experimenta odio o ira se acaba quebrantando la salud, de la misma manera que cuando uno siente infelicidad o frustración no sirven de nada las circunstancias favorables. Un estado mental, espiritual, sereno y pacífico puede llevarnos por sí mismo a la felicidad incluso en condiciones de salud deficientes.

De este modo el Dalai Lama previene contra la acumulación y la opulencia sin establecer un juicio de valor, sino un propósito funcional, ya que por sí mismas las riquezas materiales no sirven de nada si no contamos con un estado mental robusto. Cuanto mayor sea nuestro estado de calma espiritual, mayor será nuestra capacidad para disfrutar con felicidad de la vida.[23]

Estas consideraciones se podrían interpretar como enmienda a los fundamentos doctrinales de corte teísta, con la concurrencia de un Dios personal, en las que la felicidad absoluta se relaciona con una vida posterior a la muerte; por lo tanto, la búsqueda de la felicidad terrenal no es en absoluto una prioridad. También aquí podríamos encontrar razones para explicar la recepción entusiasta del budismo en Occidente, en la conveniencia de armonizar los intereses de las vidas terrena y ultraterrena.

El budismo se compendia filosóficamente en ocho símbolos conocidos como Ashtamangala: son ideogramas portadores de buenos auspicios y un lugar común en muchas de las prácticas hinduistas. *La caracola blanca* que gira hacia la derecha representa el profundo, omnipresente y melodioso sonido del Dharma, sirve para despertar a los discípulos del sueño de la ignorancia e instigarlos a obtener su propio bienestar y el bienestar de todos. *El nudo*

23. Dalai Lama y Cutler, H.C. (2002), *El arte de la felicidad*. Skokie Ed.

sin fin, variante oriental de la lemniscata u oróbolo, serpiente que se muerde la cola, que simboliza el infinito, para los budistas también representa la sabiduría, el método y la compasión. *La flor de loto* simboliza la pureza en el cuerpo, en la mente y en la palabra, porque flota brillante en las aguas cenagosas del deseo. En la flor de loto budista puede haber un número variable de pétalos que hacen alusión a los centros de energía o Chakras. *Los dos peces dorados,* unidos por las cabezas y las colas en formación circular, dos como los dos ríos sagrados de la India: el Ganges y el Yamuna; la dualidad se relaciona asimismo con las influencias solar y lunar. Sirven para invocar a la fertilidad y a la abundancia. *El parasol enjoyado* protege a todos los seres de las fuerzas dañinas y ahuyenta a las enfermedades. *La rueda de la ley* o Dharmachakra es el sello de Buda Gautama y la enseñanza del Dharma. *El estandarte de la victoria* es el séptimo de los ocho símbolos, y se utiliza para explicar la victoria de Buda sobre los cuatro Maras u obstáculos en el camino de la iluminación: el orgullo, el deseo, las emociones perturbadoras y el miedo a la muerte. Por último, *el jarrón del tesoro* es una alegoría de la voluntad inagotable de Buda para enseñar el Dharma.[24]

Si Buda fue una figura importantísima en el devenir espiritual del mundo, me parece justo al menos hacer mención a otro de los grandes maestros orientales: Confucio. Nacido en China (551-479 a.C.), fue un filósofo fundador de un sistema ético que imaginó repartido en tres pilares: obediencia a la autoridad, amistad sincera y respeto a la familia y a los antepasados. Se compilaron sus enseñanzas en forma de *Analectas*. Recomendó buena conducta en la vida, un buen gobierno del Estado que asegure caridad, justicia y respeto, animó a sus discípulos a practicar el estudio y la meditación.[25]

Sus enseñanzas adoptaron un aspecto filosófico pero acabarían convirtiéndose en corpus espiritual siglos después de su muerte.

Durante sucesivas etapas imperiales chinas caracterizadas por la voluntad unificadora del pensamiento, la confluencia de la mística taoísta con el confucianismo social, hizo que el compendio resultante adquiriera una estructura intelectual religiosa.[26]

---

24. BENDRISS, *Breve... Op. cit.*
25. CONFUCIO (2021), *Analectas.* Green Books Editores.
26. ARNAIZ, C. (2004), «Confucianismo, budismo y la conformación de valores en China y Corea». *Grupo de Estudios del Este Asiático.*

Monoteísmo

En la ciudad de Berlín, durante el otoño de 1783, se estrenó con una gran acogida *Natán el sabio,* un poema dramático que se desarrolla en cinco actos, escrito por el ilustrado alemán y apóstol de la tolerancia Gotthold Ephraim Lessing (1729-1781) cuatro años atrás.

Lessing se sirve de tres personajes para urdir el relato, ni dos ni uno ni cuatro, tres:

El propio Natán, un judío acaudalado que presta su nombre a la obra, aunque lo de sabio tiene un poco de doble intención; un sultán llamado Saladino, enredador y taimado, y un tercero que en realidad no desempeña ningún papel, un caballero templario; pero de ese modo se organizó el escritor para poner en escena a un judío, a un musulmán y a un cristiano carente de relevancia, pero que le vino muy bien al autor para que la suma fuera de tres, como tres son las grandes religiones monoteístas, y así poder darle estructura a las conclusiones. La obra se desarrolla en la Jerusalén gobernada por los musulmanes en tiempos de la Tercera Cruzada (1187-1191), el período le convino al autor para que anduvieran todos empeñados en guerrear con todos los medios a su alcance.

En nombre del verdadero Dios, naturalmente.

Por las circunstancias del relato se conoce que el sultán se encontraba escaso de numerario, y pensó que lo mejor sería pedir un crédito, a un interés moderado, a un judío por supuesto, probablemente para respetar la cosa de los estereotipos. Y concertó una cita con Natán, y como vivía cerca llegó con tiempo, y como ya les he dicho que era enredador y taimado, no pudo evitar que se le ocurriera un plan enredador y taimado, y se propuso ahorrarse algo en intereses, o, con un poco de suerte, ahorrarse incluso el principal. Decidió que si le preguntaba al judío cuál de las tres religiones coexistentes era la verdadera, Natán no podría evitar decantarse por la suya, la judía; entonces habría caído en la trampa y como él, Saladino, era el sultán, mandaría detenerlo por hereje y por blasfemo y lo pondría unos años a buen recaudo; de ese modo se habrían transferido los fondos de un bolsillo a otro desapareciendo la deuda y la obligación. Pero claro, Natán el sabio, haciendo honor a su apelativo, adivinó sus intenciones y discurrió la manera de eludir una respuesta directa que, sin duda, intuyó comprometedora. A modo de solución se sirvió de un relato elusivo y mejor relacionado con sus intereses.

El cuento de los tres anillos, que dice así:

> **Érase un anillo que perteneció durante muchas generaciones a la misma familia, el anillo no era un anillo cualquiera, era un anillo mágico capaz de transformar a su portador en un ser virtuoso y ejemplar. En aquel momento el propietario era un hombre naturalmente virtuoso y ejemplar, ya se imaginarán por qué. Este hombre, a su vez, tenía tres hijos a los que profesaba un amor milimétricamente equivalente. Sintiendo cerca la hora de rendir cuentas al Creador, el hombre se vio en la necesidad de seleccionar al futuro propietario de la joya mágica, y se ve que los quería a los tres por igual, o que era un poco indeciso, o que no quiso echarlo a suertes, el caso es que prometió el valioso legado a cada uno de sus descendientes imaginando que así podría desentenderse del problema.**
>
> **Y mandó hacer dos réplicas y con mucho secreto y a media voz le dio a cada uno el suyo. Efectivamente a nuestro hombre, como a todos los hombres, le llegó su hora y quedó relevado de sus obligaciones; los tres chicos se pusieron enseguida los respectivos anillos y el tiempo que tardaron en ver cada cual el anillo de los otros dos fue el tiempo que tardaron en descubrir el engaño. El desencuentro y la ira hicieron presa en los tres hermanos, hubo reproches y acusaciones, desencanto y discordia en una manera poco ejemplar ni virtuosa. Como no se ponían de acuerdo de ninguna manera tuvo que decidir un juez.**
>
> **Y el juez, que era al menos tan sabio como Natán, falló con acierto porque concluyó que ninguno de los tres anillos podía ser verdadero; hay que pensar que si alguno lo fuera no estaría viendo delante de sí a tres hermanos que parecían tres demonios, porque al menos uno de ellos, el del anillo bueno, debería comportarse como un ser virtuoso y ejemplar.**
>
> **Además de una sentencia, el juez les dio un consejo: sean ustedes virtuosos y ejemplares, ayúdense y vivan en paz y armonía. El juez, con todos sus fallos, debía ser un hombre de sabiduría convincente porque los tres hermanos lo tomaron en serio, reflexionaron e hicieron las paces y vivieron en armonía, tanto que al final se convirtieron en hombres virtuosos y ejemplares. Los dos anillos de imitación y el de verdad acabaron por funcionar aunque fuera con un poco de demora.**

Con esta parábola de los tres anillos que simbolizan las tres religiones, Lessing, por boca de Natán, propone que las tres pueden ser verdaderas y falsas a la vez, y que no es posible optar por una verdad en términos absolutos, y que la virtud de las religiones y su veracidad es también un asunto de los practicantes; esa es la moraleja del cuento y esa es la cuestión que quiero desarrollar en las líneas que siguen: la relación entre las tres religiones monoteístas emparentadas entre sí por fundamentos teológicos, por un solar originario común y por una simbología que guarda un parecido razonable.

A modo de epílogo, sepan que la transacción entre Natán y Saladino se completó a gusto de todos; Saladino salió de aquel episodio un poco más sabio y Natán un poco más enredador, se prestaron y suponemos que se devolvieron los dineros sin más sobresaltos ni más contratiempos que los normales en este tipo de intercambios. Del caballero templario no puedo darles razón, pero queremos pensar que allí seguirá si es que no se ha ido a otro sitio.[27]

El islam

Cronológicamente podemos decir que el judaísmo es como el hermano mayor del cristianismo, que sería el segundo en la lista, y del islamismo, el más tardío de los tres. Los fieles al islam se llaman musulmanes, su doctrina se basa en las revelaciones de Alá, su único Dios, a Mahoma, su profeta, que vivió en Arabia entre los años 570 y 632 después de la era cristiana. Las revelaciones se recopilaron en el Corán, su libro sagrado, y los fieles viven la fe como un acto de sumisión a la voluntad de Dios.

Con respecto a la estructura doctrinal del islam, observan cinco preceptos divinos llamados «los cinco pilares», consisten en proclamar la fe de manera pública mediante la fórmula: *no hay más Dios que Alá y Mahoma es su profeta*. Rezar cinco veces al día y hacerlo después de una ablución ritual y en dirección a La Meca; la oración solo sirve para adorar a Dios, no para reducir la inconmensurable distancia entre Él y los fieles. Ofrecer limosnas, porque se considera una forma de expiación y de purificación. Practicar el ayuno durante el mes del Ramadán, al que quedan obligados todos los musulmanes llegados a la pubertad excepto los enfermos y desahuciados; la

27. LESSING, G. E. (2009), *Nathan el sabio*. Akal.

abstinencia incluye, además de alimentos y bebidas, las relaciones sexuales, los perfumes y el tabaco; también se aconseja que la lengua «ayune» y se abstenga de pronunciar palabras malsonantes; el período diario de ayuno comprende desde la mañana, *cuando se puede distinguir un hilo blanco de un hilo negro*, hasta la noche, cuando ya no se puede. El quinto pilar obliga a peregrinar a La Meca al menos una vez en la vida. Se suele considerar a la *Yihad* un sexto pilar, no tanto en el sentido de guerra santa como de esfuerzo espiritual. Se ha hablado del islam como una ortopraxix, en el sentido de que, independientemente de las creencias, solo se puede ser musulmán si se observan las prácticas de sus cinco o seis pilares. Visto de ese modo, en el islam es al menos tan importante la observancia de la práctica como el credo en sí mismo.[28]

Es interesante tener en cuenta que la religión musulmana, pese a ser la más tardía de las tres, comparte con cristianos y judíos la tradición bíblica de los patriarcas: Abraham, Noé, Moisés o el Jesús de los cristianos, a los que los musulmanes consideran profetas; por eso se habla de ellos como uno de los pueblos del Libro.[29] Defienden la unicidad de Dios cuando niegan el dogma cristiano de la Santísima Trinidad y desmienten, por lo tanto, la naturaleza divina de Jesús. Doctrinalmente, no obstante, las tres religiones monoteístas podrían tratarse de la misma religión, o por lo menos muy parecida, si no fuera porque, desde el punto de vista musulmán, los receptores de la revelación judíos y cristianos distorsionaron el mensaje de Dios y Él se vio obligado a revelar su palabra de nuevo, esta vez de forma definitiva, al profeta Mahoma, conocido por esa razón como el último de entre los profetas.

Sobre la identidad común de las tres grandes religiones monoteístas, Santo Tomás de Aquino, nacido en la Italia del siglo XIII, doctor de la Iglesia, patrón de los estudiantes y uno de los más prolíficos e influyentes pensadores del cristianismo,[30] admitió que el Dios de los cristianos era el mismo Dios de los musulmanes y de los judíos; observa con respecto al islam un conflicto menor: la importancia tan grande que en aquella religión

---

28. Anotaciones obtenidas de la transcripción de la conferencia titulada «Islamismo», a cargo de la islamóloga Maribel Fierro. CSIC.
29. BRUCE-MITFORD, *Signs... Op. cit.*
30. SADURNÍ, J. M. (2024),«Santo Tomás de Aquino, doctor de la Iglesia y patrón de los estudiantes». *Historia (National Geographic).*

se concede al placer físico después de la muerte, cree que no es aceptable en general la naturaleza íntima de la relación entre el placer material y la doctrina religiosa.

Considera errada o mal interpretada la doctrina judía en lo que hace referencia a la figura de Jesús, ellos no creen que sea el mesías y por lo tanto siguen a la espera del primer advenimiento.[31]

El islam, como casi todas las religiones, contiene dentro de sí diferentes familias que son ramificaciones de la doctrina, interpretaciones discrepantes. Relacionados con la legitimidad hereditaria del profeta, encontramos dos grandes corrientes: sunní y chií, que por lo demás comparten entre ellas la notable carga simbólica común a todos los musulmanes. La media luna simboliza a la comunidad de creyentes desde el siglo XIV, si bien hay autores que la consideran una reminiscencia del politeísmo al asociarla con la diosa Diana. Posteriormente se añadió a la media luna una estrella que representa la soberanía y la divinidad. La mano de Dios, o mano de Fátima, homónima de la hija del profeta, representa los cinco pilares de la fe que hemos mencionado con anterioridad. La Qiblah, o brújula ritual, asiste a los fieles para orientarse hacia La Meca durante sus oraciones. Noventa y nueve cuentas conforman el rosario islámico y representan al mismo número de nombres divinos; la centésima sería la esencia y solo se puede hallar en el paraíso. En los territorios islámicos abundan las torres llamadas alminares, situados junto a las mezquitas y que sirven para llamar cinco veces al día a la oración; los musulmanes creen que un día será el ángel de la resurrección el que hará la primera llamada de la mañana. La caligrafía en sí misma es una singularidad que se usa para alabar la palabra de Dios y ofrecerle belleza y adoración.[32]

Judíos y cristianos

Si tuviéramos que programar una serie de televisión que tratara sobre religiones monoteístas no habría duda, el judaísmo ocuparía la temporada primera y el cristianismo la segunda, y si te pierdes la primera difícilmente vas a entender la segunda. Judíos y cristianos participan de la raíz abrahámica,

31. *De Rationibus Fidei.*
32. BRUCE-MITFORD, *Signs... Op. cit.*

creen en las escrituras bíblicas como una voluntad de Dios revelada a los hombres, al menos en el primer tramo, en ese que los cristianos llaman Antiguo Testamento y que incluye el llamado Pentateuco, una suma de cinco libros sagrados como son el libro del Génesis, Éxodo, Levítico, Números y Deuteronomio; los Libros Históricos: de Josué, el de los Jueces, Primer y segundo libros de Samuel, primer y segundo libro de Reyes, los libros proféticos de Isaías, Jeremías, Ezequiel, Osees, Joel, Amós, Abdías, Jonás, Miquees, Nahum, Abacuc, Sofonías, Ageu, Zacarías y Malaquías. Los Escritos: Salmos, Job, proverbios, Rut, Cántico de los Cánticos, Eclesiastés, Lamentaciones, Esther, Daniel, Esdras, Nehemías, primer y segundo libro de Las Crónicas. Y, por último, los Libros Deuterocanónicos: Esther, Judith, Tobit, primer y segundo libro de Los Macabeos, Sabiduría, Baruc y la Carta de Jeremías. Una obra colosal que con seguridad no está plasmada de forma simultánea a los hechos, sino que se escribió mucho después.

En términos históricos representa la transición entre el politeísmo arcaico y el monoteísmo; dependiendo de sus creencias unos pensarán que la verdad contenida en los textos sagrados la dictó de primera mano el Creador, otros pensarán que es un contrato y una explicación a la vez, pero ideado por los hombres. Hay, como se ve, interpretaciones muy opuestas entre sí. Si dejamos a un lado la autoría de la obra, lo que sí puede decirse de la Biblia es que es una magnífica pieza literaria, es como una de esas novelas fascinantes que uno no puede dejar de leer, es un monumento a la imaginación y al lenguaje simbólico que nos explica nada menos que la creación del universo, describe el paraíso terrenal y la conocida manzana tentadora, habla de hermanos que se matan, del pueblo cautivo y liberado, de tierras prometidas, de profetas y de reyes, de batallas y hechos de sangre y de mística y, sobre todo, nos presenta a Dios.[33]

El Dios bíblico es infinitamente sabio y poderoso, obedeciendo su voluntad, hágase la luz, la luz se hizo, ecuánime, premia los buenos actos y castiga implacablemente los pecados, parece un creador que va perfeccionando su obra mediante intervenciones directas, aplicando con rigor castigos o recompensas, es un ente personal que administra justicia y ejecuta condenas en forma de plagas, que somete a la tierra a un diluvio de cuarenta días con sus cuarenta noches o decide confundir a las gentes en Babel por desafiar a Dios en un acto de soberbia. En el relato bíblico abundan los sacrificios en

33. Maideu, J. M. y Lacuey, J. (dir.) (1998), *La Biblia para jóvenes*. Edebé Ediciones.

su honor y la exigencia de lealtad, en el caso de Abraham pidiéndole que sacrificara a su amado y único hijo Isaac para finalmente enviarle a un ángel y evitar en el último momento su muerte. En la descripción del Padre se produce, a mi modo de ver, la primera gran paradoja de carácter filosófico: la concurrencia en una sola persona y de manera simultánea de una bondad infinita y de una justicia igualmente infinita. En un sistema tan bien tasado de premios y castigos, forzando un poco cabe la una, pero entonces no cabe la otra. A veces se ha puesto en cuestión la posibilidad de superposición de sabiduría infinita y libre albedrío, porque si Él sabe y determina lo que ha de suceder, resultaría imposible intervenir para alterar el curso de los acontecimientos. De este modo nos aseguran los textos que es el Dios de los judíos, también de los cristianos, aunque por aquel entonces ellos todavía no podían saberlo. Seguidamente abordamos la cuestión.

Los cristianos se escindieron del tronco común cuando nació Cristo, como es natural. Una de las profecías bíblicas que todos, cristianos y judíos, tuvieron por cierta es el advenimiento de un mesías que redimiría al mundo de sus pecados, un Dios salvador que pudiera hacer una especie de borrón y cuenta nueva e hiciera de los hombres espíritus puros. Las desavenencias empezaron cuando discutieron su identidad, el quién, y el momento del advenimiento, el cuándo. Si Jesús efectivamente es el mesías que anunciaran las escrituras, como creen los cristianos, o si es la consecuencia de una interpretación errónea de la profecía, a decir de los judíos. Ambas valoraciones de los textos sagrados coinciden en un desenlace de los tiempos consistente en un juicio universal, el llamado juicio final de los vivos y los muertos.

Y los cristianos fundaron un credo nuevo hace más de dos milenios, y lo llamaron el Nuevo Testamento, redactado por los cuatro evangelistas: Mateo, Marcos, Lucas y Juan, y relataron los Hechos de los Apóstoles, divulgaron la palabra de Dios con empeño, escribieron a los Romanos, y a los Corintios y a los Gálatas, y a Filemón y a los Hebreos, incluso Judas escribió. E imaginaron un final apocalíptico precedido de señales inequívocas; es algo que sucederá porque es inevitable y es, a la vez, la amenaza de un castigo.[34]

Los judíos, por su parte, continúan esperando. No siempre les ha ido bien con sus parientes cristianos, y todo por culpa del Dios que, finalmente, es un

34. *Idem*.

Dios común. Han sufrido persecuciones, expulsiones, injusticias y expolios, han sido tratados de pueblo deicida y se han visto obligados a convertirse al cristianismo, o a fingir que se convertían, a cambiarse los nombres y los apellidos, a vivir como cristianos por la fuerza hasta llegar, finalmente, a lo que estuvo a poco de ser su propio apocalipsis, el holocausto.[35]

Vean una pequeña crónica que a mí me emocionó y que ilustra muy bien la mentalidad medieval y la codicia que muchas veces se ocultó en los entresijos de la fe:

> **Lograban los judíos, así en Aragón como en Castilla y en Navarra, medios de prosperidad que excitaban en todas clases sociales, por ley natural, la desconfianza y la malquerencia de los cristianos, para quienes era vejación insufrible tanta fortuna. Uniéronse a dichos medios los que nacían del cultivo de las ciencias médicas, del comercio, de las artes industriales y aun de los oficios mecánicos, fuente para los judíos de incalculables riquezas. Todo ello, en medio de las desesperadas necesidades que aquejaban de continuo a la grey cristiana. La antigua levadura de los odios de religión y de raza, pronta siempre a fermentar y agriada por el espectáculo de la prosperidad judaica, ilegítima a los ojos de los cristianos, estaba en las postrimerías del siglo XIV muy próxima a hervir.**
>
> ***Historia de los judíos en España.***
> **José Amador de los Ríos, 1876**

Después de dos mil años de desavenencias entre dogmas, de ignorancia y desprecio mutuos y de vivir muchos episodios de pugnas vergonzantes, las élites intelectuales de un lado y de otro parecen estar considerando la inoportunidad de las luchas fratricidas y están promoviendo un acercamiento que, si bien es imposible desde un ángulo teológico, sí lo es desde el punto de vista humano y universalista.

Durante el Concilio Vaticano II, en 1965, una aplastante mayoría de asistentes votó a favor la declaración *Nostra Aetate* (Nuestros tiempos) sobre la relación de la Iglesia católica con el resto de religiones, haciendo énfasis en la religión judía, iniciada durante el pontificado de Juan XXIII y sancionada por Pablo VI. En el texto se reconoció que La Iglesia católica no rechazaba nada de lo que en otras religiones hay de santo y verdadero. Y

35. Fast, H. (2000), *Los judíos. Historia de un pueblo.* Editorial La Llave.

que se propone considerar con sincero respeto los modos de obrar y de vivir, los preceptos y doctrinas que, por más que discrepen en mucho de lo que ella profesa y predica, no pocas veces reflejan un destello de aquella Verdad que ilumina a todos los hombres. Anuncia y tiene la obligación de anunciar constantemente a Cristo, que *es el Camino, la Verdad y la Vida* (*Jn.*, 14,6), en quien los hombres encuentran la plenitud de la vida religiosa y en quien Dios reconcilió consigo todas las cosas. Las religiones, al tomar contacto con el progreso de la cultura, se esfuerzan por responder a dichos problemas con nociones más precisas y con un lenguaje más elaborado. Según el texto, en el hinduismo, los hombres investigan el misterio divino y lo expresan mediante la inagotable fecundidad de los mitos y con los penetrantes esfuerzos de la filosofía, y buscan la liberación de las angustias de nuestra condición mediante las modalidades de la vida ascética, a través de profunda meditación, o bien buscando refugio en Dios con amor y confianza. En el budismo, según sus varias formas, se reconoce la insuficiencia radical de este mundo mutable y se enseña el camino por el que los hombres, con espíritu devoto y confiado, pueden adquirir el estado de perfecta liberación o la suprema iluminación, por sus propios esfuerzos apoyados con el auxilio superior.

Así también las demás religiones que se encuentran en el mundo se esfuerzan por responder de varias maneras a la inquietud del corazón humano, proponiendo caminos, es decir, doctrinas, normas de vida y ritos sagrados.

La Iglesia mira también con aprecio a los musulmanes que adoran al único Dios, viviente y subsistente, misericordioso y todo poderoso, creador del cielo y de la tierra, que habló a los hombres, a cuyos ocultos designios procuran someterse con toda el alma como se sometió a Dios Abraham, a quien la fe islámica mira con complacencia. Veneran a Jesús como profeta, aunque no lo reconocen como Dios; honran a María, su Madre virginal, y a veces también la invocan devotamente. Esperan, además, el día del juicio, cuando Dios remunerará a todos los hombres resucitados. Por ello, aprecian además el día del juicio, cuando Dios distribuirá justicia entre todos los hombres resucitados. Por tanto, aprecian la vida moral, y honran a Dios sobre todo con la oración, las limosnas y el ayuno. Si en el transcurso de los siglos surgieron no pocas desavenencias y enemistades entre cristianos y musulmanes, el Sagrado Concilio exhorta a todos a que, olvidando lo pasado, procuren y promuevan unidos la justicia social, los bienes morales, la paz y la libertad para todos los hombres.

Vean lo que se dice de los judíos:

> **Al investigar el misterio de la Iglesia, este Sagrado Concilio recuerda los vínculos con que el Pueblo del Nuevo Testamento está espiritualmente unido con la raza de Abraham. Pues la Iglesia de Cristo reconoce que los comienzos de su fe y de su elección se encuentran ya en los Patriarcas, en Moisés y los Profetas, conforme al misterio salvífico de Dios.**

Reconoce que todos los cristianos, hijos de Abraham según la fe, están incluidos en la vocación del mismo Patriarca y que la salvación de la Iglesia está místicamente prefigurada en la salida del pueblo elegido de la tierra de esclavitud. Por lo cual, la Iglesia no puede olvidar que ha recibido la Revelación del Antiguo Testamento por medio de aquel pueblo, con quien Dios, por su inefable misericordia se dignó establecer la Antigua Alianza, ni puede olvidar que se nutre de la raíz del buen olivo en que se han injertado las ramas del olivo silvestre que son los gentiles. Cree, pues, la Iglesia, que Cristo reconcilió por la cruz a judíos y gentiles y que de ambos hizo una sola cosa en sí mismo.

La Iglesia tiene siempre ante sus ojos las palabras del apóstol Pablo sobre sus hermanos de sangre, *a quienes pertenecen la adopción y la gloria, la Alianza, la Ley, el culto y las promesas; y también los Patriarcas, y de quienes procede Cristo según la carne* (*Rom.*, 9,4-5), hijo de la Virgen María. Recuerda también que los apóstoles, fundamentos y columnas de la Iglesia, nacieron del pueblo judío, así como muchísimos de aquellos primeros discípulos que anunciaron al mundo el Evangelio de Cristo. Como afirman las Sagradas Escrituras, Jerusalén no conoció el tiempo de su visita, gran parte de los judíos no aceptaron el Evangelio e incluso no pocos se opusieron a su difusión. No obstante, según el apóstol, los judíos son todavía muy amados de Dios a causa de sus padres, porque Dios no se arrepiente de sus dones y de su vocación. La Iglesia, juntamente con los profetas y el mismo apóstol, espera el día, que solo Dios conoce, en que *todos los pueblos invocarán al Señor con una sola voz y le servirán como un solo hombre* (*Soph* 3,9),. Como es, por consiguiente, tan grande el patrimonio espiritual común a cristianos y judíos, *este Sagrado Concilio quiere fomentar y recomendar el mutuo conocimiento y aprecio entre ellos, que se consigue sobre todo por medio de los estudios bíblicos y teológicos y con el diálogo fraterno. Aunque las autoridades de los judíos con sus seguidores reclamaron la muerte de Cristo, sin embargo, lo que en su Pasión se hizo, no puede ser imputado ni indistintamente a todos los judíos que entonces vivían, ni a los judíos de hoy. Y, si bien la Iglesia es el nuevo Pueblo de Dios, no se ha de señalar a los judíos como reprobados de Dios ni malditos, como si esto se dedujera de las Sagradas Escrituras.*

Por consiguiente, la Iglesia encarece a todos sus miembros a no enseñar nada que no esté conforme con la verdad evangélica y con el espíritu de Cristo, ni en la catequesis ni en la predicación de la Palabra de Dios. Además, la Iglesia, que se obliga a reprobar cualquier persecución entre los hombres, consciente de la herencia común con los judíos, e *impulsada no por razones políticas, sino por la religiosa caridad evangélica, deplora los odios, persecuciones y manifestaciones de antisemitismo de cualquier tiempo y persona contra los judíos.*

Por los demás, Cristo, como siempre lo ha profesado y profesa la Iglesia, reza la encíclica, abrazó voluntariamente y movido por inmensa caridad, su pasión y muerte, por los pecados de todos los hombres, para que todos consigan la salvación.

Es, pues, deber de la Iglesia en su predicación el anunciar la cruz de Cristo como signo del amor universal de Dios y como fuente de toda gracia.[36]

En el terreno de la representación, el símbolo más elocuente de la cultura judía es la llamada *Estrella de David*, formada por dos triángulos entrelazados que conforman una estrella de seis puntas; no hay unanimidad sobre el significado profundo pero muchas veces se sugiere que alude a la dualidad materia espíritu. También se conoce como el *Sello de Salomón*. La *Menorá,* o candelabro de siete brazos, como siete fueron los días que invirtió Dios en la creación, según la Cábala, la *Menorá* es también el árbol de la vida. *Harás un candelabro de oro puro…* (*Éxodo* XXV). La *Janukiá,* candelabro también, pero de nueve brazos, relacionado con el libro de los Macabeos. La palabra *Jai,* significa vida y se obtiene protección al pronunciarla, *Shadai* es el nombre de Dios y *Shin* se dice de la naturaleza cambiante. El *Shofar,* o cuerno del sacrificio de Isaac, es un instrumento de viento que aparece en el libro Levítico, llama al arrepentimiento y recuerda el pacto y la ley. El *Tefilín* son dos cajas pequeñas de cuero que contienen los textos de los libros del Éxodo y del Deuteronomio, representa el servicio a Dios con el corazón y los pensamientos. La *Kipá,* ese gorrito tan característico que

36. Declaración *Nostra Aetate,* sobre la relación de la Iglesia católica con las otras religiones. Concilio Vaticano II. 1965.

visten los judíos, siempre si son muy religiosos, durante las celebraciones o los sábados si no tanto, es la expresión de humildad ante Dios.

El *Talit* es el nombre que recibe el manto ritual de oración que se coloca sobre cabeza y hombros o solo sobre la cabeza; los flecos de la prenda rememoran los 613 mandamientos de la ley mosáica. La *Jamsa,* una mano simétrica de cinco dedos también llamada mano de Miriam, en referencia a la hermana de Moisés, muy parecida al símbolo islámico de la mano de Fátima que evoca los cinco pilares de la fe; en el caso judaico, la mano de Miriam es una mención al Pentateuco, los cinco libros sagrados.[37] De todas las expresiones simbólicas, me llega al alma especialmente el recipiente de agua con sal que se utiliza durante la pascua judía; la mezcla advierte contra el olvido rememorando todas las lágrimas vertidas durante el cautiverio del pueblo elegido.[38]

El estandarte y el elemento simbólico por antonomasia de la cristiandad es la cruz, que nos recuerda la pasión y muerte de Jesús para la redención de todos los pecados. Una interpretación más críptica nos permitiría ver al completo la vida de los hombres en una cruz; el brazo horizontal representa la amplitud y el plano pasivo, el vector temporal en el que el lado izquierdo se corresponde con el pasado y el derecho con el futuro. El plano vertical representa el principio activo, el ascenso hacia el ser divino que cruza al ser por el centro, símbolo del presente, y conduce a la perfección.[39] Con respecto a la ubicación física de basílicas y cruces, el monje benedictino Honorio de Autun (1080-1135) escribió que nos volvemos hacia el este para contemplar el rostro de Cristo crucificado porque en el Calvario, el mesías miraba hacia el occidente; volvía de ese modo la espalda a la vieja Jerusalén para buscar a su frente la nueva Roma.[40]

Los primeros siglos de la nueva comunidad no fueron fáciles, la persecución que sufrieron por parte del Imperio romano hizo que su simbolismo escondiera a veces mensajes codificados. El Pez, con el que normalmente se representa a Cristo, es en realidad un acrónimo que oculta la mención del mesías y que proviene de una transcripción fonética del griego: *Jesús hijo de Dios*

---

37. *Símbolos judíos: Sefarat-Aragón Asociación Cultural.*
38. Bruce-Mitford, *Signs… Op. cit.*
39. Guenon, R. (2023), *Simbolismo de la Cruz.* José J. de Olañeta, Editor.
40. Plaza Beltrán, M. (2010), «El origen del universo a través del signo de la Cruz: Aspectos cosmogónicos». *Universidad Complutense de Madrid.*

Salvador. El alfa y el omega, primera y última letras del alfabeto griego, son atributo de Dios, el principio y el fin de todas las cosas. El cordero atestigua el carácter sacrifical de la doctrina. En la liturgia los colores tienen significado: el blanco es el color de la alegría, el rojo es de los mártires, el violeta penitencial, el negro es el duelo y el azul celeste propio de la virgen. El amito, la sobrepelliz, estolas, casullas o el roquete son vestimentas rituales entre los hombres de la Iglesia, obispos y cardenales se cubren con mitras o solideos, se apoyan en báculos que les recuerdan su vocación pastoral y utilizan una serie de anillos ceremoniales que invocan desposorios místicos entre Cristo y su Iglesia.

Las peregrinaciones a lugares santos son asimismo muy importantes; en principio se peregrinaba a Palestina, a los lugares donde anduvo Jesús; hoy día hay otro grupo amplio de lugares a los que se puede peregrinar: Roma, donde fueron martirizados san Pedro y san Pablo, Santiago de Compostela, Guadalupe o Lourdes, que ya forman parte de la tradición cristiana.[41]

Hablábamos al principio del capítulo de una especie de evolución de las religiones, de un tránsito entre espíritus y dioses y entre dioses y un solo dios, pues bien, permítanme que les muestre algunas curiosidades: ¿sabían que el nacimiento de Cristo coincide con el solsticio de invierno? Justo cuando el sol empieza a ganarle la partida a las tinieblas, ese mismo día los romanos celebraban una fiesta en honor del Sol: se llamaba el día de *Solis natalis invictus.*

Parece casualidad que el dios Sol y el Dios de los cristianos nacieran el mismo día. Pero eso no es todo; astrológicamente hablando las fechas coinciden con la constelación de Capricornio, también conocida como «puerta de los dioses» porque es ahí donde se conmemora el nacimiento de todas las deidades.

En esa fecha se celebraba en la vieja Persia el nacimiento de Mitra, en Grecia el de Dionisos; en Fenicia nació Adonis; tal día en el antiguo Egipto se conmemoraba el nacimiento de Horus, el niño Sol. En Sais, Egipto, cuarenta días después del solsticio de invierno se celebraba la fiesta de las luces; para los cristianos ese mismo día es el día de la Candelaria, que no deja de ser otro día de las luces, si se fijan. El 25 de marzo, en la Roma imperial se festejaban las Hilarias, en honor a la madre de los dioses; el mismo día que

---

41. Medina-Estévez, J. A. (2008), «Símbolos y signos cristianos, litúrgicos y religiosos». *Cuadernos Monásticos.*

los cristianos recuerdan la Anunciación, nueve meses antes de que María alumbrase a Jesús; en Egipto, a su vez, nueve meses antes del solsticio invernal se hacían los honores a Isis por su embarazo de Horus, el niño Sol. ¿Coincidencia? Puede ser. El papa Adriano, en el año 880, inauguró la práctica de canonizar a los santos, inexistente hasta entonces, y que, claro, se cuadraba con alguna fecha. Entre el 10 y el 12 de marzo fueron los días romanos de Dionisos, también conocido como Baco. En las mismas fechas se conmemora al cristiano san Dionisio; el 30 de marzo era el día elegido para Afrodita y Adonis, también para las santas Afrodisia y Amanda en la cultura cristiana. El 8 de septiembre rige en el cielo la constelación de Virgo y ese es precisamente el día del aniversario del nacimiento de María. Hay autores convencidos de que los evangelistas tomaron prestados de los mitraístas símbolos eucarísticos: pan y vino, ofrendas que encarnan al Dios sacrificado. Los paganos incluso denominaban a las víctimas del sacrificio *eximiae hostiae.* También es digno de mención que la Santa Custodia cristiana tenga forma de sol resplandeciente, como los dioses Sol, y que el día del Señor, domingo, sea el día del Sol en muchos idiomas, como lo es lunes de la Luna o martes de Marte o miércoles de Mercurio, jueves de Juno y viernes y sábado de Venus y Saturno…[42] Cosas de la astrología.

Decíamos en otra parte de este epígrafe que, por su naturaleza profética, la astrología podría parecer una forma de espiritualidad; en el fondo es una disciplina que intenta descifrar el pasado y el futuro de los hombres mediante la lectura de los cielos. Es verdad que también ha sido fuente de conocimiento científico como lo prueba el tratado de Tolomeo o *Tetrabiblon,* considerado el primer estudio riguroso publicado en Occidente, el mismo Tolomeo estaba convencido de la influencia de los astros en el destino de los hombres y eso ya tiene un sesgo más espiritual.

En el declive de su civilización los babilonios supieron cartografiar la Luna y el Sol, compilar la sucesión de eclipses y fijar la posición de algunas estrellas, a todo lo cual anudaron interpretaciones metafísicas.

El filósofo neoplatonista Plotino (205-270) y su discípulo Porfirio (233-304) se desenvolvieron en un entorno cultural de sincretismo religioso y filosófico y sintieron ambos la armonía con el universo, la correspondencia entre los cielos y la tierra que sería como una ley indispensable para

42. MORILLA, B. (2007), *El pergamino negro.* Ediciones Martínez Roca.

interpretar la conciencia humana. Juntos trataron de hacer compatibles el determinismo que sugiere la astrología con el libre albedrío de los hombres. Porfirio se ocupó de la física y la metafísica de las relaciones del hombre con el cosmos y nos legó su pensamiento en el tratado de nombre *Utrum Stellae aliquid agant*. El célebre Averroes, filósofo y médico, fue el intérprete árabe de Aristóteles. Sus conclusiones filosóficas lo inclinaban, según mi criterio, a una interpretación del universo de matriz panteísta-materialista. Sus escritos fueron prohibidos en la Universidad de París y más tarde proscritos del mismo modo por la Iglesia. El gran Leonardo da Vinci (1452-1519), a partir de los estudios de Tolomeo, llegó a la conclusión de que el hombre se componía de cuatro elementos: tierra, aire, agua y fuego, y que estos cuatro elementos definirían su personalidad; esta visión cosmológica ha sugerido a numerosos autores la interpretación de sus obras en términos universalistas y a la vez impregnados de una mística profunda.

Los tipos astrológicos fundamentales según la posición del Sol son: Aries, signo de fuego regido por Marte; Tauro, de tierra con domicilio en Venus; Géminis es la dualidad, signo de aire con referencia en Mercurio; Cáncer, relacionado con la Luna y con el agua; Leo, fogoso y solar; Virgo, de tierra y de Mercurio; Libra, signo de aire relacionado con Venus; el Escorpión, propio de Marte y del agua; Sagitario, de fuego y de Júpiter; Capricornio, el portal de los dioses, como hemos dicho líneas atrás, signo de tierra domiciliado en Saturno; Acuario, de aire y de Urano, y el último, Piscis, con los signos del aire y de Neptuno.[43] Sería imposible extenderme aquí sobre la historia y los fundamentos de la astrología y su proximidad al aspecto espiritual de los hombres. Lo que se observa con claridad es que esta disciplina siempre pretendió, como cualquier camino espiritual, servir de hilo para trenzar las cosas de la tierra con las de los cielos, interpretar la voluntad de los dioses y predecir el futuro de los pueblos.

Mitos y leyendas

Los mitos son una construcción idealizada como lo son los dioses, explican lo que no se puede explicar, alivian los males con sal y vinagre, con bálsamos y ungüentos, y nos prestan sus alas o nos oprimen, y nos llenan de horror

43. SEMENTOVSKY-KURILO, N. (1985), *Astrología. Tratado completo teórico y práctico*. Editorial Planeta.

porque todo lo pueden y todo lo ven. Los hay bondadosos y los hay malvados, grandes y pequeños, de aquí y de allí, del norte y del sur, del mar y la tierra. Viven dentro del alma y nos traen un mensaje de luz y de sombras.

Emisarias de la muerte en Irlanda, las *Banshees* advierten con llantos aterradores de que una muerte se acerca; ellas mismas son almas en pena enviadas del cielo con el triste mensaje. El *Basilisco* es una bestia mítica polaca con forma de gallo y serpiente a la vez, de sus ojos brota un poderoso veneno que congela el corazón. El naturalista francés George Cuvier llamó basiliscos, inspirándose en la leyenda, a un tipo de lagartos que viven en América. En la Biblioteca Nacional de Estocolmo (Suecia), se halla el *Codex Gigas,* también conocido como la «Biblia del Diablo». Escrita por un monje encarcelado con ayuda, aseguran, del propio Satán, por cuya contribución exigió figurar en una imagen en una de las páginas. El libro mide casi un metro de largo y pesa 75 kg, parece cosa del diablo. La raza de los *Djins,* ancestros del genio de la lámpara y originarios de Arabia, según el Corán fueron creados por Alá y viven, como los ángeles, entre nosotros. Son la tercera raza. ¿Qué me dicen de esa gente menuda que llamamos *Duendes*? Los hay buenos y malos, viven entre nosotros, son algo parecido a lo que los antiguos romanos llamaban Lares; es una creencia muy extendida, y tanto es así que en la cultura maya de Mesoamérica aparecen unas réplicas llamadas *Aluxes* y también pueden ser malos y buenos. Uno de los mitos más célebres de todo el repertorio, originario de Oriente Medio, es la mítica *Ave Fénix;* cada 500 años se inmola hasta reducirse a cenizas, solo así podrá resurgir y volver a vivir con poder y esplendor; es un símbolo del renacer, del ciclo de la vida y la muerte, una alegoría del principio y del fin. El dios elefante *Ganesha* escucha a todos con sus enormes orejas, es patrono de las artes y las ciencias y los intelectuales en la tradición india. Siempre en el museo de los mitos figuraron los Gigantes: *A-Senee-ki-Waku* entre los indios norteamericanos, *Gogmagog* en las islas Británicas, *Che Uinic* en los relatos mayas o *Aegir,* gigantes nórdicos que habitan en el mar. A veces nos ayudan y a veces nos perjudican, uno nunca sabe lo que traman los Gigantes. El culto a *Huitzilopochtli,* dios de los mexicas, es el origen legendario del pueblo azteca y su sed de sangre solo se aplacaba con sacrificios humanos. Los niños de agua o *Kappa,* variedad de duendes en la cultura japonesa, fueron temidos y reverenciados. Seguro que han oído mencionar al *Leviatán,* esa terrible criatura marina que habita en las profundidades según la tradición hebraica. La bestia aparece mencionada hasta seis veces en la Biblia y su etimología nos sugiere un ser retorcido. Los *Nagas,* o reyes serpiente de la tradición hindú, son símbolos protectores relacionados con el agua y con la fertilidad, son mitad humanos y mitad cobras. Los *Nahuales*, espíritus guardianes o entes malignos, estos seres están enraizados en las culturas americanas prehispánicas. El *Papa Legba* es el encargado de conectar el mundo terrenal con el celestial en la cultura del Vudú. Los *Psicopompos* son los responsables de acompañar a las almas en su viaje al más allá; ellos son testigos de una vida después de la vida y de la trascendencia del espíritu. Ciudades míticas como *Lemuria, Elfos,* ciudades del *Inframundo, Jinetes espectrales,* el *Rey mono* de la China, *Sedna,* diosa del Ártico, *Sirenas, Tritones y Unicornios,* los *Wandjinas* de Oceanía, creadores del ser humano y del mundo, todos ellos y otros tantos más dan fe de la voluntad de trascender de todos los pueblos y de la creencia en un mundo que no podemos ver con los ojos, pero que sí podemos ver con los ojos del alma.[44]

Para redondear estas líneas sobre la espiritualidad en el mundo vamos a echar un vistazo a esa pulsión colectiva que secundamos pero que no elegimos, porque nacemos con ella sobre los hombros, y que muchas veces nos emociona sin necesidad de averiguar el porqué. Me refiero a esas declaraciones comunitarias que se interpretan al izar las banderas, cuando llega un jefe de Estado o en un intrascendente partido de fútbol. Ahora nos podemos poner en pie, echar la mano al corazón y saludar a los himnos nacionales. Tres grandes países manifiestamente laicistas se acuerdan en sus himnos nacionales de Dios: Francia, México y Turquía firman la contradicción.

Los franceses se descuelgan con una apelación: *oh gran Dios, encadenadas nuestras manos*... Los mexicanos, por su parte, no solo lo mencionan, sino que titulan la melodía con su nombre; desde 1854 el himno oficial es: *Dios y libertad*. Debe de ser una forma de laicismo, aunque nosotros no lo entendamos. Los turcos no se quedan atrás: ...*la libertad es el derecho absoluto de mi nación, que adora a Dios*. Los rusos poscomunistas dan por hecho cantando que Rusia es la *protegida de Dios*, y que, seguramente, la religión ya no es el opio del pueblo, pero esto último solo lo supongo. Por supuesto Polonia o las repúblicas bálticas invocan la protección del todopoderoso, y las grandes naciones norteamericanas además de México: Estados Unidos, a pesar de ser los primeros en establecer la separación Iglesia-Estado, y Canadá. No esperábamos menos de la India, de la cual ya dijimos líneas atrás que hospedaba a 300 millones de dioses. De Ciudad del Vaticano ya se imaginarán. Otros

44. *Mitos y Leyendas*. Edición especial, *Muy Interesante México*, 2015.

países pequeños, como Andorra o Malta, secundan la iniciativa. Sudáfrica, Italia, Países Bajos, Islandia, Suecia y Noruega introducen la variable en sus ecuaciones; de Inglaterra nos extraña menos porque el rey, o la reina, son jefes de su propia Iglesia.[45]

Este tipo de ejercicio social de la espiritualidad no tiene demasiado valor estadístico, si bien, desde un punto de vista cualitativo, refleja muy bien la profundidad histórica de la mística en casi cualquier nación de la tierra.

Ya lo ven, como decía el viejo Aristóteles:

> **Solo se cree lo que es verdad o lo que es verosímil. Por consiguiente, si se cree algo improbable o inverosímil tiene que ser verdad, pues no es la probabilidad ni la verosimilitud lo que hace que parezca verdad.**
>
> *Retórica.*
> **Aristóteles**

Espero que esta mirada cenital sobre las religiones históricas en el mundo a lo largo de milenios, haya contribuido en alguna medida a descifrar las claves de un legado común, la cultura espiritual que innegablemente hace de sustrato a la nueva y creciente inclinación de los seres humanos hacia las cosas del alma. En el capítulo que sigue me dispongo a relatar todas las peculiaridades de una extraña cohabitación: la de los mundos visible e invisible. Repasando la historia de la trascendencia y del simbolismo, observaremos que es frecuente el recurso a dos planos de una misma realidad, tan opuestos entre sí como que uno de ellos es perceptible a través de los sentidos y el otro, sencillamente no. Desde un punto de vista científico hoy sabemos que la mayor parte de toda la materia y toda la energía que se contienen en el universo son, efectivamente, invisibles, no interactúan con los fotones y solamente se muestran de manera indirecta alterando el comportamiento gravitacional. Ambas consideraciones, filosóficas y científicas, se prestan a interpretaciones de uno u otro carácter, muy lejanas, por consiguiente, entre sí.

De todo ello me ocuparé.

En la segunda parte del capítulo abordaré la cuestión de los ancestros, las hechuras filosóficas del llamado Karma, una creencia muy arraigada en las

---

45. Datos obtenidos del sitio *Religión en Libertad,* en junio de 2024.

culturas orientales que varía sustancialmente dependiendo de los orígenes territoriales. Hay un Karma cíclico y fatalista propio de la cosmovisión hinduista, una manifestación trascendente de la reciprocidad, de la relación causal entre el bien y el mal, entre los actos y las consecuencias que, de forma inapelable pesa sobre los hombros de todos nosotros, pero también hay desarrollos del concepto karmico más evolucionados. De acuerdo con los postulados de estos últimos, que propone Master Oh, sí sería posible intervenir en la relación ascendentes descendentes e influir en el ciclo del destino. Esta propuesta parece más alentadora porque hace posible la iniciativa personal y deshace el nudo cíclico implacable, como también veremos.

Capítulo V

Sobre los mundos visible e invisible, el Karma y los ancestros

Master Oh siempre ofrece sus explicaciones sobre la realidad recurriendo a la existencia de dos mundos: uno visible y otro invisible. Él está delimitando los contornos de todo cuanto nos rodea desde un punto de vista espiritual, simbólico. Master Oh distingue un conjunto de fuerzas que se relacionan entre sí de manera inteligible y que son las fuerzas que garantizan el funcionamiento preciso de todo el universo; unas están al alcance de nuestros sentidos y otras, sencillamente, no. La idea mística de la concurrencia simultánea de dos planos de una misma realidad es, de hecho, una propuesta constante en numerosas culturas y, desde el punto de vista de los sentidos, resulta evidente. Consideremos, por ejemplo, que basta alejar de nuestros ojos unos cientos de metros cualquier cosa para que esta misma cosa se vuelva invisible, como invisibles son los sentimientos genuinamente humanos, el amor, el odio, la ira, la gula, la bondad o la maldad, y, sin embargo, nadie medianamente juicioso cuestionaría su existencia. Los pensamientos que preceden o que suceden a los actos son asimismo inmateriales y extrasensoriales, pero todo el mundo sabe lo que son y para qué sirven, y cualquiera de nosotros está seguro que existen, aunque no se puedan percibir con los ojos, igual que el hambre o la sed, las creencias o las ondas de radio, la afición al fútbol o el gusto por el arte, las inclinaciones políticas o los conocimientos de geometría. Nada de eso se ve, pero en absoluto significa que no exista o que no ejerza algún tipo de influencia en nuestras vidas.

Antes de adentrarnos en honduras conviene razonar sobre las limitaciones mecánicas de nuestros sentidos; de entre todos ellos, sabemos que la vista desempeña un papel esencial en nuestra percepción de la realidad, porque nos inclinamos a creer en aquello que vemos y a desconfiar de la existencia de aquello que no vemos. Para ejercer la función biológica de la visión se necesita desencadenar un proceso en extremo complejo; la luz, en forma de fotones, atraviesa la córnea, llega al iris y al cristalino, una especie de lente intraocular que dirige la radiación hacia la retina o capa de células nerviosas ubicadas en el fondo del ojo. El impacto de esa forma de energía que son los fotones estimula las células fotorreceptoras como conos y bastones, responsables de la mayor o menor agudeza visual, la diferenciación cromática, y las visiones periférica y nocturna. Fotones y células conjuntamente provocan una reacción química que, a su vez, transforma la energía en un estímulo nervioso; de ese modo se inicia la transmisión hacia las células bipolares y ganglionares hasta alcanzar la corteza cerebral a través del nervio óptico. Durante el proceso, otro tipo de reacción química entre neuronas libera una sustancia capaz de absorber luz visible llamada cromóforo. Solo entonces nuestro cerebro está en condiciones de presentarnos una interpretación.[1] Me refiero a esa experiencia como interpretación porque cualquier variación en la mecánica de nuestros órganos nos conduciría sin remedio a otro tipo de percepción; la realidad sería otra y probablemente muy diferente. Tampoco formaría parte de esa realidad un cuerpo que reflejase la luz en una frecuencia infrarroja o ultravioleta, porque estaría fuera del rango visible; eso no la haría irreal pero lo convierte, estrictamente hablando, en habitante del mundo invisible. Nuestros propios parientes cercanos, o nuestros amigos que viven lejos de nosotros y sobre cuya existencia y visibilidad no tenemos dudas, son la mayor parte del tiempo invisibles, viven en nosotros convertidos en un recuerdo más o menos preciso, pero solo un recuerdo, una forma de interpretación. Decididamente el mundo invisible es mucho más mundo que el mundo en su acepción más corriente.

Los hombres, ayudados de la tecnología, hemos conseguido constatar instrumentalmente presencias energéticas en forma de frecuencias: rayos X, rayos Gamma u ondas de radio; sabemos de la existencia de objetos remotos gracias a los telescopios, hacemos visibles las afirmaciones falsas utilizando un detector de mentiras; sabemos que hay cobertura telefónica porque tenemos cuatro rayitas y podemos reforzar la ilusión de que nuestro pariente cercano efectivamente existe mediante una videoconferencia. Detectamos la presencia de una aeronave más o menos lejana a través del radar y sabemos que en algún punto del mar debe haber un submarino porque así nos lo asegura el sónar. También podemos trasladar los pensamientos, de suyo

---

1. PACHÓN, M. y LIZETH, J. (2021), «Interacción radiación-materia. Propósito del proceso de visión del ojo humano». *Universidad Pedagógica Nacional. Facultad de Ciencia y Tecnología. Bogotá.*

invisibles, al mundo visible convirtiéndolos en un documento escrito. Es algo impreciso, pero es mejor que nada. Sabemos de qué manera estaba pensando Beethoven porque dejó escritas sus sinfonías, como sabemos que el universo tiene 13.800 millones de años porque así lo especifican los modelos matemáticos correspondientes. En sentido contrario, podemos hacer en nuestro banco un depósito de dinero físico, contante y sonante, en forma de billetes perfectamente visibles que, en menos de lo que se tarda en contarlo se habrán convertido en un apunte contable digital invisible.

Hablando en términos universales, hasta donde sabemos, todo lo que usted y yo podríamos ver representa un escuálido 4 % de todo lo que en realidad existe, incluyendo cualquier forma de materia o de energía. Si no me fallan las cuentas, eso quiere decir que el 96 % de todo lo que nos rodea; estamos casi seguros de que existe, pero no podemos verlo porque no interacciona con los fotones, es invisible. Nuestro magro 4 % se compone, en su mayor parte, de hidrógeno y helio. Si nos referimos a los elementos más pesados es muy probable que no lleguen ni al 1 %. La mayor parte del universo está compuesto por un material misterioso e insensible a la luz de naturaleza desconocida.

De acuerdo con las observaciones del WMAP (por sus siglas en inglés de Sonda Anisotrópica de Microondas Wilkinson), el 23 % del universo está hecho de un material desconocido que forma halos gigantescos alrededor de las galaxias, completamente invisible, llamado «materia oscura»; la refracción en la luz es la única evidencia de su existencia, si bien es indirecta, y eso porque genera, como el vidrio, una distorsión óptica observable.

Pero es que el 73 % del universo está formado por una extraña forma de energía de naturaleza también desconocida llamada «energía oscura», contenida en el vacío, o en el falso vacío del espacio, y que ahora pensamos que podría ser la fuerza motriz que dio lugar a todas las formaciones cósmicas. Podría ser la causa de un nuevo campo antigravitatorio que separaría a unas formaciones galácticas de otras.[2] Esta conclusión tan asombrosa se vuelve prácticamente increíble si se analiza mediante un contraste numérico: en nuestra galaxia, la Vía Láctea, se concentran entre 200.000 y 400.000 millones de estrellas. Si contabilizáramos el número total de todas las que

---

2. KAKU, M. (2005), *Universos paralelos. Los universos alternativos de la ciencia y el futuro del cosmos.* Ediciones Atalanta.

orbitan en el universo lo expresaríamos con un uno seguido de 23 ceros, lo que equivale a 100.000 trillones. La cifra produce vértigo porque supone que hay más estrellas en el universo que granos de arena en todas las playas de la tierra; pues bien, esa inimaginable cantidad solamente representa el 10 % de la masa observable. Si calculásemos el número de protones y electrones que componen la propia materia los números crecen y crecen hasta extremos demenciales; esta vez detrás del número uno deberíamos escribir 80 ceros, que es lo mismo que decir 100 billones de trillones de trillones de trillones de trillones. Si el patrón para comparar la totalidad de la materia observable en el universo fuera la materia contenida en la tierra, tendríamos que multiplicarla 25.000 millones de trillones de veces. El cien por cien de esa cantidad de materia visible es lo mismo que el 4 % del contenido del universo. El resto, tal y como ya les anunciaba, es invisible.[3]

Las hechuras misteriosas de la materia y de la energía oscuras son un estímulo poderoso para toda la comunidad científica, un desafío para la inteligencia y para la creatividad de una enorme conjunto de investigadores, pero también alienta la curiosidad de filósofos, maestros espirituales y místicos. El universo, descomunal e inaprensible, ejerce su fascinación sobre los hombres desde el principio de los tiempos; sin embargo, el avance de la física y la sofisticada tecnología instrumental a nuestra disposición en el siglo XXI han conseguido atraparnos en una paradoja de aspecto irresoluble: cuanto más avanzamos y más sabemos, más se parece al universo nuestra ignorancia: ambas se encuentran en fase de expansión.

El hombre, para comprender primero y explicar después lo que ve, o lo que cree que existe aunque no se vea, necesita introducir situaciones y circunstancias, hipótesis que, justamente, no se ven. La metafísica en general se plantea como el conocimiento de realidades ontológicamente invisibles. El nacimiento de la ciencia moderna fue posible después de un cambio repentino en la concepción del mundo. Hasta el momento había sido una visión abstracta y especulativa que fue sustituida por otra escrupulosamente elaborada y fundamentada sobre las incontrovertibles observaciones correspondientes. Recordemos que el progreso de la ciencia no ha sido la consecuencia de una mirada profunda, sino de un pensamiento profundo.

---

3. CHOPRA, D. y KAFATOS M. (2017), *Tú eres el Universo. Una nueva alianza entre ciencia y espiritualidad. Un nuevo futuro de posibilidades infinitas*. Gaia Ediciones.

Cesare Cremonini (1550-1631), filósofo italiano y colega de Galileo en Padua y con el que tuvo sus más y sus menos, dijo: *non fit scientia per visum solum* (la ciencia no avanza solo mediante la vista).[4]

Relacionado con lo que vemos y lo que no vemos, René Descartes (1596-1650), el padre de la filosofía moderna, estableció una forma de adquirir conocimiento basada en la duda, especialmente en la duda sobre la realidad que percibimos, su manera de pensar representa el fin del pensamiento medieval y la apertura al criterio científico moderno; a Descartes debemos el llamado «método científico», cuyo contenido se puede resumir en cuatro reglas metodológicas. En primer lugar *evidencia, claridad y distinción;* se desarrolla a través de la intuición y obliga a no considerar nada como verdadero hasta eliminar cualquier posibilidad de duda. La segunda regla es el *análisis:* recomienda fragmentar el problema tanto como sea posible para estar seguros de comprender desde sus extremos más simples hasta los más complejos. *Síntesis* o disposición de los conocimientos también desde el más simple al más complejo, obligando así a los pensamientos a conducirse de forma ordenada. Por último nos habla de *evidencia, numeración, control y revisión* para tener la seguridad sobre la veracidad de los conocimientos adquiridos. Sobre la capacidad de nuestros sentidos para ofrecernos una explicación de la realidad, el padre del racionalismo cartesiano recomendó la desconfianza; puesto que sabemos que alguna vez nuestros sentidos nos engañan, también sabemos que no sería prudente depositar plenamente la confianza en aquellos que nos han engañado, siquiera una sola vez.[5] Digamos que Descartes no se atrevería a negar la existencia de un mundo invisible sin dudarlo, por más que nuestros sentidos se empeñen en desmentirlo.

Con respecto a la relación entre los mundos visible e invisible, que él identificó como mundo material y mundo espiritual, *res extensa* y *res cogitans,* respectivamente, Descartes se definió como dualista, si bien propuso una tercera forma aglutinadora, la *res infinita*, que identificó con Dios.

Deepak Chopra, doctor en Medicina, profesor de medicina de familia y salud pública en la Universidad de San Diego y maestro espiritual, al que ya hemos mencionado con anterioridad, llega un poco más lejos cuando se refiere al mundo invisible. Chopra sostiene que todo, absolutamente todo

4. AGAZZI, E. (2022), *El conocimiento de lo invisible.* Editorial UFV.
5. DESCARTES, R. (2021), *Discurso del Método. Meditaciones metafísicas.* Austral.

el mundo visible que podemos percibir, es en su origen de todo punto invisible. Ese origen misterioso al que el autor se refiere no es otra cosa más que el campo oscilatorio subatómico: el campo cuántico.[6]

La visión simbólica de Master Oh sobre los mundos visible e invisible es un relato hermoso adornado con analogías cercanas al mundo sutil de la poesía, una abstracción de perfiles filosóficos que ofrece una explicación espiritual de la realidad, incluyendo la realidad invisible. Master Oh nos enseña que:

> **La Mente del Universo, la fuente de la vida, existe como luz, amor y energía sin final. Y que de su voluntad surgieron los mundos visible e invisible. La naturaleza del mundo físico es la luz y es la oscuridad, son los opuestos. En todo el universo rigen las mismas leyes, los dos elementos opuestos, luz y oscuridad, ambos coexisten y son la causa de la armonía. La luz siempre vela por la oscuridad, porque la luz está conectada con la fuente de la vida, con la Mente del Universo. La luz invisible que proviene de la Mente del Universo es la estructura de la luz física, que a su vez es la fuente del movimiento y la energía. Todo en el Universo tiene su opuesto siguiendo las leyes del yin y el yang, como la noche es al día y el sol a la luna, el frío al calor y el hombre a la mujer.**

No podríamos describir el frío si no conociéramos el calor ni imaginar lo grande sin saber de lo pequeño; en el universo la ley de la gravedad se complementa con la fuerza centrífuga, la explosión con el colapso o implosión. El símbolo gráfico del yin y el yang se llama Taijitu y luce en el centro de la bandera de Corea del Sur; también destaca entre todos los elementos del escudo de armas que diseñara para sí mismo el célebre físico danés Niels Bohr; sobre el Taijitu, en la parte alta del campo, en forma de semicírculo, puede leerse una expresión en latín que el científico quiso unir para siempre a su linaje: *Contraria sunt complementa* (los opuestos se complementan) en una alusión filosófico-científica al principio de complementariedad.

> **De acuerdo con la visión de Master Oh, la creación del universo físico comenzó con la irrupción de una fuerza primordial. Todo el movimiento nació de un estado opuesto, estático, que era el estado original del Universo. Antes de la creación no había nada de lo que hoy conocemos como materia visible, pero en el mundo invisible el estado estático lo contenía todo, toda la**

6. CHOPRA, D. (2024), *Cuerpo cuántico*. Gaia Ediciones.

información necesaria para la vida. A la vez que se creaba el universo original, nacieron la luz, la oscuridad y el viento, que es el símbolo de la vibración.

Cuando la luz se hace más intensa se convierte en fuego. Cuando la oscuridad se vuelve más densa se convierte en agua. El viento ayuda con sus oscilaciones a que la luz y el agua cooperen y hagan posible el movimiento. Y estos son los fundamentos de la vida.

La mezcla de estos elementos desarrolló originalmente toda la vida en el Universo: el sol, la luna, las estrellas y los planetas, los seres vivos y los seres humanos. Los seres humanos estamos hechos del fuego que es la luz, del agua que son las tinieblas y del viento que son las vibraciones. Y ese es nuestro entorno y nuestro sustento, así es el regalo que nos envía el Universo.

La oscuridad es una energía más sólida que la luz, que es una energía más suave. Cuando se condensa una cantidad ilimitada de luz, la energía de la luz se expande y crea una vibración especial. La luz asciende para convertirse en fuego y la oscuridad desciende para ser agua. Hay luz invisible, energía invisible y amor invisible que es calor. La luz, el amor y la energía ilimitados crean determinadas condiciones de temperatura.

De ese modo la energía fría se convierte en materia y la energía caliente en sustancia gaseosa. Las vibraciones superiores se mueven hacia el Universo invisible y las vibraciones más bajas existen en el Universo que podemos ver.

El Universo físico es una mezcla de luz, agua y viento, mientras que el Universo invisible está hecho de luz divina, energía y amor primordiales.

Lo que les decía, un relato hermoso que nos recuerda que la poesía es la forma de expresión propia del alma.

La aceptación de nuestro desconocimiento y de nuestras limitaciones han sido, probablemente, el nexo de causalidad entre ambos reconocimientos y el nacimiento y proliferación de las llamadas ciencias ocultas, del latín *occultus:* escondido o invisible, porque encontraron el espacio propicio para convertirse en proveedoras subsidiarias de respuestas y explicaciones. Durante el período renacentista, intelectualmente tan fértil, el abogado, médico, teólogo, astrónomo y mago alemán Enrique Cornelio Agrippa (1486-1535) escribió su influyente obra ocultista y esotérica *De Occulta*

Philosophia. Sorprende en el autor la superposición de oficios tan aparentemente incompatibles entre sí; no obstante, la interpretación que la práctica de la magia sugería entre sus contemporáneos era tanto la de una disciplina personal como la de un campo de conocimiento y de estudio. El cultivo de la magia perseguía la unión entre la teoría y la práctica, las ciencias y la ética; en ese sentido se comporta como heredera de las tradiciones helenísticas que anudan filosofía y la práctica de la espiritualidad con una forma de vida. Agrippa sostiene que solo el hombre tiene intelecto, que es, a su vez, la inteligencia del alma, una forma de expresión divina, y que el ejercicio de la magia requiere desapego de los afectos. Los conocimientos del mago dependen, a su vez, de lo que el autor denomina simpatía, una especie de resonancia entre el ser humano y el cosmos.[7] Esta forma de conexión humana con el universo ya la hemos observado repetidamente en este mismo trabajo al tratar cuestiones tan diversas como la espiritualidad, la meditación, el orden universal o la influencia que ejercen en la materia los flujos oscilatorios.

Agrippa prestó sus servicios a un grupo poderoso de gobernantes, como fueron el emperador Maximiliano, Margarita de Austria, Luisa de Saboya o el emperador Carlos V. En su gran manual de magia renacentista establece una diferencia radical entre la que él llama «natural», de raíz neoplatonista, y aquella otra corrupta y demoniaca. Propone el carácter instrumental de la escritura en la comunicación con Dios. Para este humanista existe una denominada jerarquía anímica compuesta de tres elementos: mente, razón e ídolo. La mente es la inspiración divina, el medio de comunicación con Dios, el mundo invisible. La razón, ubicada en el centro, está abocada a la inestabilidad y a la confusión si no cuenta con la asistencia de la mente. Por último está el ídolo, el mundo visible relacionado con el carácter material. Considerando el sistema de creencias de los siglos XV y XVI, Agrippa propone la superioridad de la magia, inspirada en el mundo puro e invisible, sobre las ciencias y las artes de su época, por estar estas últimas ancladas exclusivamente en la razón, en el mundo visible, y alejadas de la influencia de la mente. Su obra *De incertitudine et vanitate scientiarium declamatio* es una sátira caustica de las instituciones y costumbres europeas del momento. Creyó firmemente que Dios había creado al hombre repleto de

---

7. AGRIPPA, C. (2010), «La significación necesaria para convertirse en mago verdadero y realizador de maravillas». *Revista Digital Universitaria.*

conocimientos, y que estos se desvanecieron a causa del mal, del pecado original.[8]

No está tan alejado el pensamiento de aquel que dejara escrito el gran inventor del siglo XIX, Nikola Tesla, sobre el que ya hemos hablado en capítulos anteriores y que pensaba que todas las grandes ideas eran solamente una suerte de revelación, el acceso a un conocimiento infinito que los hombres tenían a su disposición y que solamente podía provenir de Dios.

Alphonse Louis Constant (1810-1875), mago y escritor ocultista francés, mejor conocido por el sobrenombre de Éliphas Lévi, es el autor de la relevante obra *Dogma y ritual de la alta magia,* publicada en 1854. Dividido en dos partes, la primera está dedicada al código doctrinal y la segunda más ceñida a la liturgia y el simbolismo; Lévi se apoya como sistema de fuentes en la práctica totalidad de los ritos esotéricos que estudian el mundo invisible: astrología, alquimia, cábala, el tarot e incluso en la llamada «filosofía hermética», a la que nos hemos referido en el capítulo dedicado a las vibraciones y de la que volveremos a hablar un poco más adelante. Del mismo modo que Agrippa, Lévi concibe la magia como indisoluble de la moralidad, la pureza y la filosofía; su ejercicio precisa de habilidades y conocimientos que, para ser eficientes y beneficiosos, deben incrustarse en un código ético inflexible. Advierte de que la magia no puede ser un instrumento poderoso que dé satisfacción a uno mismo de forma egoísta; que debe entenderse, por el contrario, como una forma de elevación espiritual y de transformación, una puerta de acceso al mundo invisible. «Mago» es un adjetivo que deriva de *Maha*, grande, y en su día fue una especie de distinción o de reconocimiento; recordemos a los Reyes Magos de Oriente, astrólogos y filósofos del fuego. Como ocultista esotérico, Lévi concede una gran importancia al simbolismo; en su descripción litúrgica menciona talismanes, herramientas sagradas o fórmulas de invocación para ser escuchado por las fuerzas invisibles, puesto que los magos deben ser los intermediadores entre la mente y el cuerpo, entre el espíritu y la materia, entre los mundos visible e invisible. Lévi propuso el uso conjunto de tarot y cábala, simbolismo y numerología, trabajando en un mismo plano para escrutar el destino y practicar la adivinación.[9]

---

8. Mañas Núñez, M. (2003), «El De uanitate scientiarum de Cornelio Agrippa: vituperio de las ciencias y elogio del asno». *Revista de Estudios Latinos.*
9. Lévi, E. (2020), *Dogma y ritual de la alta magia.* Editorial Kier.

Su condición de cristiano no supuso incompatibilidad con las ciencias ocultas; dirigió una revista de izquierdas durante la revolución burguesa de 1848, visitó, suponemos que muy a su pesar, la cárcel acusado de insurrección, ilustró dos obras de Alejandro Dumas: *Luis XIV y su siglo* y *El conde de Montecristo*, ingresó en la orden masónica de la Rosa del Perfecto Silencio, donde con el tiempo alcanzaría el grado de Maestro. Como curiosidad, en una nueva referencia al capítulo de las vibraciones, diremos que Éliphas Lévi, lo mismo que el doctor austriaco Mesmer, se interesó por las vibraciones electromagnéticas como herramienta de transformación y construyó un aparato para medir la intensidad de lo que él llamaba «magnetismo vital»; lo llamó «biómetro».

El término «ocultismo» apareció escrito por primera vez en un artículo, *A few questions to Hiraf,* publicado en la revista norteamericana *Spiritual Scientist,* en 1875. Su autora fue la aristócrata ucraniana Helena Petrovna Blavatsky (1831-1891), impulsora, junto al militar estadounidense Henry Steele Olcott, de un movimiento neorreligioso denominado teosofía,[10] en honor de los discípulos de Paracelso que, en el siglo XVI, eran conocidos como teósofos o *philosophia per ignem* (filósofos del fuego). En el escrito se advertía acerca de la peligrosidad de abrazar el ocultismo sin haber dedicado la vida a su estudio; se rebatieron posiciones «rosacrucistas» y se describieron las formas de conocimiento oculto.

La teosofía fue una doctrina sincrética, bastante influyente, que pretendió la creación de un dogma esotérico resultante de la fusión de numerosos credos. Dicen de sí mismos estar animados de un espíritu dialogante y una vocación de fraternidad universal, opuestos radicalmente a los principios que defiende el materialismo ateo. Su lema fue:

No hay más religión que la verdad.

El tipo de verdad a la que se referían los teosofistas era el conocimiento del universo al completo adquirido por iluminación y mediante el estudio de las ciencias y la filosofía antiguas, *porque son un reflejo de Dios.*[11]

En 1857, Helena Blavatsky firma una obra monumental llamada *Isis sin velo,* en la cual, a lo largo de un texto extenso, desvela los fundamentos de

---

10. BLAVATSKY, H. (2004), *Western Esoteric Master Series.* North Atlantic Books.
11. Centro Documental de Memoria Histórica de España. Sección especial, teosofía.

sus creencias ocultistas. Sostiene que el espíritu del hombre es la prueba de la existencia de Dios, de la misma manera que una sola gota de agua es el reflejo de la existencia del mar. La filosofía hermética y la Antigua y Universal Religión compendian todas las claves para acceder al absoluto científico y teológico; la autora considera a Platón, conjuntamente con los maestros espirituales de la antigüedad india, como los mejores intérpretes de las realidades material e inmaterial; según Blavatsky, maestros y filósofo participaron de la misma revelación. Más allá de las causas secundarias o las existencias finitas de leyes, ideas o códigos, hay una mente invisible que es el principio de todos los principios y es la causa primera del orden, la armonía, la belleza y la bondad. Aunque los ojos de los hombres no puedan obtener la visión de la esencia de las cosas, sí pueden comprenderla cuantos quieran de verdad entenderla, ya que, según Platón, el alma humana es de naturaleza homogénea al alma de Dios.

En términos teosóficos, la vida del espíritu interno es la muerte de la naturaleza externa y la noche del mundo físico es el día del mundo espiritual. Nuevamente los opuestos de los que ya hemos hablado, la complementariedad del yin y el yang, la noche y el día como lo visible y lo invisible, Helios o Dionisios. La cosmovisión ocultista concede gran importancia a los símbolos numéricos, al igual que cabalistas o pitagóricos, por su gran expresividad. La llamada *Década mística* se conforma mediante la suma de los cuatro primeros números, que sumados entre sí hacen diez; representa la unidad a partir de la dispersión. El número uno es el símbolo de Dios en la tradición creacionista hinduista, que lo relaciona con *Brahma,* el cual, de sí mismo, crea el dos, la *Duada* o unión del principio intelectual invisible con el mundo material visible; el número tres, o *Viiradj,* se corresponde con el llamado mundo *fenomenal;* el cuarto es una forma de perfección y el símbolo del vacío a la vez. La suma de los cuatro guarismos es el número que contiene en sí mismo todas las cosas, comprende la totalidad del universo y es, a su vez, la expresión de un solo espíritu y la combinación de todos los elementos. Un caos para los sentidos, pero un orden perfecto para la razón mística.

La doctrina teosofista niega la posibilidad de un universo sin Dios ni alma, sin causa ni propósito, no concibe la opción de un universo azaroso creado por nadie, que no viene de ningún sitio y que no se dirige tampoco a ninguna parte. Se inclinan por un firmamento que llevara el nombre en sánscrito *Akasa,* que en sentido místico es una alusión al mundo invisible, es fuente de vida, depósito de toda la energía del universo y causa de transformación de la materia. Es una idea similar al concepto de éter, incluso al concepto actual de energía de vacío. Como discípulos de Platón consideran al alma y al espíritu como chispas que surgen del gran *Archos,* eterno océano de luz.[12]

Hay, en general, varias ideas bien sostenidas que se desprenden de la lectura del texto: el antagonismo beligerante frente al materialismo ateo, también frente a lo que ellos perciben como una tiranía científica por un lado, por otro, recurren frecuentemente a la idea de fondo de que todos los avances de las ciencias y los descubrimientos modernos son debidos a los conocimientos antiguos, de tal manera que, por ejemplo, Paracelso habría descubierto el hueso de Orus (el imán) y, como consecuencia, fundó la llamada Escuela Teúrgico-magnética, mucho antes de que el médico austriaco Mesmer, al que nos hemos referido líneas atrás y en otro capítulo de este trabajo, siguiera sus pasos y aceptase como verosímiles las propiedades terapéuticas del electromagnetismo; antes también, por tanto, de los descubrimientos científicos relacionados con el electromagnetismo contemporáneo de la obra ocultista. Del mismo modo, las corrientes de pensamiento positivista y nihilista serían una mera evolución de los convencimientos filosóficos del esotérico Kapila. Anaxímenes, según Blavatsky, ya habría concebido la teoría de la evolución de las especies seis siglos antes de la era cristiana. El simbolismo acusado de la escuela teosófica y su fe ciega en el pensamiento clásico han llevado a sus miembros al convencimiento de que los mitos son una forma de enseñanza, un *Logos,* que contiene siempre un núcleo de verdad.

Años más tarde, en 1888, la misma Helena Blavatsky publicó algo parecido a una ampliación de su extraordinario texto *Isis sin velo,* de nombre *La doctrina secreta.* En esta obra fundamental de la escuela teosófica, Blavatsky insiste en la idea de que puede adquirirse una percepción de las verdades universales a través del estudio de la cosmogénesis propuesta por los filósofos clásicos; como ejemplo cita a Leucipo, preceptor de Demócrito, nacido cinco siglos antes de la era cristiana, como autor de la teoría de un universo repleto de átomos en movimiento perpetuo.[13]

---

12. Blavatsky, H. (1998), *Isis sin velo. Clave de los misterios de la ciencia y la teología. Antiguas y modernas. Tomo I.* Editorial Humanitas.
13. Blavatsky, H. (2012), *La doctrina secreta. Síntesis de la ciencia, la religión y la filosofía. Tomo I. Cosmogénesis.* E. L. A.

Hay autores que confirman la versión de Blavatsky en lo que se refiere a Leucipo y Demócrito y su teoría atómica, si bien se apunta que la condición de indivisibilidad de los átomos fue enunciada, por lo menos, 200 años antes que aquellos, por el místico hindú equivalente al Demócrito griego: Pakudha Kachayana, contemporáneo de Buda. El período antiguo de la India se conoce como védico, porque la espiritualidad se fundamentaba en los Vedas, libros consagrados a la ciencia; *veda* en sánscrito, revelados por Brahma. En los libros se hablaba de los cinco pilares que componían la materia, cualquier clase de materia: tierra, aire, agua, fuego y un extraño último elemento al que llamaron éter. La composición última de los cuatro primeros elementos, una vez llegados al punto de la indivisibilidad, era de *parmanu*, equivalente indio al átomo griego.[14]

Blavatsky atribuye a la *doctrina secreta* el carácter de guía para comprender la verdadera historia de las razas humanas y anuncia su intención de desvelar las alegorías simbólicas de la Antigüedad para mostrar su belleza. También se propone, con notable ambición, levantar el velo que oculta los secretos del universo.

Amplía sus afirmaciones sobre una hipotética religión universal primigenia, de la que proclama su omnipresencia en períodos incluso prehistóricos de la humanidad. De acuerdo con la ocultista, los anales históricos de esta ineludible religión primera se conservan en una serie completa de documentos y enseñanzas de los maestros que revelan sus hechuras y confirman su extensión; tales fondos permanecerían encriptados en las bibliotecas secretas pertenecientes a la Fraternidad Oculta. Los vestigios documentales se habrían salvado de la Biblioteca de Alejandría antes de su destrucción; comprenderían asimismo un cuerpo de textos sagrados babilónicos, las claves para descifrar correctamente los secretos contenidos en los jeroglíficos del antiguo Egipto y un grupo de escritos hinduistas en sánscrito. Todos ellos reaparecerán, profetiza, *en un período de la humanidad más ilustrado.*[15]

Annie Besant (1847-1933), fue teósofa y ocultista inglesa seguidora de Helena Blavatsky y aficionada a las ciencias naturales, especialmente a la botánica. Militó en formaciones políticas laboristas y socialistas y fue elegida

---

14. LOZANO LEYVA, M. (2007), *Los hilos de Ariadna. Diez descubrimientos científicos que cambiaron la visión del mundo.* Random House Mondadori.
15. BLAVATSKY, *La doctrina... Op. cit.*

en 1907 para presidir la Sociedad Teosófica, cargo que ejercería durante dos períodos consecutivos de siete años cada uno. La Universidad de Benarés (India) le concedió un doctorado honorífico. Para Besant, el hombre participa de la esencia divina y, por lo tanto, le es dada la posibilidad de penetrar en esa misma esencia; considera al Karma y a la reencarnación como dogmas teosóficos, probablemente como consecuencia de la causalidad doctrinal en la que no cabe, por definición, ningún acto sin algún tipo de consecuencia.

De entre su generosa producción bibliográfica destacaré, porque conviene al objeto de este capítulo, *Formas de pensamiento,* un estudio sobre el aura humana y sobre la influencia de los pensamientos y deseos en la realidad visible a través de determinado tipo de vibraciones. El libro es un intento de exploración, de observación supraempírica, o del mundo invisible, si lo prefieren.[16] *Química oculta* es un texto prospectivo que prevé la importancia en un futuro cercano de las leyes de la mecánica cuántica. A su parecer, la nueva disciplina, aplicada a la biología, desvelaría la relación entre las estructuras atómicas, invisibles, y las propiedades visibles de los cuerpos materiales. La nueva visión de las estructuras microscópicas deberían validar los mitos surgidos en la Antigüedad de maestros clarividentes.[17] En su *Manual teosófico,* Besant vuelve a las raíces y explica los siete planos místicos del ser, cuestión sobre la que ya se había extendido en sus escritos Helena Blavatsky; también expone sus creencias con respecto a la muerte y la reencarnación, la condición divina del ser humano, la importancia de la sabiduría antigua y la influencia de la filosofía clásica en la cosmovisión de las diferentes religiones.[18]

Un pensador interesante contemporáneo es Rudolf Steiner (1861-1925), ocultista y fundador del movimiento espiritual esotérico llamado antroposofía, con raíces filosóficas en el idealismo alemán y en la propia teosofía. La doctrina antroposófica propone la existencia de un mundo espiritual objetivo e intelectualmente cognoscible, accesible a la experiencia humana a través de la mente con total independencia de cualquier experiencia relacionada con los sentidos. Separa, en cierto modo, el mundo invisible extrasensorial, al que solamente se puede acceder de forma mental, del mundo visible observable y accesible a través de los sentidos.

---

16. Besant, A. y Leadbeater, C.W. (1945), *Formas de pensamiento.* Editorial Kier.
17. Besant, A. y Leadbeater, C.W. (2007), *Química oculta.* Editorial Humanitas.
18. Besant, A. (1995), *Manual teosófico.* Luis Cárcamo Editor.

Steiner escribió un tratado titulado *Filosofía de la libertad,* dividido a su vez en dos partes: la ciencia de la libertad y la realidad de la libertad. En el primero de ellos escribe sobre el significado de la conciencia y la noción de libertad, consistente en la posibilidad de hacer y deshacer a voluntad. Considera que la espiritualidad de los hombres se apoya en dos fundamentos que se corresponden, respectivamente, con los mundos visible e invisible y que son la observación y el pensamiento. En la segunda parte del tratado nos habla de la facultad del hombre de obedecerse a lo largo de la vida solamente a sí mismo, la razón por la cual si se accede a tal facultad es porque proviene del ser individual y debe estar desvinculada del entorno material.[19]

Para cerrar el apartado ocultista cabe mencionar a Alice Bailey (1880-1949), influyente y prolífica escritora y esoterista, impulsora de la llamada Escuela Arcana, a su genio se debe el constructo intelectual, complejo y elaborado, de esta corriente de pensamiento cercana al teosofismo. Bailey escribió tratados de astrología, psicología, sanación y prácticas de ocultismo en general. Nacida en Inglaterra y emigrada a Norteamérica, divorciada a la edad de 35 años, afirmaba que algunos de sus textos provenían de un supuesto maestro espiritual indio que los transmitía de forma telepática.[20]

El movimiento sociológico espiritual occidental que heredó la urdimbre ideológica del ocultismo decimonónico y sus fundamentos es conocido como Nueva Era, o New Age. Una forma de teosofismo reformulado que adquirió sus contornos durante la segunda mitad del siglo XX, recogió sus inclinaciones orientalistas e incorporó en sus filas intelectuales a liberales, grupos de sensibilidad positivista e, incluso, círculos cercanos al humanismo cristiano. El espiritismo, la astrología, la magia, la cábala, la obsesión por las civilizaciones perdidas o el neoplatonismo son la conexión con el ocultismo clásico, al que se añadieron propuestas contraculturales relacionadas con las guerras de la posguerra, la llegada del hombre a la Luna, los movimientos de liberación en Latinoamérica o el Concilio Vaticano II, de inspiración ecuménica. En el seno del movimiento continuaron los debates sobre la dimensión física y espiritual del hombre, sobre el bienestar holístico: cuerpo, mente, espíritu, que trajeron como consecuencia la concepción de una realidad energética invisible y la apertura de unas posibilidades de sanación

19. STEINER, R. (2023), *Filosofía de la libertad.* Amazon Digital Services.
20. *School for Esoteric Studies.*

mental y física desconocidas hasta el momento.[21] Probablemente los simpatizantes del movimiento, ya bien entrado el siglo XXI, estén impregnados de esa nueva manera de pensar que se identifica con el *misticismo cuántico.*

El novelista francés Michel Houellebecq, en su libro *Las partículas elementales* dice de ellos que:

> **más allá de la multitud de supersticiones pasadas de moda, contradictorias y ridículas que el principio encerraba, la New Age respondía a un sufrimiento real provocado por una dislocación psicológica, ontológica y social. Más allá de la repugnante mezcla de ecología fundamental, atracción por las ideas tradicionales y lo sagrado que había heredado de su filiación con el movimiento hippie y las ideas de Esalen,* la New Age manifestaba una voluntad real de ruptura con el siglo XX, con su inmoralidad, su individualismo, sus aspectos libertarios y antisociales; expresaba con una conciencia angustiada que ninguna sociedad es viable sin el eje federador de una religión cualquiera; constituía, en realidad, una poderosa llamada a cambiar de paradigma.[22]**

A grandes rasgos, hablando en este caso de nuestro propio mundo y su naturaleza visible e invisible, consideremos que, del total de la biomasa que podríamos encontrar en la tierra, solamente un 0,4 % se corresponde con la vida animal y un 80 % con el reino vegetal, ambos más o menos visibles para nuestros ojos humanos. Como se puede deducir, la mayor parte de la biomasa, un 50 %, no se puede observar a simple vista, es la vida que anima a los microorganismos. El hecho de que no podamos verlos no significa ni que no existan ni que no se ocupen de un trabajo esencial para nuestro mundo visible. De toda esta biomasa invisible, los microorganismos más importantes son las bacterias; su tamaño aproximado apenas llega a un micrómetro, que es la medida que obtendríamos dividiendo un metro un millón de veces. Son extremadamente sencillas y procariotas, así llamadas porque carecen de núcleo celular, llevan sobre la tierra 3.500 millones de años, casi el doble de tiempo que los primeros organismos eucariotas, más

21. SEMIAN, P. y VIOTTI, N. (2015), «El paraíso está dentro de nosotros, la espiritualidad de la Nueva Era, ayer y hoy». *Nueva Sociedad,* N.º 260.
22. HOUELLEBECQ, M. (1999), *Las partículas elementales*. Editorial Anagrama.

* El Instituto Esalen es un centro ubicado en California (Estados Unidos), fundado por Michael Murphy y Dick Price en 1962. Una especie de laboratorio de ideas conocido por su voluntad de fusión entre corrientes orientales y occidentales relacionadas con el humanismo, la filosofía o la espiritualidad.

evolucionados y complejos. De forma cilíndrica si son los llamados bacilos y redondeada si son cocos, que, a su vez, pueden ser parejas, cadenas o racimos de cocos; en estos últimos casos los llamamos diplococos, estreptococos, o estafilococos. Su cometido imprescindible consiste en la degradación de las macromoléculas que componen la materia de animales y plantas. Sin ella, el carbono, el nitrógeno y otros muchos elementos esenciales quedarían atrapados para siempre en los cuerpos muertos y la renovación de la vida no sería posible.[23]

Como ven, la vida visible, la de todos nosotros, requiere del concurso de esa otra forma de vida que es la vida invisible.

De entre todos los seres, criaturas, partículas elementales, campos o formas de energía que no podemos ver, pero de cuya existencia sabemos o sospechamos, prestaremos atención seguidamente al legado ancestral, a esa carga que nuestros antepasados dispusieron a modo de lastre sobre nuestros espíritus. Hasta donde sabemos, nuestro código genético se comporta como un albacea con respecto a las disposiciones testamentarias, determina lo que a cada uno le corresponde heredar de sus progenitores que, a su vez, lo heredaron de los suyos, y aquellos de los suyos, y así, hasta que la espiral de escaleras ascendente nos condujera hasta el primer antepasado de nuestro linaje. Por imperativo cromosómico, cada vez que ascendemos un peldaño de nuestra escalera ancestral tenemos que multiplicar por dos: un individuo cualquiera viene precedido de un padre y una madre, que suman dos, de abuelos en número de cuatro y bisabuelos de dieciséis, treinta y dos tatarabuelos y sesenta y cuatro tataratatarabuelos; remontándonos unas cuantas generaciones observaremos que, sobre el individuo cualquiera, estarán confluyendo ríos de sangre diferentes repletos de mensajes bioquímicos, obligados a cooperar de la manera más eficiente posible y con arreglo a un orden determinado que hace que las cosas hayan acabado exactamente así.

Noten que, por el momento, solamente nos hemos referido al conjunto de rasgos físicos que caracterizan a nuestro individuo, a su predisposición genética a la salud o a la enfermedad, al color de los ojos o de la piel, al rango de probabilidades bioquímicas que determinarán nuestra raza o nuestro aspecto; luego volveré sobre este extremo, pero antes vean de qué manera magistral describe Paul Auster, célebre novelista norteamericano,

---

23. LOZANO LEYVA, *Los hilos... Op. cit.*

la improbable lotería molecular que condiciona la apariencia o las inclinaciones de aquel individuo cualquiera:

> Te gustaría saber quién eres. Con poco o nada para orientarte, das por sentado que eres el producto de vastas migraciones prehistóricas, de conquistas, violaciones y secuestros, que los prolongados y tortuosos cruces de tu horda ancestral se han extendido por muchos territorios y reinos, porque tú no eres la única persona que ha viajado, después de todo tribus de seres humanos llevan miles de años desplazándose por el planeta, y ¿quién sabe quién engendró a quién que a su vez engendró a quién que engendró a quién para luego engendrar a quién hasta acabar con tus padres engendrándote a ti? Solo puedes remontarte a tus abuelos, con escasa información sobre tus bisabuelos por parte de tu madre, lo que significa que las generaciones que los precedieron no son más que un espacio en blanco, un vacío de conjeturas y ciegas suposiciones. Tus cuatro abuelos eran todos judíos de Europa del Este, los paternos nacidos a finales del decenio de 1870 en la ciudad de Stanislav en la atrasada provincia de Galitzia, entonces parte del Imperio Austrohúngaro y posteriormente de Polonia tras la Primera Guerra Mundial, integrada luego en la Unión Soviética a raíz de la Segunda Guerra Mundial y en la actualidad en Ucrania tras el fin de la Guerra Fría, mientras que tus dos abuelos maternos nacieron en 1893 y 1895, tu abuela en Minsk y tu abuelo en Toronto: un año después de que su familia emigrase de Varsovia. Tus dos abuelas eran pelirrojas, y en ambas ramas de tu familia hay una tumultuosa mezcla de rasgos físicos en la mucha descendencia que dejaron, que iban del cabello negro al rubio, del liso al ondulado, de la piel morena a la pálida con pecas, de campesinos robustos con piernas gruesas y dedos cortos y fuertes a otros cuerpos ágiles y estilizados. El fondo genérico de Europa del Este, pero quién sabe por dónde deambularon esos espíritus anónimos antes de llegar a las ciudades de Rusia, Polonia y el Imperio Austrohúngaro, pues ¿cómo, si no, explicar el hecho de que tu hermana naciera con una mancha mongólica en la espalda, algo que solo ocurre en niños asiáticos, y cómo justificar el hecho de que tú, con tu piel tirando a morena, pelo ondulado y ojos entre verdes y grises, hayas escapado a lo largo de tu vida a toda identificación étnica y diversos desconocidos te hayan asegurado que debes de ser y desde luego eres italiano, griego, español, libanés, egipcio e incluso paquistaní? Como no sabes nada de tus orígenes, hace mucho que decidiste presumir de que eres un compuesto de todas las razas del hemisferio oriental, en parte africano, árabe, chino, indio y caucasiano, el crisol de muchas civilizaciones enfrentadas en un solo cuerpo. Lo mismo que cualquier otra cosa, es una

> **postura moral, una forma de eliminar el asunto de la raza, a tu juicio un falso problema que solo puede traer deshonor a la persona que lo saque a relucir, y por tanto has decidido conscientemente ser todo el mundo, aceptar a todos los que llevas en tu interior con objeto de ser tú mismo de una forma más libre y plena, puesto que la cuestión de quién eres es un misterio y no albergas esperanzas de que un día se resuelva.[24]**

Con respecto a la relación entre las vidas presentes y las vidas pasadas o futuras, en la historia de la espiritualidad oriental aparece una y otra vez, de diversas maneras, el concepto de Karma. En términos generales podríamos definirlo como una actividad y a la vez como la consecuencia de tal actividad, como una contraprestación por el conjunto de todos los actos de un individuo a lo largo de toda su vida e, incluso, de vidas precedentes.

Los frutos del Karma se cosechan en forma de alegría o en forma de sufrimiento. Los actos, unidos a la voluntad de los hombres dejan un vestigio en la psique de cada individuo que condiciona su destino, tiene un carácter retributivo.[25]

En la India del período prevédico el Karma se asimilaba al concepto occidental de ley natural, de orden universal, en su caso necesariamente anudado a la existencia de un creador.[26] El hinduismo védico fue transformando el significado anterior acercándose a la idea de transmigración de las almas en un ciclo perpetuo de vida, muerte y reencarnación. Ni el fin de la vida se concibió por los pensadores como el final de todo ni como el principio de otra vida ultraterrena. Es un designio retributivo, de tal modo que la mejor o peor suerte que se obtenga en reencarnaciones sucesivas dependerá de la bondad o maldad del comportamiento precedente.

Nagorjura escribe en el Maha Prajna Paramita Shastra (Tratado sobre la Gran Perfección de la Sabiduría) que:

> **La fuerza de un acto es omnipotente, los actos persiguen a los actores como el acreedor al deudor.[27]**

---

24. AUSTER, P. (1999), *Diario de invierno*. Anagrama.
25. VV.AA. (1993), *Diccionario de la sabiduría oriental: budismo, hinduismo, taoísmo, zen*. Paidós.
26. KYABGO, T. (2017), *Karma. Qué es, qué no es y por qué es importante*. Ediciones Obelisco.
27. FILORAMO, G.; MASSENZIO, M.; RAVERI, M. y SCAPRI, P. (2001), *Historia de las religiones*. Editorial Crítica.

En las enseñanzas budistas el Karma tiene una significación parecida, la ley inexorable de la causa y el efecto. Cada persona tiene su Karma individual, conformado por la cualidad de todos sus actos presentes y pasados; filosóficamente hablando es así como se explica que no haya dos personas idénticas, del mismo modo se explica el aspecto agradable de unos o desagradable de otros, o sus condiciones de salud o enfermedad. Nuestros actos son las semillas que germinan en la mente sutil durante períodos tan largos que pueden abarcar más de una vida. En cualquier caso, en el Karma está la causa última de todos los sufrimientos.[28]

La doctrina taoísta sobre el Karma se desarrolló en tres etapas. Durante la primera de ellas se estableció la relación de causalidad entre actos y consecuencias; un difuso grupo de seres sobrenaturales llevarían registro de todas las actividades, buenas o malas, y asignarían el destino de acuerdo con el resultado de esta forma de balance.

La segunda fase del desarrollo del concepto kármico es, quizá, la más importante en el contexto de este trabajo, porque es la más parecida a la que nos propone Master Oh, como veremos más adelante. Durante este segundo período las escuelas de pensamiento taoísta aceptaron el criterio filosófico de la transmisibilidad hereditaria del Karma ancestral; esto es, nuestras vidas podían acusar el peso de los actos de nuestros antepasados en forma de patrones de comportamiento. En el nuevo enunciado conceptual permanecen las ideas de causa y efecto y el criterio retributivo, pero se deriva a terceros la responsabilidad sobre los actos, se acepta una culpabilidad distinta de la propia. La ausencia de responsabilidad ofrece una ángulo novedoso y prometedor: la posibilidad de intervención sobre el Karma. De esta manera la doctrina kármica de raíz taoísta se desvincula del fatalismo cíclico y de la irreversibilidad porque, contrariamente a las propuestas hinduistas clásicas, ofrece formas de reparación. A mi juicio es un paso doctrinal muy valioso porque impulsa a los hombres a la acción, a la búsqueda de soluciones, y los aleja del fatalismo conformista que obstruye la voluntad de transformación y los avances en cualquier sentido.

Si se puede mejorar el Karma desde el presente no hay nada de irreversible ni de irreparable ni en el pasado ni en el futuro que pueda condicionar nuestras vidas.

---

28. VV.AA., *Diccionario... Op. cit.*

Según Master Oh:

> **El Karma proviene de nuestro propio espíritu y del espíritu de nuestros ancestros, que permanecen en nuestro mundo. Para enviarlos a un lugar de luz necesitamos sanar el Karma de nuestros ancestros. Como fuere, los ancestros son la causa del Karma que nosotros acarreamos en nuestra vida**

Durante la tercera etapa se completó la propuesta doctrinal taoísta introduciendo ideas relacionadas con la reencarnación, si bien su alcance y sus implicaciones exceden los objetivos de este trabajo.[29]

Sobre los aspectos filosóficos del Karma, Master Oh explica que todos tenemos un cuerpo, una mente y un espíritu. Todos acusamos la influencia del Karma pero esa influencia es reversible.

> **Cuando nuestra vida física termina, nuestro espíritu y cuerpo se separan. Ese es el comienzo de la vida espiritual. Algunos ancestros quedan atrapados en sus patrones físicos y permanecen en este mundo, compartiendo su vibración con nosotros. Solo a través de un cuerpo físico podemos cambiar nuestra luminosidad y establecer el patrón necesario para regresar a la fuente.**

Para que eso suceda es necesaria una manifestación de amor y de voluntad reparadora por parte de los descendientes, una ofrenda simbólica de vino y de alimentos en el altar de los antepasados, una mención expresa a los que nos precedieron para sintonizar con sus vibraciones y conducirlos al mundo luminoso. Una ceremonia espiritual solemne, alegre y colorida, cargada de emoción y de generosidad para obtener la Sanación Ancestral.

> **Durante la ceremonia de sanación los descendientes tienen la oportunidad de sintonizar con la vibración de la Mente del Universo, que proporciona la luz divina, la sabiduría y el poder que los ancestros necesitan para ir a la fuente. Durante el programa, los descendientes actúan como el vehículo, como cuerpo físico que los ancestros necesitan para liberar su Karma, sus apegos y sus patrones. Durante 21 días, los ancestros caminan junto a los descendientes de forma mental, física y espiritual. Ellos reciben la vibración de la mente del universo, de tal manera que los ancestros, a su vez, pueden recibir a través de ellos la luz, el poder, la sabiduría y la fuerza para regresar**

29. FILORAMO, G.; MASSENZIO, M.; RAVERI, M. y SCAPRI, P., *Historia... Op. cit.*

> **al mundo de la luz. Solo con un cuerpo físico puedes cambiar tu mentalidad para transmitir tu luz, amor y energía para encontrar nuestro verdadero yo y lograr la conexión que necesitamos con la mente del universo.**

Después de la ceremonia de Sanación Ancestral, asegura Master Oh:

> **Las personas se sienten mucho más ligeras, se liberan de sus cargas y patrones y comienzan a sentirse a sí mismas.**

Cuando describimos las características materiales de nuestras respectivas herencias, más o menos, sabemos cómo funcionan; se podría discutir si el entrelazamiento genético y sus consecuencias son el resultado de un rango de probabilidad, o de un tipo de inteligencia molecular que, de alguna manera, conoce los arcanos de nuestra bioquímica, o si existe, por el contrario, algún nexo de causalidad, y, si lo hubiera, ¿sería solamente individual, propio de cada linaje o perteneciente a la totalidad de la especie? Y, lo que es más interesante para el objeto de este capítulo: ¿se limita a la cuestión física o podría englobar aspectos emocionales, patrones de comportamiento?

A continuación revisaremos propuestas que aspiran a completar la explicación estrictamente molecular de nuestra relación intergeneracional desde diversas ópticas. Empezaremos por una teoría originaria del siglo XX en virtud de la cual la cuestión hereditaria podría estar intervenida no solo por el cúmulo de circunstancias individuales, sino que, además, podría estarlo por el conjunto de circunstancias colectivas; ese es el extremo novedoso de la idea.

El famoso Carl Gustav Jung, fundador de la escuela de psicología analítica y padre de la teoría de los «arquetipos», al que ya nos hemos referido en otros capítulos de este trabajo, considera al respecto que, además de nuestra propia conciencia inmediata, de naturaleza individual y que tendemos a considerarla como única psique empírica, existe un segundo sistema psíquico de carácter colectivo que no se desarrolla, sino que se hereda, y está compuesto de formas preexistentes, de arquetipos que solo pueden llegar a ser conscientes de modo indirecto y acaban produciendo contenidos psíquicos. Para hacer inteligible su hipótesis desde un punto de vista material, Jung se refiere a una sustancia, a un fluido vital llamado germoplasma. La teoría explora la posibilidad de que las características arquetípicas, muy relacionadas con la conducta, pudieran transmitir una impronta bioquímica en la estructura del ADN.[30] Desde un punto de vista conceptual, Jung se estaba alineando con las propuestas de Waddington, sobre el que hablaremos a continuación; ambos teorizaron sobre la influencia del entorno en la huella hereditaria. En el mismo sentido se expresa nuevamente Chopra, para quien la biología evolutiva, en la actualidad, se limita al estudio de los genes considerando la supervivencia un episodio de raíz exclusivamente genético. El autor considera que esos mismos genes acusan la influencia en su morfología de todas las experiencias propias sumadas a todas las experiencias de los antepasados. Los procesos cuánticos no son previsibles, como lo son la enfermedad y el envejecimiento; por eso mismo, sostiene Chopra, proporcionan una base al menos tan importante como la cartografía genética para comprender los mecanismos de funcionamiento del legado biológico.[31]

Jean-Baptiste Lamarck (1744-1829), naturalista francés, ya había advertido anticipándose a Jung sobre los mecanismos ajenos al genoma que podrían participar de la evolución de las especies. Para Lamarck, el entorno o las circunstancias que rodean a un individuo son cruciales durante la adquisición de la complejidad biológica. El episodio evolutivo, por lo tanto, se debería al uso o desuso que un individuo hiciera de alguna característica en el transcurso de una vida. La relación de pérdidas o ganancias relativas a las mencionadas características pasarían a formar parte del legado intergeneracional. Los postulados del naturalista se conocieron como teoría hereditaria de rasgos adquiridos.[32] Las hipótesis de Lamarck sufrieron altibajos muy pronunciados en la consideración de la comunidad científica, si bien el fantasma del francés es difícil de exorcizar en las discusiones sobre evolución, porque la idea fundamental, o más aprovechable de Lamarck no es la herencia de los caracteres adquiridos, sino aquella otra, de acuerdo con la cual los hábitos y las apetencias pueden guiar la evolución futura.[33]

En 1901, el genetista Thomas Hunt Morgan (1866-1945) propuso la existencia de factores no genéticos responsables de la formación de patrones embrionales. A tales factores se les denominó morfogenes, término sobre el que volveré más adelante, acuñado por el matemático Alan Mathyson Turing.

---

30. Jung, C. G. (2016), *Escritos sobre espiritualidad y trascendencia*. Trotta Editorial.
31. Chopra, *Cuerpo... Op. cit.*
32. Tollefsbol, T. (ed.) (2019), *Transgenerational Epigenetics. Vol 13*. Academic Press. Elsevier.
33. Marcos, A. (1992), «Neodarwinismo, teoría de la información y termodinámica: estado de la cuestión». *Estudios Filosóficos*.

Hunt Morgan ofreció pruebas sobre la influencia parental en el desarrollo temprano del fenotipo adulto.[34] Lentamente, las hipótesis sobre la transmisibilidad a través de procesos relacionados con los hábitos, e incluso con el entorno, y no directamente con los genes, fueron adquiriendo consistencia.

Conrad Hal Waddington (1905-1975), biólogo, paleontólogo, genetista, embriólogo y filósofo escocés, doctor honorario por las universidades de Aberdeen, Dublín, Ginebra, Montreal y Praga, fue uno de los fundadores de la llamada «biología de sistemas». Sus trabajos le hicieron llegar a la conclusión de que la transmisión genética no era una explicación completa cobre la cuestión hereditaria. Reclamó la atención de la comunidad científica sobre tres aspectos insuficientemente estudiados hasta el momento: la adaptación de origen no genético regulada por el entorno y no por el genotipo; las acumulaciones de pequeñas mutaciones en grupos genéticos locales, insuficientes para explicar las bifurcaciones de grandes grupos taxonómicos; y los diferentes grados evolutivos observados en el registro fósil.[35]

La epigenética, término acuñado por el propio Waddington, se ocupa del estudio de todos los eventos que llevan al despliegue del programa genético del desarrollo, o el complejo proceso de funcionamiento que media entre el genotipo y su expresión, el fenotipo.[36] La llamada «epigenética transgeneracional» o transmisión de información entre organismos con independencia de los genes, se ha convertido en un área completa de estudio que impregna a todas las disciplinas relacionadas con la biología, desde la ecología hasta la epidemiología. Los fundamentos de esta relativamente nueva ciencia han obligado a una revisión profunda del paradigma tradicional de la herencia biológica que enunciaran Darwin o Mendel. Hasta bien entrado el siglo XX solamente el desempeño bioquímico de los genes concentró la atención de la comunidad científica respecto a los procesos de transmisión hereditaria. Hoy sabemos de la importancia del desarrollo celular y de la plasticidad del fenotipo como agentes evolutivos;[37]si fuera de otro modo, la causalidad lineal sugeriría una concepción extremadamente determinista del fenotipo,

34. *Idem.*
35. AMUNDSON, R. (2005), *The Changing Role of the Embryo in Evolutionary Thought. Roots of Evo-Devo.* Cambridge University Press.
36. WADDINGTON, C. (1939), «Preliminary Notes on the Development of the Wings in Normal and Mutant Strains of Drosophila». *Proceedings of the National Academy of Sciences of the United States of America, Vol. 25.*
37. TOLLEFSBOL, *Transgenerational... Op. cit.*

sometido a la influencia implacable del genotipo.[38] Waddington expuso, generación tras generación, a huevos de moscas de la fruta a vapor de éter; mediante este sencillo experimento comprobó, en un sentido lamarckiano, que las moscas con rasgo bitorax aumentaban considerablemente en forma de fenocopias. Después de veintinueve generaciones, algunos de los descendientes mostraban el rasgo adquirido por transmisión genética sin haber sido expuestos al efecto del vapor. Waddington describió el fenómeno como «asimilación genética». Tal como sugería Lamarck, un rasgo adquirido en forma de respuesta a la presión del entorno terminó por convertirse en una característica heredable.

La nueva propuesta es el estudio de los mecanismos que regulan la expresión de los genes sin modificar la secuencia de ADN, de los procesos que influyen en la transcripción sin alteración del orden en los nucleótidos, simplemente activando o desactivando los genes, pueden deberse a factores ajenos al código genético, como por ejemplo la edad, los hábitos en general, la administración de medicamentos o ingesta de sustancias químicas. Tales cambios, en determinadas circunstancias, pueden mantenerse en el tiempo y transmitirse entre ascendientes y descendientes.[39] La cuestión me parece muy interesante porque, así entendida, haría que nuestro legado tendiera a un menor determinismo y concediera mayor protagonismo a los actos de voluntad; podríamos enriquecerlo mejorando los hábitos, renunciando a ciertas prácticas u observando ciertas precauciones. En cierto modo estaríamos alterando el rumbo del futuro desde el presente mediante una acción deliberada. Así pues, el fenómeno biológico de la transmisión hereditaria excede con mucho a las funciones estrictamente genéticas. Según proponen las biólogas Eva Jablonka (1952) y Marion Lamb (1939-2021), en un trabajo conjunto, resulta innegable la influencia de los factores epigenéticos no solo en la expresión de los rasgos físicos, sino también en los patrones de comportamiento.[40]

Voy a incluir las ideas de Rupert Sheldrake (1942) entre las teorías que aspiran a completar las explicaciones moleculares sobre la transmisión hereditaria. Sé que sus escritos han sido criticados con mucha severidad por una

38. WADDINGTON, C. H. (2023), *The Evolution of an Evolutionist.* Cornell University Press.
39. COLLADO GUIRAU, P., (2024), *Psicología fisiológica.* UNED.
40. SERRALTA GUTIÉRREZ, A. y JARDON BARBOLLA, L. (2017), «Genetics Development and Evolution: Waddington's Dream». *Revista de Ciencias.*

parte importante de la comunidad científica; a pesar de todo me animo a incluirlas en este pequeño compendio por lo que tienen de imaginativas, porque él mismo, Sheldrake, es un científico que estudió ciencias naturales en Cambridge, historia de la ciencia en Harvard y se doctoró en Bioquímica también en Cambridge. Además, porque creo que para llegar hasta un destino desconocido hay que arriesgarse a tomar un camino; solamente con el tiempo y nuevas comprobaciones podremos saber con certeza si era la opción correcta o era más bien un desvío, o ni siquiera tal destino existía. De todos modos y para tratar de ser ecuánime mencionaré alguno de los reproches más ácidos que se han dirigido contra él:

John Madox, editor jefe de la prestigiosa revista *Nature,* escribió un editorial cáustico sobre el libro de Sheldrake *Una nueva ciencia de la vida,* escrito sobre el cual volveremos. En su crítica, Madox relaciona a Sheldrake con la brujería y el ocultismo; el encabezado de su columna resulta más que explícito: *¿Un libro para quemar?*[41] Creo que el proceder del editorialista está innecesariamente cargado de reproches; seguramente un hombre tan importante en una revista tan influyente como *Nature* debería aproximarse a una hipótesis cualquiera con mucha más frialdad.

Martin Gardner (1914-2010), prolífico escritor y divulgador científico estadounidense, hablando de Sheldrake, afirmó que casi todos los científicos que conocieron sus teorías las consideraron tonterías.[42]

En el otro lado de la balanza, Lynne Mc Taggart, periodista de investigación, se hace eco de las novedosas propuestas de Sheldrake en sus propias obras y le dedica comentarios elogiosos; considera convincentes los argumentos del autor y su hipótesis sobre la causación formativa, según la cual los seres vivos autoorganizados, considerando en ese sentido desde las moléculas hasta las sociedades o las formaciones estelares, se compondrían de «campos mórficos» que, a su vez, provocarían una resonancia mórfica, algo parecido a una memoria acumulativa, de modo que quedara un recuerdo en los seres vivos sobre su propio aspecto y normas de comportamiento capaz de atravesar el espacio y el tiempo. De alguna manera, considera Mc Taggart, reverberan a través de las generaciones.[43]

---

41. MADOX, J. (1981), «A book for burning?». *Nature. Vol. 293.*
42. GARDNER, M. (1988), *The new Age: notes of a fringe watcher.* Prometheus Books.
43. MCTAGGART, L. (2002), *El Campo: en busca de la fuerza que mueve el Universo.* Editorial Sirio.

Ahora vamos con la controvertida propuesta de Sheldrake: como hemos venido señalando se ocupa de la morfogénesis, del código con arreglo al cual las diferentes partes del organismo, desde las más pequeñas hasta las más voluminosas, conocen la hoja de ruta en la que se describen su forma y su cometido, incluyendo aspectos instintivos y pautas de comportamiento. La llamada «causación formativa» permitiría la adquisición por herencia de caracteres determinados sin la intervención genética o epigenética; se haría posible a través de la conocida como «resonancia mórfica». Según su hipótesis, la causa formativa debe analizarse desde uno de estos tres ángulos: como un episodio *mecanicista,* como un suceso *vitalista* o como un comportamiento *organicista.* En términos mecanicistas resulta crítica la intervención del ADN por varias razones: en la morfogénesis, en muchas ocasiones pueden trazarse y observarse las alteraciones causales; el ADN es el entramado químico de los genes y de sus características, ambas dependen de la secuencia, y esta, a su vez, actúa como plantilla química para su propia replicación. La forma mecanicista de entender los procesos hereditarios es debida exclusivamente a influencias físicas o químicas sobre las células. El autor desconfía de esta interpretación debido a la excesiva similitud genética, alrededor de un 99 %, entre especies tan distantes entre sí como humanos y chimpancés. Las explicaciones mecanicistas propondrían una autorregulación de los sistemas mucho más cercana a la casualidad que a la causalidad.

Uno de los valedores de la mirada vitalista fue el embriólogo Hans Driesh (1867-1941). Biólogo y filósofo, Driesh consideraba a la regulación biológica y a la regeneración como la prueba de la existencia de alguna interacción entre células que permite mantener intacto el sistema, incluso después de haber perdido una parte. Un factor causal desvinculado de la materia que controla los procesos físico-químicos durante la morfogénesis, de origen probablemente subatómico o energético. A este impulso vital, inspirándose en Aristóteles, lo llamó *entelequia.*[44] Se da la circunstancia de que, en 1928, el gran físico sir Arthur Eddington ya había especulado sobre la influencia de la mente en determinados sucesos cuánticos:

> **Mi conclusión es que el mundo está compuesto de materia mental, me refiero a algo más general que las propias mentes individuales conscientes. Todo el conocimiento de nuestro propio entorno, a partir del cual se construye el mundo de la física, ha entrado en la sede de nuestra conciencia en forma de**

44. Ostachuk, A. (2016), «El principio de la vida: de la psyché aristotélica a la entelequia driechiana». *Ludus vitalis.*

mensajes contenidos en el sistema nervioso. La materia mental es el elemento que se emplea para construir el mundo físico.[45]

La lectura organicista sugiere la posibilidad de que existan unos campos morfogenéticos de propiedades observables; tales compuestos energéticos serían los responsables de la forma y de la organización característicos de cualquier sistema en todos los niveles de complejidad, con un impacto visible no solo en los sistemas biológicos, también en los terrenos físico y químico. La hipótesis de los campos morfogenéticos propone su capacidad organizativa y su concurrencia decisiva en cualquier clase de sucesos, por improbables o indeterminables que fueran. La estructura de los campos podría provenir, de acuerdo con la conjetura del autor, de otros tantos sistemas homónimos acaecidos en el pasado, sencillamente ciñéndose a una suerte de patrón estructural ancestral. La especulación sobre la replicación de pautas pasadas comprende aspectos de conducta, expresión de los fenotipos o materialización de los instintos.[46]

Lógicamente, en las propuestas de Sheldrake no se encuentra la respuesta a la cuestión de la causa primera, del origen de todo, del campo morfogenético primordial que precediera a todos los patrones sucesivos. Para ser justos debemos reconocer que tampoco sabemos qué había antes del Big Bang, ni cómo se inició la vida a partir de compuestos inertes. Tal y como les anunciaba unas líneas atrás no hemos descrito una teoría científica, porque no ha sido suficientemente acreditada; el propio Sheldrake así lo reconoce en sus trabajos; no obstante, no se puede negar que es un intento imaginativo y arriesgado de completar las explicaciones sobre los mecanismos de transmisión hereditaria.

A lo largo de capítulos sucesivos hemos conocido al maestro espiritual Master Oh, repasado asuntos como la influencia beneficiosa de la meditación, acatado las leyes que gobiernan los cielos y la tierra y sabido más sobre la edad y el origen del universo, impenetrable y sobrecogedor; también hemos revisado diferentes puntos de vista sobre la misteriosa influencia de esa forma de expresión universal que son las vibraciones, su omnipresencia y

45. WILBER, K. (ed.). (2023), *Cuestiones cuánticas. Escritos místicos de los físicos más famosos del mundo*. Editorial Kairós.
46. SHELDRAKE, R. (2011), *Una nueva ciencia de la vida: la hipótesis de la causación formativa*. Editorial Kairós.

su condición causal de todo aquello que conocemos. Hemos profundizado sobre el más humano, probablemente, de todos los sentimientos, la espiritualidad. Credos y deidades que han sido a lo largo de la historia hasta llegar a nuestros días. A continuación y a modo de desenlace, me propongo exponer un conjunto de testimonios científicos y espirituales. Una breve descripción de las cosas que sabemos, de las cosas que comprendemos y de las cosas que no comprendemos explicadas por sus protagonistas.

Capítulo VI

Testimonios y opiniones

La incredulidad resiste más que la fe
porque se sirve de los sentidos.

Del amor y otros demonios.
GABRIEL GARCÍA MÁRQUEZ (1927-2014),
Premio Nobel de Literatura

En el capítulo que sigue hemos intentado describir la práctica de Master Oh y sus efectos solicitando la contribución de terceros. La voluntad de este apartado es completamente expositiva, sin añadir ni restar, sin juicios de valor. Describiremos las experiencias y la transformación de muchas personas, en muchos lugares del mundo, contada por ellas mismas, personas de todas las clases y condiciones, hombres y mujeres de Países Bajos, Inglaterra, Sudáfrica, México, Corea del Sur o España, de manera que el lector podrá decidir por sí mismo sobre la profundidad de los testimonios. Por otro lado, y a modo de compendio y de contexto, añadiremos opiniones de científicos reconocidos en sus respectivas disciplinas; de ese modo haremos discurrir en paralelo y sin necesidad de confrontación entre pareceres unas concepciones de la realidad y otras. La descripción del universo, las experiencias cercanas a la muerte, la vibración como lenguaje simbólico universal y sus analogías con las teorías de campos y la física de partículas, las leyes de la termodinámica y de la conservación de la energía expuestas al lado de la cuestión del Karma y los ancestros, la relación entre la energía y los desórdenes mentales, y estos, a su vez, descritos como causalmente relacionados con patologías severas. Por supuesto, retrataremos a Master Oh a través de su pensamiento, su recorrido por la vida y su propia transformación.

No es ninguna casualidad que haya elegido este capítulo para cerrar el libro. Estoy seguro de que el lector que haya llegado hasta aquí sabrá sopesar mucho mejor el contenido de los testimonios que se recogen en estas líneas después de haber leído el resto de capítulos. Creo que es más fácil fijar la posición de cada quien con respecto a los postulados de Master Oh cuando se conocen las opiniones, las observaciones, los descubrimientos o los avances, desde todos los puntos de vista, en cuestiones como la meditación, la influencia de las vibraciones, la génesis del universo, la transmisión hereditaria de caracteres físicos o emocionales, o la certeza de que existe un mundo invisible asombrosamente más grande, probablemente también más influyente, que el mundo que sí podemos ver. Por mi parte, solo puedo decirles que ninguna de las entrevistas estuvo preparada con anterioridad y que, por supuesto, nos limitamos a recoger el relato de las experiencias de aquellos que quisieron prestarlas de forma desinteresada.

Master Oh

Master Oh nació en un pueblo bonito y tradicional de las montañas de Corea del Sur y creció en una casa junto a otros diez miembros de su familia. Todas las mañanas llevaba a su vaca a la montaña a pastar y, muchas veces, también la recogía después del colegio. De entre todos los miembros del grupo familiar, Master Oh sentía predilección por su abuela, una mujer cariñosa, respetada por todos en el pueblo y adornada con una espiritualidad profunda; ella fue su maestra y su guía. Desde muy pequeño Master Oh tuvo problemas relativamente graves de salud: fue un niño de digestiones difíciles y constitución enfermiza, se sentía débil y mareado la mayor parte del tiempo y tuvo que ser hospitalizado en numerosas ocasiones. A veces unas dolencias favorecen la aparición de otras, y Master Oh se vio aquejado además por irritantes dolores de espalda y rodillas, migrañas y trastornos renales que le hacían la vida imposible. La concurrencia de males trajo como consecuencia el estado casi permanente de ansiedad, lo que a su vez le provocaba ataques de pánico; desarrolló una fobia social tan acentuada que le impedía relacionarse de manera natural con los demás o aprender al mismo ritmo que cualquiera otro chico de su edad en el colegio.

Su abuela probó todo lo que buenamente podía probar para atajar sus desórdenes; solía recurrir a sanadores tradicionales, pero los males estaban bien enraizados y no podía atajarlos de ninguna manera. Master Oh seguía preso de la enfermedad física y de sus consecuencias mentales. Abrumado por la situación, buscó en su interior los recursos que nadie alcanzaba a prestarle a su alrededor. Master Oh empezó a tener indicios de esperanza cuando, de manera cada vez más frecuente, soñaba de forma muy vívida con una idea abstracta relacionada con una forma de vibración, con una suerte de vibración sanadora y omnipresente. Él no podía saberlo entonces, pero al cumplir los 23 años descubrió el significado de aquellos sueños infantiles tan misteriosos y reparadores.

Sucedió durante su primera visita a un centro Sun Kyeong en Corea del Sur, Master Oh sintió allí mismo los efectos de aquella vibración tan especial, y supo, sin asomo de duda, que aquello era el mensaje que le enviaban los sueños. Le invadió una sensación de paz y de amparo desconocida, sintió que allí estaba su sitio, que el centro era su casa, que su vida estaba a punto de cambiar y que, sirviéndose de su experiencia reparadora, podría ayudar a muchas personas, además de a sí mismo.

Meditando sobre su vivencia y habiendo comprobado el poder de la mente, entendió con claridad que algo más grande que nosotros y más poderoso velaba por todos y por todo. Algo como una Mente que es fuente de vida y que se sirve del lenguaje universal de la vibración para extender su influencia beneficiosa. Cualquiera de nosotros debería poder sentir esta vibración, porque está dentro de todos nosotros, en nuestro espíritu. Entonces Master Oh descubrió que ese lenguaje oscilatorio era la herramienta que él tenía a su alcance para ayudar a cualquiera que lo necesitase, como en su día lo había necesitado él mismo. Master Oh enseña que hay diferentes campos vibratorios, los que se corresponden con los entes físicos y los que son propios de la divinidad. La luz divina es la vibración más alta, luminosa como el mismo sol. La vibración de nuestras mentes nos permite conectar con nuestros semejantes. Cuando la luz que tenemos en la mente es brillante, tenemos acceso a los dones de la sabiduría, creatividad, productividad y felicidad. Todos podemos recibir esta luz de la Mente del Universo, porque es la fuente de vida; está hecha de luz, amor y energía sin fin. Todos los seres vivos comparten esa misma luz, todos están conectados a la mente del universo, ese es el principio de la vida.

Sanación Ancestral

Después de muchas ceremonias con su abuela, descubrió que, al conectarse con sus ancestros, accedía a la mente del universo. A través de la Sanación Ancestral recibió esta vibración, que despejó su mente, curó su cuerpo y le ayudó a recobrar su vida.

Master Oh explica que todos tenemos un cuerpo, una mente y un espíritu. Pero cuando nuestra vida física termina, nuestro espíritu y nuestro cuerpo se separan. Ese es el comienzo de la vida espiritual. Algunos ancestros quedan atrapados en sus patrones físicos y permanecen en este mundo, compartiendo su vibración con nosotros. Solo en un cuerpo físico podemos cambiar nuestra luminosidad y establecer el patrón necesario para, más adelante, regresar a la fuente.

Durante las ceremonias de Sanación Ancestral, los descendientes tienen la oportunidad de sintonizar con la vibración de la mente del universo, que proporciona la luz divina, la sabiduría y el poder que los ancestros necesitan para ir a la fuente. Durante el programa, los descendientes actúan como el vehículo, el cuerpo físico que los ancestros necesitan para liberar su Karma, sus apegos y sus patrones. Durante 21 días, los ancestros caminan junto a los descendientes de forma mental, física y espiritual. Reciben la vibración de la mente del universo, de tal forma que los ancestros pueden recibir a través de ellos la luz, el poder, la sabiduría y la fuerza para regresar al mundo de la luz. Solo con un cuerpo físico puedes cambiar tu mentalidad para transmitir tu luz, amor y energía para encontrar tu verdadero yo y lograr la conexión que necesitas con la mente del universo.

Después de la Sanación Ancestral, las personas se sienten mucho más ligeras, se liberan de sus cargas y patrones, comienzan a sentirse a sí mismas.

Cómo empezó todo

Todo empezó en las montañas, cuando dos Grandes Maestros conectaron con las divinidades y fueron introducidos en el método de sanación de los ancestros y la vibración de la mente del universo para trascender los pensamientos humanos. Las montañas desempeñan un papel muy importante, actúan como un conducto, reciben esta energía invisible de la Mente del Universo, así como la energía física del sol. Nos proveen de todo lo que necesitamos: comida, refugio, agua… Este sistema tan bonito está ahí para sostener la vida humana; sin embargo, a menudo no apreciamos esta bendición. Esta desconexión hace que no recibamos lo que estamos destinados a recibir de la naturaleza y del universo.

Cómo llegar a ser un Maestro

El primer paso es sumergirse en la naturaleza para conseguir trascender sus mentes y patrones, y aprender técnicas de autosanación. Luego, la mente del universo les enseña cómo discurre el mundo divino y cómo nosotros podemos conectar con las divinidades de las montañas. Finalmente, aprenden a recibir esta vibración superior para compartirla con la humanidad.

Los cánticos, propone Master Oh, nos ayudan a crear la misma vibración que la mente del universo. A través del canto, nuestro sistema se abre, permitiéndonos absorber más amor, luz y energía. Al permitir que nuestra vibración se alinee con la del universo, nos convertimos en parte de él.

El poder de una sonrisa es asombroso, es una bendición del universo. A menudo, lo que experimentamos no tiene por qué hacernos sonreír, por lo que no apreciamos suficiente esta bendición. Sonreír ilumina nuestros ojos y oídos, permitiéndonos percibir la belleza y la bondad que nos rodea. Aunque es simple, este acto tiene un poder inmenso, nos mantiene receptivos a la positividad. La práctica constante de sonreír, independientemente de nuestras circunstancias, nos ayuda a mantenernos conectados con nuestra esencia y espíritu, nos mantiene abiertos a la belleza de la vida.

Paola
Ciudad de México

Paola es una abogada de 41 años que trabaja como directora jurídica en una compañía multinacional. En diciembre de 2022 le fue diagnosticada una enfermedad autoinmune llamada síndrome de Sjögren; el trastorno consiste en un ataque del sistema inmune a las glándulas que humedecen los ojos y otras partes del cuerpo. Las tareas más sencillas empezaron a volverse casi imposibles para Paola; ir al cine, conducir, observar la pantalla de la computadora...

Mientras comenzaba su tratamiento médico, Paola encontró un centro Sun Kyeong y decidió que sería una buena idea adquirir fortaleza espiritual para hacer frente a su enfermedad; los resultados fueron sorprendentes. Cuando su dolencia estaba controlada y su ritmo de vida volvía a la normalidad, Paola contrajo en el mar una infección ocular de origen micótico viral que volvió a complicarlo todo. Sometida a tratamiento médico intensivo, vivió un tiempo con la angustia y el temor de perder un ojo. Nuevamente decidió fortalecerse interiormente y obtener de su yo espiritual la energía y los ánimos para enfrentarse al problema. Paola confió en Master Oh y su práctica, la cual simultaneó con los cuidados médicos; recurrió a la Sanación Ancestral, participó en las ofrendas a sus antepasados y sintió con claridad que estaba llena de una nueva energía después de completar el ritual. Hoy, cerca ya de recibir el alta médica, Paola se siente agradecida al centro Sun Kyeong y a su Master, Yang, por haberla ayudado desde el interior a superar todas las dificultades y a alcanzar la sanación. Paola explica que sus propios médicos muestran extrañeza ante la progresión positiva de su enfermedad y se sienten incapaces de ofrecer una explicación convencional. Paola recomienda a todo el mundo el cultivo del espíritu y la fuerza interior. Ella sabe mejor que nadie de qué manera nuestra espiritualidad coopera con el bienestar y las fuerzas de nuestro propio cuerpo físico.

Margarita Becerril
Ciudad de México

Margarita es cirujano oftalmóloga; ella nos confirma que la lesión de Paola es grave y que no hubiera sido en absoluto extraño que terminara con pérdida de globo ocular y necesidad quirúrgica de evisceración. Nos habla de un cuadro insidioso y de unas posibilidades de tratamiento exitoso de alrededor del 50 %.

A la vista de las imágenes diagnósticas, nos habla de queratitis micótica y del agua como posible vehículo de transmisión.

Candy
Ciudad de México

Candy es una mujer mexicana, madre de dos hijos, osteópata de profesión, propietaria de una clínica en la colonia Condesa, que dirige respaldada por un equipo de siete profesionales más.

El caso de Candy es impactante; uno de sus hijos, de 14 años de edad, fue diagnosticado de trastorno bipolar. Candy consultó a varios psiquiatras y comenzó un tratamiento médico intensivo; estaba dispuesta a hacer cualquier cosa para ayudar a su hijo. Los resultados que esperaba no llegaban, o llegaban demasiado lentamente; todo evolucionaba casi de forma imperceptible, incluso alguna vez, en lugar de avanzar, retrocedía. Fue entonces cuando conoció un centro Sun Kyeong y pensó en recurrir a la energía interior, espiritual, para poder a su vez ayudar a Carlos. Rápidamente experimentó sensaciones desconocidas y beneficiosas; fue entonces cuando decidió llevar a tratamiento a su propio hijo. Ambos hablaban de una mejoría considerable; los brotes se espaciaban entre ellos y Carlos parecía estar mucho mejor. Candy decidió profundizar en su rearme espiritual y optó por hacer Sanación Ancestral. Después de la cuarta ceremonia el espíritu de Candy se sosegó; según sus propias palabras, sintió una enorme gratitud y comprendió que algo había cambiado. Los brotes de Carlos no han vuelto a repetirse; además, y sin que pueda explicar el porqué, las relaciones con su familia en general, y con su padre en particular, se han restablecido después de muchos años de desavenencias.

La historia de Candy es una historia emocionante, llena de valor y determinación, de fe y de voluntad, con un final muy feliz.

Carlos
Ciudad de México

Carlos es el hijo de Candy; podríamos empezar y acabar el relato diciendo que parece un chico feliz. Carlos nos habla con una madurez que quizá excede a la que se espera de un joven de 14 años, de su pasado, de sus enojos, de las inacabables consultas; dice de sí mismo que es un chico movido y que a veces eso ha sido un problema. Cuando su mamá lo llevó al centro Sun Kyeong se sintió aliviado desde la primera sesión y ya no ha vuelto a dejar los tratamientos. Nos explica que no solo han mejorado su salud emocional y su salud física, sino que ha restablecido una relación con su madre tan buena como no la recordaba.

Es un chico ilusionado con la vida, le gustan el boxeo y el fútbol y quizá un día llegue a ser abogado.

Laura
Ciudad de México

Laura es directora de recursos humanos para México y Colombia de una compañía tecnológica orientada a la educación, y también es madre de dos hijos. Ella conoció las prácticas de Master Oh mientras atravesaba una mala racha en lo personal; salía de una relación decepcionante, y en lo profesional, se había quedado sin empleo; además, las secuelas de la pandemia de 2020 todavía eran muy visibles.

Una amiga la animó y la empujó a conocer los tratamientos de energía. Laura no tenía grandes expectativas, de modo que, algo escéptica, acudió al centro Sun Kyeong. Cuando Laura recibió su primer tratamiento supo que no sería el último, un torbellino de emociones la asaltó y le hizo llorar, la tristeza le abrumaba; a pesar de todo, sintió que en eso consistía el desbloqueo energético y decidió perseverar.

Rápidamente sintió que empezaba a recobrar la energía perdida y eso le permitió ver la vida desde un ángulo más positivo, con más amor, con más compasión. Entonces decidió llegar hasta el fondo e hizo un tratamiento ancestral y una ceremonia de bendición del hogar. Pasados los meses, Laura está segura de que aquello fue un gran punto de inflexión en su vida.

La suerte cambió, su optimismo creció y, en un corto espacio de tiempo, volvía a ser la profesional cotizada y segura de sí misma que siempre fue. Recibió ofertas de trabajo y ofertas para su nueva consultoría; empezó a pensar con una claridad que creía olvidada. Para Laura hay una relación de causa-efecto evidente entre su encuentro con Master Oh y la impresionante mejoría de su situación. Ahora incluso se siente mejor persona y también llena de confianza.

Marta Arellano, Marti
Ciudad de México

Marti es una mujer hermosa, alegre y buena conversadora, nacida en Cuba, criada en México y residente en Madrid. Su primer encuentro con Master Oh fue algo atropellado y no demasiado prometedor. Marti creció en el seno de una familia de católicos practicantes, por lo que su faceta espiritual estaba razonablemente desarrollada, si bien en un sentido de práctica estricta. Un viernes por la noche de un noviembre lluvioso y desapacible, una amiga le insistió para que conociera a un maestro de la energía coreano que estaba realizando tratamientos en su propia casa. Marti no pudo o no supo encontrar la manera de zafarse del compromiso y, bastante en contra de su voluntad, acabó acudiendo a la cita. Conviene al caso reconocer que, como ella misma nos cuenta, atravesaba un período turbulento, sufría episodios agudos de ansiedad y algún brote depresivo; todo ello sin causa aparente porque, hablando de sí misma, dice que siempre tuvo lo que podríamos considerar una buena vida.

Por una razón o por otra, allí estaba, en casa de su amiga aquel viernes de aquel mes de noviembre, a punto de recibir un tratamiento de energía de las manos de Master Oh. Mediante la técnica de digitopresión, el maestro comenzó a tratar a Marti, que al principio no notaba nada, pero que poco a poco empezó a sentir cómo se liberaban sus emociones hasta que le sobrevino un pensamiento de manera espontánea: *ya llegué, ya estoy en casa*.

Todo resultaba muy enigmático, aunque lo percibió con claridad; más que un par de frases parecía un código que necesitaba descifrar. Su escepticismo y su espiritualidad católica se habían dado de bruces con su ser emocional y se sentía intrigada y confusa. Como previendo sus sentimientos, una joven master le habló allí mismo acerca de la importancia de los ancestros y de su manera de influir en nosotros, en los descendientes. Le habló con tanto entusiasmo de las ceremonias de Sanación Ancestral que, el domingo, solo dos días después de su tratamiento, Marti tomaba un avión con destino a Londres para participar en la ceremonia de Sanación Ancestral. Todo el rito, tan ajeno a su cultura, consiguió apaciguar su espíritu y desatar un torrente de emociones, y Marti lloró y lloró, lloró con lágrimas nuevas y antiguas, con lágrimas balsámicas que empapan la conciencia y hacen las paces y buscan la luz. Todavía hoy, relata, cuando ofrece vino a los ancestros se siente plena de emoción.

Marti ha asumido que, del mismo modo que heredamos de nuestros ancestros rasgos físicos, o determinadas habilidades, también heredamos patrones de conducta, comportamientos, luces y sombras, y nosotros podemos intervenir y llenar de luz los espíritus de aquellos que nos precedieron.

Zahid Ali

Ciudad de México

Zahid ha completado las primeras cuatro décadas de su vida. Antes de incorporarse al equipo de Master Oh, Zahid era especialista en publicidad digital, un negocio vertiginoso y, a veces, excesivamente exigente.

Conoció a Master Oh gracias a un amigo de la familia. Atravesaba por entonces una etapa llena de problemas de salud, hacia 2013. La Sanación Ancestral es el tratamiento que le impresionó más; la ayuda de sus ancestros, explica Zahid, le procuró la energía necesaria para ayudar a su sistema inmunitario. Se volvió más feliz, más paciente y se olvidó de todo el dolor. Previamente había recurrido a un equipo de profesionales que intentaron ayudarle pero no lo consiguieron. Sufría «fatiga crónica, estrés, ansiedad, agotamiento». Perdió mucho peso y nadie a su alrededor disimulaba su preocupación. Gracias a Master Oh pudo empezar a hacer deporte; su familia le veía bien. Otros Masters le ayudaron a sanar. Habiendo observado su propia e inesperada recuperación, decidió estudiar y prepararse para llegar a ser, él mismo, un Master. Su antiguo trabajo le parecía ahora aburrido comparándolo con la posibilidad de ofrecer ayuda a cualquiera que la necesitase. En el centro de Sun Kyeong de Londres ayudó con muchas ceremonias y se familiarizó con las técnicas. Así hasta que el mismo Master Oh le ofreció la posibilidad de convertirse en un Master y él, naturalmente, aceptó. Le gustaba sacrificarse para ayudar a otra gente. Se preparó en Londres y en Corea del Sur. Ahora daba por bien empleados los cinco largos años de preparación que mediaron entre su decisión y su ingreso en el grupo de los Masters, y puede sentir con fuerza renovada, todos los días, la beneficiosa conexión con la Mente del Universo.

Maru Ortiz
Ciudad de México

Maru fue, hasta hace un año, diseñadora de modas. De un año a esta parte se dedica al coaching de salud funcional. La historia de ella es la historia de tantos; sin ninguna razón especial, le atacó una enfermedad autoinmune relacionada con la glándula tiroides; para hacer frente a la dolencia se dispuso a llevar a cabo un cambio drástico de hábitos, incluyendo su alimentación. Maru sintió que para alcanzar el éxito necesitaba completar la disciplina física con limpieza y claridad espirituales. En unas jornadas sobre el particular, casi por casualidad, Maru conoció a Master Oh. Durante su intervención, no más de 20 minutos, los argumentos de Master Oh le convencieron por completo e inició una serie de tratamientos de energía que le devolvieron la vitalidad y le llenaron de ánimos para vencer a la enfermedad; empezó a sentir claridad mental y a notar cómo remitían los episodios de ansiedad, de fatiga y de depresión, según ella misma relata.

Maru ahora ha participado en ceremonias de Sanación Ancestral y se siente una persona nueva, está feliz y llena de paz y de amor. Según explica ella misma, Master Oh le enseñó a no preguntarse el porqué yo, sino el para qué, le enseñó a abrazar el padecimiento y, solo a partir de entonces, empezó a sanar. Para Maru, Master Oh es un guía, un ser luminoso lleno de conocimiento que inspira paz.

Fabiola Merlos
Ciudad de México

Fabiola nos cuenta una etapa de su vida en la que lo pasó muy mal porque fue contagiada por covid. Al recuperarse contactó con el centro Sun Kyeong para someterse a un tratamiento de energía. Los Masters le contaron que el motivo de la falta de energía y el dolor no eran únicamente debidas a las secuelas del covid, sino que parte de ese dolor viene dado por los ancestros, porque dejan parte de su energía en sus descendientes. Fabiola se sentía cansada, agotada, sin ganas de hacer nada, y al salir del tratamiento se sintió con mucha vitalidad, motivación, con más energía y apetito. Tiempo después le detectaron cáncer de pecho. Devastada por la noticia, tomó la decisión de pasar el proceso de quimioterapia ayudándose de tratamientos de energía de Master Oh. Nos asegura que dicha energía era lo que le brindaba fuerzas para afrontar su enfermedad; «Master Oh me dijo, como tú veas la enfermedad es como la vas a pasar», y gracias a sus tratamientos pudo ver la quimioterapia como una posible salvación y no como un aspecto negativo.

> **Los doctores me decían, traes mucha vitalidad en la cara. El elemento más importante es la gratitud, por lo que te pase o lo que no te pase.**

Doña Irma
Tepoztlán, México

Doña Irma es una mujer amable, llena de bondad, nos ha abierto las puertas de su casa y las de su corazón para que nosotros podamos entender la importancia que tiene en México el Día de Muertos. No es un día triste para ellos, es una celebración; en México la gente mira a sus ancestros con respeto y con cariño, sin temor y sin tristeza. En las casas se prepara un altar y se llena de ofrendas, de alimentos, bebidas o incluso tabaco, de todo aquello que en vida disfrutaba el muertito.

Para honrar a los ancestros hay que trabajar mucho, doña Irma y su familia preparan mole verde, mole rojo, pollo, tamales gordos, arroz con leche, frutas en abundancia y pan dulce llamado pan de muertos, tortillas y frijoles y un sinfín de platillos y caprichos. Al día siguiente, solo después de las 12, convocan a los familiares para disfrutar juntos del banquete. Antes de esa hora el muertito podría no haberse regresado al cementerio. Para estar seguros de que los ancestros encuentran la casa, los guían por el olfato, especialmente a través del mole verde, que es muy aromático, y un camino de cempasúchil, las hermosas flores anaranjadas mexicanas que guiarán sus pasos facilitando el reencuentro anual. También ellos, los vivos, visitarán el panteón de los que se fueron, se asegurarán de que todo esté limpio y ordenado y les ofrecerán velas y música, y les harán compañía durante horas, al menos mientras las velas permanezcan encendidas.

En estas fechas no se olvida nadie de obsequiar a los niños con dulces, con los vecinos y amigos se comparte un ponche de leche hecho a base de pasas, canela, azúcar, por supuesto leche y algo de ron.

Con estos festejos nadie se extraña de que los ancestros vuelvan todos los años.

Gail Johnson

Soweto, Johannesburgo, Sudáfrica

Los ojos de Gail han visto casi todo lo que los ojos de una mujer pueden ver, está hecha a la tristeza, a los malos tratos y a la enfermedad porque ese es el espíritu que acompaña a todas aquellas que la necesitan. Dirige el centro de acogida para mujeres maltratadas Nikois Heaven, una maravillosa residencia de largo plazo para mujeres infectadas con el temible VIH, para sus hijos y, desde la pandemia, también para las que sufrieran de malos tratos. Las residentes suman un total de 35, los niños 85.

A pesar de las historias que todo el mundo allí arrastra, el apoyo del centro y la mentalidad colectiva hace visible un destello de esperanza; todo el mundo en la residencia cree que podrá obtener otra oportunidad.

La directora nos cuenta que, parte de su trabajo, es transmitir energía a sus residentes para que puedan afrontar mejor sus problemas. La felicidad, aunque llegue en pequeñas dosis, es imprescindible para una recuperación completa. Es conmovedor observar la alegría de estas mujeres maltratadas por la vida cuando escuchan a Master Oh. Se sienten afortunadas y llenas de energía, su ser interior se fortalece y ayuda a su vez a fortalecer sus cuerpos. A ella le gustaría ver a Master Oh con más frecuencia; dice que les ayuda y les brinda energía y tranquilidad. Cree que todo el mundo debería ser como él, por eso sus residentes lo adoran.

Samantha
Soweto, Johannesburgo, Sudáfrica

Lleva residiendo en Nikois Heaven tan solo cuatro meses, y como todo el mundo aquí arrastra una historia de las que pesan en el alma. En el centro ha encontrado apoyo y comprensión, un camino y una oportunidad de rehacer su vida.

En su búsqueda de sanación física y mental ha conocido a Master Oh y cree que él es la expresión de la luz y de la energía; dice haber aprendido a conectar su espíritu con el todo universal y a atraer hacia sí misma cosas buenas, a cambiar su destino. Samantha no es muy religiosa pero sí se considera una mujer espiritual, le gusta que Master Oh hable del poder de la sonrisa y comparte con él la opinión de que es verdadero y grande porque nos permite conectar los unos con los otros.

Ella valora mucho la asistencia energética y anímica que todo el equipo de Master Oh les ofrece; en cierto modo, le gustaría ser como ellos y poder ayudar a otras personas a contener la depresión y el estrés.

Conocer a Master Oh y a su equipo ha sido una suerte. Son maravillosos.

Lumquana
Soweto, Johannesburgo, Sudáfrica

Lumquana vive en el centro desde 2015; ha llovido mucho desde entonces. Su estado natural es de cansancio físico y tristeza, está en pleno proceso de recuperación, pero es optimista, le gusta que le sonrían porque eso es bueno. Sobre su experiencia con Master Oh, nos dice que es diferente a todo, que cuando él la trata siente como si su cuerpo y su mente se disociaran y adquiriera un plano de conciencia superior. Todas en el centro, reflexiona, lo vemos como un hombre que conoce la mente humana, que puede ayudarnos a que lleguen las oportunidades.

Ojalá vuelva muy pronto.

Cynthia
Soweto, Johannesburgo, Sudáfrica

Cynthia es matrona residente en Nikois Heaven; el centro es su vida y conoce bien los secretos del alma. Antes de que Master Oh la tratara sentía dolor; la fatiga es su compañera habitual, de modo que se sorprendió al sentir cómo su cuerpo se aligeraba hasta flotar y la inundaba una sensación agradable. Sus compañeros coinciden con Cynthia cuando opinan que necesitan a alguien como Master Oh. Reza para que pueda volver con más frecuencia; él la hace sonreír y su sonrisa la vuelve más luminosa, y el dolor de cabeza que constantemente la aqueja desaparece.

Frances Owabe
Soweto, Johannesburgo, Sudáfrica

Estamos en el histórico lugar llamado Soweto, a unos kilómetros de Johannesburgo. Frances dirige el colegio Rena Le Nona, es un hombre afable y pausado de 43 años; todo en él sugiere compromiso y vocación de servicio. No es casual que *Rena Le Lona* signifique en zulú «estamos contigo». En el centro atienden durante períodos del día a más de 250 niños y él está orgulloso de todos ellos; defiende la necesidad de obtener oportunidades a través de la educación y nos habla de varios casos de éxito entre los chicos. De entre sus muchas preocupaciones destaca la financiación; el Estado no puede hacerse cargo de la institución y necesitan recurrir a las donaciones privadas; no es nada raro que su equipo de colaboradores trabaje sin remuneración durante espacios de tiempo prolongados.

Para Master Oh solo tiene palabras de agradecimiento; su presencia inspira paz y luminosidad a los chicos, sus tratamientos de energía les dan las fuerzas que necesitan para proseguir con su misión y, además, Master Oh es uno de los benefactores del centro.

One Chain
Soweto, Johannesburgo, Sudáfrica

Así le gusta que le llamen a este muchacho de 17 años, de expresión amable y aspecto moderno, como corresponde a un chico de su edad. Así le llamaremos. Alumno del Rena Le Nona, acude al centro tres días por semana después del colegio y practica danza y otras expresiones artísticas, reconoce que la vida es muy complicada, pero se muestra optimista y está contento con el lugar y con la vida. Se siente acostumbrado a su entorno y a sus dificultades y cree que siempre hay una salida para vencer cada dificultad.

One Chain conoció a Master Oh antes de 2020 y la terrible pandemia del coronavirus; en ese momento, One Chain se sintió diferente y seguro de sí mismo, pensó que a partir de ese momento le iban a pasar cosas buenas.

Bankemo
Soweto, Johannesburgo, Sudáfrica

Tenemos ante nuestras cámaras a una niña de 13 años; Master Oh acaba de hacer a los chicos tratamientos de energía. Bankemo dice sentirse llena de energía, aliviada y, sobre todo, llena de paz. No es la primera vez que coincide con Master Oh; a pesar de su juventud es ya una veterana, una asidua del centro, al que acude después de las clases regulares en el Rena Lenona. Nos cuenta, orgullosa, que tiene por lo menos una veintena o treintena de amigos…

Bojo Hava
Soweto, Johannesburgo, Sudáfrica

Boja es un joven docente del Rena Lenona de 27 años. Estudió teatro, practicó fútbol y trabajó duro para poder ayudar y enseñar a otros jóvenes con historias parecidas a la suya. Nos explica que Master Oh acude al centro todos los años más o menos por las mismas fechas; ellos ya han coincidido varias veces. De Master Oh reciben energía para sobrellevar el trabajo y la responsabilidad. Bojo es responsable de diez alumnos.

Manel Sans Segarra

Barcelona, España

Doctor en Medicina y cirujano

Tenemos delante de nosotros a un hombre inusualmente sabio; durante la entrevista demuestra conocimientos profundos sobre disciplinas científicas diversas y una preocupación por los aspectos espirituales poco común en algunos hombres de ciencia. Casi como una cuestión preliminar, el doctor nos recuerda su condición de científico, por lo tanto, interesado en las causas constatables que provocan cualquier fenómeno y en el mecanismo íntimo de funcionamiento de las cosas.

En su constructo intelectual encontramos una primera singularidad, y es que considera al método cartesiano incapaz de resolver determinados fenómenos, generalmente relacionados con la conciencia, el alma o el espíritu. Esta conclusión no es aventurada porque proviene de un verdadero especialista en ECRs (experiencias cercanas a la muerte), durante muchas de las cuales Sans Segarra ha podido constatar la presencia de una especie de conciencia no local, expandida, que permitió a muchos de sus pacientes desdoblarse, salir de su propio cuerpo y observar desde un plano superior todo lo que allí estaba ocurriendo; también ha podido comprobar que ninguno de los pacientes clínicamente muertos quería regresar. Si bien hay que aceptar que, desde un punto de vista antropológico, el ser humano es cuerpo o materia y mente o emociones, todas sus vivencias han llevado al doctor a la seguridad de que la esencia humana no es el cuerpo, sino la parte espiritual, y que esa parte más emocional no es simplemente una consecuencia de la actividad neuronal.

Sans Segarra está seguro de que nuestro cuerpo solo es un uniforme que nos presta el universo para transitar por la vida y que, al morir, nos desprendemos de él como el que se desprende de sus ropas. Opina que no se puede dudar de la existencia de una mente primera, una inteligencia ordenadora que dictó las leyes del universo y a la cual estamos irremediablemente unidos. (Es la misma Mente del Universo que nos enseña Master Oh, nuestra propia conciencia forma parte de esa mente inicial.)

Cree firmemente que, al morir, los seres queridos que nos precedieron vienen a buscarnos para facilitar el tránsito entre las dos formas de vida; se remite a las leyes de la termodinámica para asegurar que la energía que somos no se crea ni se destruye, sino que simplemente se transforma. El estado natural del ser humano solo en apariencia es material; si descendiéramos desde nuestros órganos hasta nuestros tejidos, y de ahí a nuestras células, y de las células a las moléculas, y de estas a los átomos, con sus núcleos y sus electrones en continuo movimiento, comprobaremos que somos una forma de energía, de fuerza electromagnética que nos mantiene en un estado vibratorio perpetuo.

Este principio tan elemental del estado vibratorio conduce a Sans Segarra a refugiarse en los postulados de la mecánica cuántica para explicar sucesos y consecuencias que el método científico no puede resolver. Las ondas, los pensamientos, las emociones, asegura, están detrás del 90 % de las enfermedades y padecimientos. En nuestras sociedades es común sufrir de estrés, depresión, ansiedad, que, en último término, agrietan nuestro sistema inmunológico, lo debilitan, impidiéndole hacer su trabajo y abonando el terreno para la proliferación de las patologías.

Gracias por su charla, doctor.

Arianna

Barcelona, España

Ilustradora, natural de Génova. Ella encontró los centros Sun Kyeong casi de casualidad, probablemente porque considera que la energía interior es lo más importante que poseen las personas. Después de varios tratamientos de energía conoció la existencia de las ceremonias de Sanación Ancestral y algo en su corazón le impulsaba a profundizar. Ella nos habla de su tradición cultural cristiana, si bien eso no ha sido obstáculo para desarrollar una sensibilidad espiritual más general. En el curso de las ceremonias de sanación conoció a Master Oh, del que opina que es un gran maestro y un ser luminoso.

Las ceremonias supusieron para Arianna un viaje emocional; pudo ver cosas que nunca había visto y sentir cosas que nunca había sentido. Se llenó de paz y sintió a la vez alegría y unas ganas inmensas de llorar. Pudo ver cómo el mundo de las sombras se desvanecía y todo en su mundo invisible se llenó de luz.

Arianna también quiso bendecir su hogar, ponerlo al amparo de las divinidades y obtener protección y paz; durante la ceremonia se le representaban insistentemente imágenes de rosas rosas; curiosamente cuando días después celebró su cumpleaños, todos los asistentes le obsequiaron rosas del mismo color. Un episodio muy singular, sin duda.

Master Oh

No podemos olvidar que Londres fue una especie de lugar de acogida para Master Oh; él aquí se siente como en casa y le gusta recordar sus tiempos londinenses. Hoy es un día especial; lo tenemos sentado delante de las cámaras y le vamos a pedir que nos hable del mundo invisible, uno de los grandes misterios no solo filosóficos; también la energía y la materia oscura son desconocidos para los astrofísicos.

> **Existen dos mundos en este universo, el mundo físico y el invisible. Nuestro espíritu y mente forman parte de este mundo invisible. El mundo invisible apoya al mundo físico. En el universo existe una fuente de vida que desprende una energía ilimitada de luz, amor y energía. Esta energía fluye hacia el mundo físico a través de un sistema invisible. En este sistema divino coexisten dos mundos, como el yin y el yang; la energía luminosa y la energía oscura.**
>
> **La energía luminosa cuida de la oscura, trabajan juntas para dar vida al mundo físico. La energía invisible sostiene toda la vida con su luz, amor y energía ilimitados. Los Masters dedican su vida a recibir esta vibración de la Mente del Universo, este amor universal, y van más allá de sus limitaciones y su mentalidad para sintonizar y canalizar esta vibración y energía.**
>
> **La Mente del Universo es la fuente de la vida. Es invisible, pero emite la vibración más bonita, compuesta por la luz más brillante, el amor más fuerte y la energía más poderosa. Con esta vibración, crea, guía y cuida de toda la vida. La naturaleza es el cuerpo de la mente del universo, está constantemente**

dando para que la vida continúe. Realmente quiero que cada persona sienta este amor de la Mente del Universo.

Es agradable escuchar a Master Oh exponiendo su filosofía; es un hombre que transmite paz, energía y luz cuando desarrolla sus argumentos.

Anna Harmsen
Londres, Inglaterra

Anna es mexicana de corazón y de cultura y algo alemana de sangre, aunque creció y trabajó en Inglaterra. Anna tuvo la suerte de poder hacer profesión de su pasión y trabajó en la industria del arte.

Todo en el discurrir de Anna parecía marchar bien, la vida le sonreía y se mostraba amable con ella hasta que, en el transcurso de un viaje a Brasil y Costa Rica, contrajo una infección muy peligrosa de vejiga especialmente resistente a los antibióticos. Después de intentarlo todo desde el punto de vista clínico, aquello parecía exceder la capacidad de los médicos, que empezaban a sentirse impotentes.

Esta enfermedad, que acabó convirtiéndose en una infección renal, persistió durante dos larguísimos años durante los cuales ella consultó a los mejores especialistas. Será porque los males nunca vienen solos, por lo que también fue diagnosticada con la enfermedad de Lyme y un síndrome de fatiga crónica. A pesar de su sufrimiento, Anna siguió trabajando. Como no encontraba la solución en la medicina convencional, empezó a explorar métodos alternativos de sanación, como la acupuntura. Se volcó hacia la espiritualidad practicando gratitud por su cuenta y buscando esa conexión con el universo y la naturaleza que intuía beneficiosa pero no conseguía encontrar.

Después de descubrir a Sun Kyeong y a Master Oh, sintió un cambio muy profundo en su salud y empezó una nueva vida llena de energía. Sus enfermedades se desvanecieron, considera Anna, gracias a la liberación de sus bloqueos energéticos. Recuperó su energía con los tratamientos, las clases de Qi y las ceremonias de Sanación Ancestral. Cuando se restableció, sintió enorme agradecimiento y también una corazonada, una llamada del espíritu, por eso decidió hacerse Master ella misma y de esa manera poder ayudar a otras personas.

Sophie
Londres, Inglaterra

Cuando conoces a Sophie descubres la bondad, su alegría, su mirada franca y su forma de ser, siempre amable, hacen de su caso un suceso prodigioso en el que se demuestra la importancia reparadora del espíritu.

Ella vivía lo que parecía una vida perfecta, pero internamente sufría de ansiedad, malestar e inseguridades, especialmente una sensación constante de estar en peligro. Trabajaba como directora de teatro y más adelante de televisión, pero sentía una falta crónica de energía y padecía problemas digestivos. Más adelante, un diagnóstico de anemia aplásica acabó convirtiéndose en un momento crucial en su vida.

Durante su período de hospitalización sintió un despertar espiritual muy profundo, conectó con lo que pensó que era su verdadero ser y sintió que dentro de ella anidaba una sabiduría dispuesta para guiarla y que había ignorado durante todo ese tiempo. Cuando descubrió a Master Oh, sintió cómo, tras un tratamiento, él liberó su energía bloqueada y, de forma inmediata, se sintió más ligera. Más tarde descubrió el proceso de Sanación Ancestral y se dio cuenta de que su ansiedad y su miedo inexplicable a la vida podrían venir de la experiencia que tuvieron sus ancestros, de estirpe judía, durante el holocausto.

Después de las ceremonias, experimentó una transformación mental y emocional muy profunda. Se sintió liberada de las emociones y pensamientos negativos del pasado, como si nunca le hubieran pertenecido. De repente adquirió una nueva percepción de sí misma, más fuerte, más llena de salud, mejor. Al cabo de unos meses, inspirada por Master Oh, decidió convertirse en Master para poder sanar y transformar la vida de los demás.

Melanie
Londres, Inglaterra

Melanie cuenta su viaje de autodescubrimiento y sanación. A pesar de una vida aparentemente llena de éxito, viajes y amistades, convivía con problemas tan frecuentes en las sociedades modernas como la baja autoestima y un odio hacia sí misma que la llevaron al agotamiento, la autodestrucción y la fatiga crónica. También sufría problemas digestivos.

Profesionalmente se desempeñaba como directora de teatro en Londres, se encontraba física y espiritualmente agotada, incapaz de disfrutar de la vida o de perseguir su pasión por entender el universo y el propósito de la existencia humana. Después de nueve años sufriendo problemas de salud y buscando alternativas, descubrió la práctica de Sun Kyeong. Al momento sintió una conexión profunda con Master Oh, sintió también que su sistema se empezaba a desbloquear.

Al cabo de dos meses vivió una experiencia transformadora.

Master Oh la conectó con su espíritu interior y le permitió recuperar su energía y vitalidad. Cuando descubrió el proceso de Sanación Ancestral realmente pudo encontrar la paz interior. Sintió cómo se había quitado de encima un peso enorme, por fin podía disfrutar de la vida, estar bien consigo misma y expresar su verdadera naturaleza.

Desde ese momento tuvo la necesidad de ayudar a los demás a abrir sus corazones y a conectarse a esta luz y amor que hay en nosotros mismos y a nuestro alrededor. Melanie sigue siendo Master a día de hoy. Cuando habla de Master Oh, dice que es un pionero, un líder humilde con un amor fabuloso por la humanidad.

Es pura energía, puro amor, y vive y respira esta filosofía.

Sue
Londres, Inglaterra

Sue recibió su primer tratamiento en 2006, después de sufrir problemas graves de salud de origen no físico durante 12 años: fatiga crónica, problemas digestivos, musculares, dolores de cabeza, problemas de concentración... No podía salir de casa, trabajar, ni hacer nada con sus días. Probó varios tratamientos terapéuticos y meditaciones, pero nada realmente marcó la diferencia hasta que descubrió la práctica de Sun Kyeong. Sue explica, emocionada, que solo entonces sintió que empezaba a ser ella misma de nuevo.

Unos meses más tarde empezó las clases de Qi y decidió sanar a sus ancestros a través del programa de Sanación Ancestral. Se sintió totalmente liberada, incluso su esposo le dijo que parecía diez años más joven. Más adelante, se dio cuenta de que quería ayudar a otras personas a encontrar la luz a través de esta práctica y decidió convertirse en Master.

Descubrió que cuanto más ayudaba a los demás, mejor se sentía ella misma. Al explicar qué siente un Master al tratar a otras personas nos cuenta cómo puede percibir diferentes bloqueos de energía en la persona, sentir sus emociones y descubrir áreas que están desequilibradas y vibraciones provenientes de los ancestros. Al hacer el tratamiento, ella sintoniza con la energía universal para poder compartirla y restablecer los equilibrios.

Kimmy
Londres, Inglaterra

Kimmy trabaja como médica de cabecera en Londres; es y piensa como una científica. A pesar de no considerarse a sí misma una persona espiritual, decidió apuntarse a un retiro de Master Oh en la isla española de Mallorca, quería profundizar en aquellas causas que no necesariamente vemos, tomar conciencia de cualquier patrón dentro de ella que no pareciera propio, que pudiera ser heredado. En el retiro hizo la Curación Ancestral y sintió como si le hubieran quitado un peso enorme de encima; eso era justamente lo que necesitaba.

Cuando regresó a Londres se sintió completamente transformada. Su mente estaba mucho más clara y despejada, menos abrumada. Se sentía más ligera, sentía paz interior. Continuó haciendo tratamientos en Londres, pero cuando llegaba a casa sentía una densidad en el aire comparable a una pesadez en su cuerpo. Entonces decidió hacer House Blessing, y al volver sintió, según su propia expresión, *como si se hubiera levantado una niebla del aire.*

Como doctora, explica que algunos de sus pacientes no mejoran con la administración de fármacos. Seguramente, reflexiona, sus problemas están relacionados con su estilo de vida y con su incapacidad para cambiarla desde el punto de vista emocional.

Jane
Londres, Inglaterra

Nacida en Nueva Zelanda, vive en Washington D.C. (Estados Unidos). El caso de Jane es de los que lo dejan a uno sin palabras. Cuando lo contaba a cámara, en Londres, todos en el equipo nos frotábamos los ojos llenos de asombro. Un buen día el estómago y el intestino de Jane sencillamente dejaron de funcionar y estuvo seis meses sin poder comer. Es más fácil de decir que de creer.

Probó todo lo que pudo encontrar, incluyendo antibióticos, los cuales acabaron causando daños severos en su sistema digestivo. Más adelante le diagnosticaron SIBO (Sobrecrecimiento bacteriano del intestino delgado). Fue entonces cuando decidió contactar con Master Oh. Hacía varios años que había acudido al centro de Sun Kyeong en Londres para tratar unas migrañas muy intensas, que después del programa de Ancestor Healing o ceremonia de Sanación Ancestral, simplemente desaparecieron.

Cuando volvió años después, solo hicieron falta cuatro días de tratamientos para que pudiera volver a comer. Ahora, feliz y agradecida, cuenta que lleva dos semanas comiendo con normalidad y ha perdido por completo el miedo a los alimentos. Describe los tratamientos como una energía cálida que la envuelve, le llena de fuerza y le despeja, un cambio que se siente físicamente. Mentalmente, también; siente unas ganas inmensas de disfrutar de la vida y de ser feliz. Para quien se esté planteando este proceso, Jane es un ejemplo que conviene mucho considerar. Ella observa, ecuánime, que si estás tan mal realmente no hay nada que perder probándolo.

Judy
Londres, Inglaterra

Judy conoce a Master Oh desde hace unos 20 años. Solía tener dolores muy fuertes en los hombros y la espalda, y se había sentido como un pez fuera del agua la mayor parte de su vida. La práctica de Sun Kyeong la transformó. Ser capaz de conectarse con la fuente y experimentar la vibración le da claridad, inspiración, autenticidad y libertad para ser ella misma. Le permite aceptarse, disfrutar de quien es y conectar con la energía universal a un nivel mucho más profundo. Nuestras cámaras recogieron la intensidad y la alegría de su testimonio.

Emily
Londres, Inglaterra

Otro caso impresionante cuyos detalles escuchamos frente a nuestras cámaras de boca de ella misma: a los 18 años, Emily se puso muy enferma, sufriendo de mareos, párpados hinchados y fatiga extrema. Esto ocurrió prácticamente de la noche a la mañana. Poco a poco dejó de poder caminar y tuvo que depender de una silla de ruedas durante varios años. A pesar de consultar a varios médicos y probar medicina alternativa, su condición no mejoraba. Pasó casi tres años confinada en casa debido a la enfermedad.

En Australia, encontró a Master Oh y empezó a asistir a clases de Qi. Gradualmente, su salud y vitalidad mejoraron, incluso empezó a caminar otra vez. Un punto de inflexión importante llegó cuando inició el proceso de Sanación ancestral que transformó su salud. Esta experiencia despertó su interés por la espiritualidad, lo cual la llevó a convertirse en Master.

Desde entonces ha estado siempre sana. Basándose en su experiencia, enfatiza la importancia del equilibrio energético, sugiriendo que muchas enfermedades traen causa de una falta de circulación adecuada de los flujos de energía.

Hugh
Londres, Inglaterra

Trabajaba en IT y se convirtió en terapeuta. Le costaba levantarse por las mañanas, no tenía energía y sufría de ansiedad, estrés y depresión. Cuando le empezó a doler la espalda decidió hacer un tratamiento en Sun Kyeong y le sorprendió la capacidad que tuvieron en el centro para describirle con detalle aspectos de su condición física. Su energía empezó a mejorar y decidió hacer el programa de Sanación ancestral.

Como Master, cree que Master Oh es la persona con la mayor sabiduría espiritual del mundo. Cuando trata a la gente, nota sus bloqueos energéticos y los describe como una tensión muscular, como si la circulación natural de la energía estuviera bloqueada por el estrés acumulado en el transcurso de la vida.

Christy
Londres, Inglaterra

Habiendo estado deprimida durante la mayor parte de su vida, Christy intentó adoptar hábitos saludables y acudir a sesiones de terapia para sanar su mente, pero nada parecía mejorar. Cuando descubrió los tratamientos de

Master Oh se sintió completamente diferente y empezó a mejorar gradualmente. Sentía que los tratamientos poco a poco le iban haciendo ganar vitalidad, seguridad en sí misma y optimismo. Aun así, seguía buscando algo más profundo, así que decidió hacer el programa de Sanación Ancestral.

Durante las ceremonias experimentó una montaña rusa de emociones, pero llegó un punto en el que dejó de cuestionarlo y se entregó por completo al proceso. *Lo describiría como una experiencia de sanación profunda,* como el momento más trascendental de su vida. Se enfrentó a sus emociones y vio cómo su dolor se desvanecía. Descubrió una fuerza interior que no sabía que tenía, que le permitió seguir adelante. Superó su depresión, y hoy en día se siente como una persona totalmente diferente y sigue trabajando su cuerpo y su alma con Master Oh.

Trabajar el espíritu es el primer paso para sanar la mente. Ahora sueña con convertirse en Master algún día. De momento canaliza esta energía universal al dar tratamientos a otras personas y ayudándolas a sanar.

Master Oh

Llevaba cuatro años en Corea del Sur como Master cuando decidió luchar por su sueño y expandir sus conocimientos a otros países, compartir su energía con gentes de cualquier lugar que lo necesitaran. Sentía que esa era su misión. Decidió ir a Sídney, sin medios ni recursos, confiando solo en su corazón. Se sentó en el aeropuerto y rezó a la Mente del Universo. De pronto un hombre coreano se detuvo y le recomendó ir a la iglesia. Así que allí fue. Como no hablaba inglés, le resultaba casi imposible encontrar un trabajo en Australia. Finalmente consiguió un trabajo en una fábrica de helados. Su plan era ahorrar lo suficiente para poder abrir un centro Sun Kyeong. Tuvo un accidente en la fábrica y se cortó un dedo. Los médicos le dijeron que no era posible curarlo. Le suplicó al médico y consiguió que lo operaran. Después de 11 días, volvió al mismo médico, el cual le dijo que era un milagro; su dedo estaba prácticamente nuevo. Más adelante empezó a trabajar en restaurantes y centros comerciales ofreciendo servicios de limpieza. Llegó el punto en el que estaba tan cansado y mareado, que no le quedó otra opción más que rezar a la Mente del Universo para obtener la energía necesaria.

Y así ocurrió. Después de un año obtuvo el dinero suficiente para abrir el centro en Sídney y empezó a tratar a muchísima gente. Trataba a una treintena de personas al día. Empezó a abrir centros por todo el mundo. Primero en Estados Unidos (Nueva York, Boston, Chicago…) y más adelante en Londres, España, Ciudad de México, Alemania. Podía sentir el dolor emocional y físico de otras personas y se sabía con el don de sanar. Cuantas más personas curaba mejor lo hacía. A cada país que fue llegó con las manos vacías. Afirma que solo con las manos vacías tienes una mente clara. Una mujer a la que el destino puso en su camino obtuvo la sanación y, agradecida, le ofreció una estancia en Nueva York y le ayudó a su vez hasta que pudo abrir su centro. La historia se repitió en cada país en el que decidió abrir. Ahora está enfocado en los retiros que ofrece, porque le permiten curar a más gente más rápidamente.

Master Oh cree que ahora estamos viviendo el momento más importante del universo. El mejor momento para abrirse y conectar con la fuente, sanarnos a nosotros y limpiar nuestro Karma para sanar a generaciones precedentes y futuras. Cree que los humanos tenemos unos deseos espirituales muy intensos, pero muchas veces no conocemos la manera de canalizarlos. Todos queremos conectar con la mente del universo, todos queremos ser felices y estar sanos y ver a los demás felices y sanos también. Queremos mejorarnos, mejorar nuestra vida, ser mejores personas. Su mensaje principal es que para conocernos a nosotros mismos y saber quiénes somos realmente, debemos abrir nuestros corazones, no solo nuestros ojos.

Renata
Corea del Sur

Renata vive en Estados Unidos, ella estaba agotada en el trabajo y quería empezar a cuidar de sí misma. Cuando conoció a algunos Masters y aprendió sobre los bloqueos energéticos, sintió que podrían ayudarla. Más tarde conoció a Master Oh y de inmediato percibió su pasión y valentía para ayudar a los demás, y nos cuenta que aquello resultó muy inspirador. Fue entonces cuando decidió convertirse en Master.

Veinticinco años más tarde todavía considera a Master Oh su gran maestro, su mentor y su mejor amigo. Durante este tiempo, calcula Renata que Master Oh debe haber ayudado a más de 10.000 personas.

Ella había vivido en Los Ángeles durante ocho años cuando un incendio forestal destruyó su hogar y todo lo que tenía. Master Oh le aconsejó ayudar a otras personas, lo que también la haría crecer como persona y sanarse a sí misma. Ella siguió su consejo y empezó a apoyar a la comunidad. Esto la llevaría más adelante a abrir un importante centro de Sun Kyeong en Los Ángeles.

Margot
La Haya, Países Bajos

Dice que todavía está tratando de encontrar una explicación, o al menos una definición, para su experiencia con Master Oh; como psicóloga no lo entiende, como persona sabe que ha sido de enorme utilidad.

> **La primera vez que tuve covid, me contagié cuando el mundo justo empezaba a reabrir. Después de dos semanas, me puse cada vez peor, hasta el punto en el que no me podía mover, no podía caminar, no podía hablar ni encontrar las palabras. Dormía todo el día, estaba muy cansada, pero un cansancio que nunca había sentido antes. Era como si mi cuerpo se estuviera apagando por completo. Lo llaman covid prolongado, o el «pasillo largo». No podía salir a la calle porque los ruidos eran muy fuertes, y mi cerebro no era capaz de procesar nada. No podía ni tener una conversación simple con mi pareja. De repente, mi vida se detuvo.**

Cuando Margot conoció a Master Oh y le pidió ayuda, poco a poco el cuerpo y la mente volvieron a responderle, ahora ya podía levantarse.

> **Mis niveles de energía aumentaron, y pude salir a la calle en mi propia ciudad, porque antes podía soportar los ruidos.**

El fin de semana pasado estuvo en un retiro de Master Oh y dice que fue maravilloso.

Mariam
La Haya, Países Bajos

Conoció a Master Oh en Ibiza y le transmitió paz de inmediato. Tras recibir varios tratamientos la ansiedad que padecía desapareció por completo, pudiendo así prescindir de su medicación. Recuperó la capacidad de dormir por la noche, su mente alcanzó un estado de serenidad y calma y comenzó a sentirse confortable en su propio cuerpo. Este proceso fue fundamental en su crecimiento personal. Actualmente, aspira a convertirse en Master para poder liberar a otras personas de sus dolencias.

Claudia, Drum y Rob

La Haya, Países Bajos

Ellos tres forman una familia maravillosa; Claudia estuvo enferma durante muchos años. Buscaba calma, estar en paz y poder llegar a aceptar sus limitaciones físicas. Durante unos 15 años sufrió dolores intensos en hombros, cuello y cabeza. También podía estar días sin comer y ni tan siquiera salir de su cama. Se encontraba sin energía, apenas hablaba, no podía caminar y sufría también pérdidas de memoria. Había oído hablar de cómo el Karma puede afectar a uno, pero no encontró la solución hasta que la introdujeron en el programa de Sanación ancestral. Inmediatamente percibió un cambio en su estado físico. Los períodos de enfermedad se volvieron más cortos y menos frecuentes. Ahora, cuando siente algún dolor practica las técnicas de Master Oh y consigue sentirse mejor.

Rob, el marido de Claudia, explica cómo ahora ella puede llevar una vida normal y volver a disfrutarla. Cada mes la ve mejor que el anterior. Describe a Master Oh como un ser de luz, brillante, alguien que te hace sentir agradecido por la vida y entender la mente humana. Un gran maestro. También cuenta cómo Master Oh le dijo que sonriera cuando le aquejaba una dolencia menor, y su cuerpo empezó a sanar…

El hijo de Claudia y Rob, Drum, empezó a ir al centro cada semana para aprender y ayudar. Con solo 14 años quiere convertirse en Master algún día. Habiendo visto el progreso de su madre ha decidido que le encantaría ser capaz de ayudar a las personas en su aspecto espiritual.

* * *

Ya lo han visto, estas son las vivencias de terceras personas contadas por ellas mismas. Y yo digo que, como en el título de un libro de Charles Perrot:

Así me lo contaron y así se lo cuento.

Conclusiones

Alicia le preguntó a la reina por su edad y, cuando esta le contestó que sobrepasa los cien años, no lo pudo creer...

Alicia en el país de las maravillas,
LEWIS CARROLL (1832-1898).

Mi propósito a lo largo de este trabajo ha sido poner en contexto la filosofía y la práctica de un maestro espiritual, Master Oh, y exponer su sistema de creencias conjuntamente con otros sistemas de creencias y también con una visión científica, necesariamente diferente, sobre todos aquellos asuntos de los que se ocupa el Maestro. He repetido siempre que he tenido ocasión, que, por lo que a mi respecta, las disciplinas científicas y las creencias místicas deberían discurrir en paralelo, y la búsqueda de intersecciones entre ambas me parece innecesaria. Me inclino por el criterio de demarcación entre la fe y la ciencia que propusiera el filósofo Karl Popper (1902-1994). Tratando de preservar ese punto de vista, hemos revisado lo que se sabe y lo que se cree sobre cuestiones tan diversas como la práctica de la meditación, el orden universal, la cuestión oscilatoria, los ancestros y el Karma o los mundos visibles e invisibles, porque estos son precisamente los asuntos sobre los que Master Oh tiene un juicio filosófico formado. Finalmente hemos recabado testimonios de transformación, vamos a llamarlo así, que ni siquiera he intentado explicar. Cualquiera que haya llegado hasta aquí estará en condiciones de extraer sus propias conclusiones. Después de todo puede ser que la Reina Roja estuviera en lo cierto cuando aseguraba que la posibilidad de creer en cosas imposibles solo es una cuestión de práctica.

La dualidad cuerpo-mente, tantas veces invocada en las prácticas meditativas, parece un concepto que tiende a consolidarse también en Occidente; creo que, atendiendo a todo lo expuesto, podemos dar por superada la denominada por Thomas Kuhn «colisión de paradigmas», esto es, las divergencias de conceptos entre el Este y el Oeste y que, científicos y pensadores, muy diferentes entre sí, están finalmente de acuerdo acerca de las posibilidades terapéuticas de la meditación, que es tanto como aceptar las posibilidades terapéuticas de la mente. Y eso seguro que tiene que ver con la corriente de espiritualidad que se detecta nítidamente en el mundo debido, a mi parecer, a tres grupos de causas:

Primero, la prevalencia creciente de desórdenes mentales cada vez mejor instalados en las sociedades de cualquier país del mundo, entendiendo por tales desórdenes el estrés, la ansiedad, la fatiga, la depresión, la incertidumbre o el temor al porvenir; porque no sabemos relacionarlas con una disfunción estrictamente física, porque atormentan a una buena parte de la población y, por el momento, no está claro el tratamiento que pudiera paliarlos; todo eso empuja a la gente a pensar que las soluciones no se encuentran en el cuerpo, sino en su ser interior, en la mente, que a su vez no pocos identifican con eso que llamamos espíritu.

En segundo lugar, la aceptación del Big Bang como origen del universo, porque hace posible una interpretación de la realidad con un momento cero, muy cercana, por lo tanto, al paradigma espiritual creacionista. Les invito a que reparen en una sutileza: los textos bíblicos recogidos en el libro del Génesis hace miles de años, o la propia visión de Master Oh sobre la Mente del Universo, se corresponden mejor con las descripciones del Big Bang que, por ejemplo, las teorías del universo en estado estacionario, sin principio ni fin, por las que se inclinaron grandes científicos como Fred Hoyle o el propio Albert Einstein bien entrado el siglo XX.

Delante de los hechos se explica perfectamente el renacer de las ideas del diseño inteligente o de la voluntad primera, el reverdecer de la espiritualidad.

Por último, el nacimiento de la física cuántica, porque ha puesto en cuestión todo el constructo intelectual científico previo al primer cuarto del siglo XX que, a su vez, había cuestionado duramente las creencias religiosas reclamando para sí una posición de superioridad intelectual. Tanta influencia han ejercido los descubrimientos de las leyes que rigen el mundo subatómico en el impulso espiritual, que resulta evidente la aparición de una nueva corriente de pensamiento que podríamos denominar «misticismo cuántico». Mi conclusión en este sentido es que, en ausencia de unos conocimientos matemáticos profundos, la comprensión del significado de la doctrina cuántica solamente puede ser un atisbo superficial, a pesar de lo cual han proliferado con cierta desmesura las interpretaciones metafísicas de los enunciados físicos.

Aunque es cierto que la espiritualidad creciente de hoy, probablemente por primera vez en la historia, no se corresponde exactamente con la religiosidad. Como hemos visto en el capítulo correspondiente, muchas personas están optando por prácticas libres de normas, ritos o liturgias, para inclinarse por una trascendencia más flexible, más universal y más participativa. Pareciera que el itinerario histórico de las religiones que discurrió entre el politeísmo arcaico, el monoteísmo, el teísmo personal o el monoteísmo polimórfico, tendiera a transformarse en una forma de panteísmo para el que cada fragmento del universo es un fragmento de Dios. Una hipótesis muy alentadora, cuya verosimilitud solo depende de nuestra voluntad, y tan aceptable como cualquier otra, es la hipótesis de que un mundo más teñido de espiritualidad sería un mundo mejor intencionado; con los principios de rectitud, fraternidad y humanismo gobernando nuestro mundo, ese mundo podría ser un lugar mejor.

Relacionado con la nueva física hemos tratado sobre la vibración; la condición oscilatoria de toda la materia y toda la energía del universo nos invita a pensar que, de algún modo, todos somos una forma de energía, que, a su vez, es la materia prima de la que está hecho el espacio infinito. Si aceptamos la idea de nuestra naturaleza energética convendremos en que cualquier transformación de la materia, que solo es una forma de energía, requiere el concurso de algún tipo de vibración. Ya Nicola Tesla sugería que para conocer el universo había que pensar en oscilaciones, y que el vacío, al que él llamaba éter, no estaba en absoluto vacío y que contenía enormes cantidades de energía que quizá un día pudieran emplearse para el bien de la humanidad. Si concebimos al universo como un conjunto de campos oscilatorios no tardaremos en preguntarnos por las interferencias o por las superposiciones; ¿dependen las afinidades entre nosotros de una determinada longitud de onda? ¿Puede una música determinada transformar nuestro estado de ánimo y con él nuestra salud? ¿Hay frecuencias beneficiosas y perjudiciales? ¿Pueden potenciarse o interferirse? Parece un hecho que el universo al completo es una forma de vibración. Como seguramente habrán observado, la consecuencia del enunciado es que admite interpretaciones en más de una dirección.

Por ejemplo, si todos nosotros fuéramos un campo energético estaría bien saber de qué manera se transforma esa energía que somos al final de nuestra vida, a dónde vamos. Puesto que la energía ni se crea ni se destruye y solo se transforma, en algún lugar o de alguna manera quizá permanezca una parte de nosotros, ¿o no?

De resultas de todo esto se están suscitando debates muy interesantes sobre la sustancia de los seres humanos; o bien somos un complejo donde predomina la cosa bioquímica o bien tendemos más a la naturaleza energética. La discusión tiene enjundia porque si la comunicación entre nuestros órganos y partículas se produce exclusivamente en forma de reacciones químicas la velocidad de los procesos es una; si, por el contrario, dependiera total o parcialmente de impulsos electromagnéticos, la velocidad ya es otra.

También las posibilidades de transmisión hereditaria varían dependiendo del vehículo elegido, bioquímico o energético, este último dejaría abiertas las posibilidades de transmitir no solo características físicas inscritas en nuestros genes, también patrones de comportamiento, inclinaciones beneficiosas o perjudiciales como la melancolía o la generosidad. Hoy por hoy, en términos físicos, eso es solamente una idea. En términos metafísicos se tiene por incuestionable.

En el fondo todos nosotros, con nuestras virtudes y nuestros defectos, no somos más que la última línea de un libro ancestral, los últimos representantes de una sucesión inabarcable de intercambios cromosómicos que han atravesado las líneas del tiempo y del espacio hasta hacer de nosotros exactamente lo que somos. Es muy común en las culturas orientales la descripción de una carga que, para bien o para mal, pesa sobre todos nosotros, proviene de nuestro pasado y condiciona la vida en el presente. Es el Karma. Un concepto filosófico difícilmente demostrable ateniéndose a las reglas del método científico que, sin embargo, resiste sin desmayo, en forma de creencia firme, en la mente de millones de personas desde hace milenios. No conozco de instrumentos que puedan detectar el Karma, ni medirlo, ni pesarlo, ni de ensayos clínicos capaces de evaluar su grado de influencia. Sí conozco textos antiguos y modernos, hermosos como una poesía, que se esfuerzan por ofrecernos una explicación simbólica. Mi manera de encarar la cuestión ha sido la casuística. Todo lo que puedo decir es que he escuchado relatos relacionados con el desempeño de los ancestros que no me han dejado indiferente.

Sobre la interpretación filosófica del mundo invisible, al que con frecuencia se refiere Master Oh, empezaré por decirles lo que sí sabemos: la práctica totalidad del universo se compone de materia y energía oscuras; las llamamos así porque no podemos verlas, por alguna razón desconocida no interactúan con los fotones, son, por lo tanto, parte del mundo invisible;

sin embargo, si los modelos matemáticos son correctos, podrían estar facilitando la provisión de energía necesaria para la expansión del universo, para nuestra factoría de materia y tiempo. Por otro lado, sabemos perfectamente que hay más cosas que existen y no podemos ver que cosas que sí podemos ver; piensen en las ondas de radio o los rayos X, las emisiones infrarrojas o ultravioletas, en los mismos pensamientos o en cualquier otro ente mínimamente distante.

Desde hace siglos la magia y el ocultismo han tratado de comprender las hechuras del mundo invisible, a veces desde un punto de vista simbólico, sirviéndose de prácticas como el tarot, a veces desde un punto de vista matemático, como es el caso de los cabalistas o los neopitagóricos. El reino invisible existe y se puede especular sobre él e interpretarlo en prosa, pero también se puede especular sobre él e interpretarlo en poesía.

Tal y como les propongo en el título de este libro, quizá sea conveniente invertir el orden de los factores y se haga necesario creer primero para poder ver después.

En general me gusta mucho y me parece que es incuestionable la reflexión sobre el particular que siempre repite Master Oh:

> **Si quieres saber más sobre ti, sobre quién eres o qué haces, no es suficiente con abrir los ojos. Tienes que abrir el corazón.**

Agradecimientos

Probablemente esta ocasión haya sido la mejor ocasión que se le puede presentar a un hombre para profundizar en el conocimiento de aquello que vemos y de aquello que no vemos. Este escrito se deriva del largometraje documental *De la luz y de las sombras,* que tuve la alegría de dirigir entre los meses de septiembre de 2023 y julio de 2024. Durante el rodaje de la película, muchos de los que en ella participan despertaron mi curiosidad haciendo que quisiera saber más; algunas historias de transformación me conmovieron, y entre todos, en fin, me ayudaron a transitar en dos direcciones al mismo tiempo: la de la física y la de la metafísica. Por eso, y en primer lugar, le agradezco a Master Oh, maestro espiritual coreano, que haya decidido compartir con nosotros su sabiduría, su tiempo y sus costumbres; también le agradezco su paciencia y su amabilidad en el trato con todos nosotros. Este agradecimiento merece hacerse extensivo a mis queridas Marti y Anna, siempre pendientes de todo, siempre dispuestas a colaborar y a prestarnos su buen ojo y su buen criterio. También a todos los Masters que comparten filosofía y práctica con Master Oh; no sé si se puede ser mejor persona que ellos, a todos: gracias. Y gracias también a todas aquellas personas que se ofrecieron desinteresadamente a prestar testimonio frente a las cámaras; ellas me han enseñado el hilo del que he tirado para tratar de desentrañar una serie de episodios asombrosos.

Gracias a mi familia, como siempre, porque en el texto he invertido alguna de las horas que eran mías y muchas de las que eran también suyas. Gracias a mi carnal Miquel por su entusiasmo y por ayudarme a decidir cuando se presentaba más de un camino, y por la pluma mágica de piel extraterrestre.

Agradezco a mi socio, Curro, su buen juicio con el que neutraliza algunas de mis loquerías, y también a mis queridos compañeros de Ideas Agitadas;

ellos han suplido mis ausencias con alegría, o al menos con resignación, y me han conseguido el tiempo necesario para la escritura; algunos de ellos han leído con paciencia el manuscrito y me han sugerido análisis alternativos, otros me han ayudado con el diseño y el arte. Gracias a Santiago Collado, físico y teólogo, por ofrecerme su parecer sobre los debates contemporáneos alrededor de la ciencia y de la fe. Gracias también a mis amigos Joaquín y Montsina, que me lo presentaron. Gracias a mi gran amigo y más grande todavía físico cuántico Francisco Soto, que también atiende por Champiñón, por iniciarme en los arcanos de la extraña mecánica que gobierna el mundo invisible, por hacer de embajador frente a un grupo de astrofísicos maravilloso, por acompañarme en su ciudad, Puebla, y por esa forma de expresarse bienhumorada y cantinflera. Gracias a Luis, Mercè y Gisela, de la editorial Planeta, porque ellos me han obligado a hilar fino y han sido tan rigurosos como para ayudarme a hacer un texto mejor.

Por último, quisiera agradecer a todos los lectores que, contra todo pronóstico, hayan llegado hasta estas líneas finales.

Seguramente mi mala cabeza está haciendo que me olvide de alguien en la lista de agradecimientos, que sepan que es por amnesia y no por mala intención, ojalá sepan disculparme.

Referencias bibliográficas

Libros

AGAZZI, E. (2022), *El conocimiento de lo invisible*. Editorial UFV.

ÁLVAREZ, H. (rev.) (2020), *El libro del Génesis. El consejo de Dios*. Reina Valera.

AMEIGEIRAS, A. R. (comp.) (2014), *Símbolos, rituales religiosos e identidades nacionales*. Consejo Latinoamericano de Ciencias Sociales.

ARNAU, J. (2023), *Materia que respira luz, ensayo de filosofía cuántica*. Galaxia Gutenberg, S. L.

AROUET, F. M. (Voltaire) (2010), *Cartas filosóficas, diccionario filosófico. Memorias para servir a la vida de Voltaire escritas por él mismo*. Editorial Gredos.

BAHAMONDES GONZÁLEZ, L. (ed.) (2013), *Transformaciones y alternativas religiosas en América Latina*. Varios editores.

BENDRISS, E.Y. (2013), *Breve historia del islam*. Ediciones Nowtilus, S. L.

— (2014), *Breve historia del budismo*. Ediciones Nowtilus, S. L.

BENSON, H. (1991), *El poder de la mente. Cómo aprovechar al máximo nuestros recursos*. Grijalbo.

BESANT, A. (1995), *Manual teosófico*. Luis Cárcamo Editor.

BESANT, A. y LEADBEATER, CW (1945), *Formas de pensamiento*. Editorial Kier.

— (2007), *Química oculta*. Editorial Humanitas.

BETTY, S. (2011), *The afterlife Unveiled: What the Dead are telling us about Their World*. Collective Ink.

BLAVATSKY, H. (1998), *Isis sin velo. Clave de los misterios de la ciencia y la teología. Antiguas y modernas. Tomo I*. Editorial Humanitas.

— (2004), *Western Esoteric Master Series*. North Atlantic Books.

— (2012), *La doctrina secreta. Síntesis de la ciencia, la religión y la filosofía. Tomo I. Cosmogénesis*. E. L. A.

BOGDANOV, I. y G. (2010), *Le Visage de Dieu*. Grasset&Frasquelle.

BOLLORÉ, M. Y. y BONNASSIES, O. (2023), *Dios. La ciencia. Las pruebas: el albor de una revolución*. Editorial Funambulista, en coedición con Ladera Norte. Capitán Swing Libros, S. L.

BRUCE-MITFORD, D. (1997), *Signs & Symbols*. Diana E.

BUB, T. y BUB, J. (S/F), *Totally Random; Why Nobody Understads Quantum Mechanics. A serious comic on Entanglement*. AE.
CALLE, R. A. (2011), *El gran libro de la meditación*. MR Ediciones.
CAPRA, F. (1975), *The Tao of Physics; an Exploration of the Parallels Between Modern Physics and Eastern Mysticism*. Shambhala.
CARROL, S. (2013), *La partícula al final del universo. Del bosón de Higgs al umbral de un nuevo mundo*. Random House Mondadori.
CHOPRA, D. (2005), *Energía sin límites*. B de Bolsillo.
— (2018), *Cuerpos sin edad, mentes sin tiempo. La alternativa cuántica al envejecimiento está en el equilibrio entre el cuerpo y la mente*. Editorial Vergara.
— (2024), *Cuerpo cuántico*. Gaia Ediciones.
CHOPRA, D. y KAFATOS, M. (2017), *Tú eres el Universo. Una nueva alianza entre ciencia y espiritualidad. Un nuevo futuro de posibilidades infinitas*. Gaia Ediciones.
CHRISTIAN, D. (2019), *La gran historia de todo*. Editorial Crítica.
CIRLOT, J. E. (1992), *Diccionario de símbolos*. Editorial Labor.
COLOMÉS, J. A. (2020), *La prueba que Dios existe: Pruebas científicas de la existencia de Dios*. Independently Publisher.
CONFUCIO (ed. 2021), *Analectas*. Garren Books Editores.
DAFNE RAELE, F. (2019), *Medicina ancestral y epigenética: todo sobre biohacking, microbiota, estrés y toxinas*. Editorial Planeta.
DALAI LAMA (2004), *La meditación paso a paso*. Debolsillo Ediciones.
DALAI LAMA y CUTLER, H. C. (2002), *El arte de la felicidad*. Skokie Ed.
DÁVILA-RIVERA, M. E. y RIVERA-MARÍN, H. M. (2023), *Epigenética: la comprensión del trauma transgeneracional e intergeneracional, su impacto y repercusión en el desarrollo de los desórdenes de salud en los portorriqueños*. Ciencia y psicología.
DAWKINS, R. (2007), *El espejismo de Dios*. Espasa Calpe.
DELGADO-MORALES, R. y ROMÁ-MATEO, C. (2017), *La epigenética. Cómo el entorno modifica nuestros genes*. RBA.
DELUMEAU, J. (1997), *El hecho religioso. Una enciclopedia de las religiones hoy*. Siglo XXI Ediciones.
DESCARTES, R. (2021), *Discurso del Método. Meditaciones metafísicas*. Austral.
DÍAZ, L.; DÍAZ, M.; GONZÁLEZ, G. y PULLIN J. (2021), *La música del universo. Qué son las ondas gravitacionales y por qué cambiaron nuestra forma de entender el cosmos*. Siglo XXI Editores.
D'ORS, P. (2010), *Biografía del silencio*. Galaxia Gutenberg, S. L.
DORSEY, L. (2021), *Voodoo and Traditional African Religions*. Warlock Press.
DRAPER, J. G. (1885), *Historia de los conflictos entre la religión y la ciencia*. Establecimiento Tipográfico de Ricardo Fé.
DUMARCET, L. (2017), *Las grandes religiones de Asia*. Editorial Devecchi S.A.U.
EISLER, R. (1987), *The Chalice and the Blade: Our History, Our Future*. Capitán Swing Libros, S. L.
ESPINOSA, L. (2011), *Ética. Tratado teológico-político. Tratado político*. Editorial Gredos.
FAST, H. (2000), *Los judíos. Historia de un pueblo*. Editorial La Llave.

FERNÁNDEZ-VIDAL, S. (2013), *Desayuno con partículas. La ciencia como nunca antes se la han contado.* Penguin Random House Grupo Editorial.
FILORAMO, G.; MASSENZIO, M.; RAVERI, M. y SCAPRI P. (2001), *Historia de las religiones.* Editorial Crítica.
FINNSTÖM, J. (2023), *Génesis, el viaje de la creación.* JFPB.
FRANK, A. (2012), *El fin del principio. Una nueva historia del tiempo.* Editorial Planeta.
FREUD, S. (2005), *El malestar en la cultura.* Alianza Editorial.
GANGUI, A. (2005), *El Big Bang, la génesis de nuestra cosmología actual.* Eudeba.
— (2009), *Cosmología.* Ministerio de Educación de la Nación.
GARDNER, M. (1988), *The new Age: notes of a fringe watcher.* Prometheus Books.
GODDARD, M. (S/F) *El poder de la conciencia.* Grapevine India.
GODDARD, M.; HALLIGAN, B. y HEGARTY, P. (eds.) (2012), *Reverberations. The philosophy, aesthetics and politics of noise.* Continuum.
GÓMEZ PIN, V. (2008), *Filosofía. Interrogaciones que a todos conciernen.* Espasa Calpe.
GONZÁLEZ-CUEVAS, J. A. (2020), *El general Prim y la* Rex Publica *Panhispánica.* Editorial Silex.
GONZÁLEZ-HURTADO, J. C. (2023), *Nuevas evidencias científicas de la existencia de Dios.* Voz de Papel.
GUENON, R. (2023), *Simbolismo de la Cruz.* José J. de Olañeta, Editor.
HARARI, Y. N. (2016), *Homo Deus. Breve historia del mañana.* Editorial Debate.
HAWKING, L. y S. (2008), *La clave secreta del universo.* Penguin Random House Grupo Editorial.
HAWKING, S. y MLODINOW, L. (2010), *El gran diseño.* Editorial Crítica.
HAWKINS, D. R. (2018), *Trascender los niveles de conciencia. La escalera a la iluminación.* El grano de mostaza.
HEISER, M. S. (2015), *The unssen Realm. Recovering the Supernatural worldview of the Bible.* Lexham Press.
HERTOG, T. (2024), *Sobre el origen del tiempo: la última teoría de Stephen Hawking.* Debate.
HISTORY, C. (2021), *Historia de los judíos.* Captivating History.
HOUELLEBECQ, M. (1999), *Las partículas elementales.* Editorial Anagrama.
HUMAN, P. E. (2023), *La evolución: historia, teoría e implicaciones. Charles Darwin. Lamarck, teoría sintética. La educación y sus implicaciones filosóficas.* Editorial P. E. H.
HUXLEY, T. H. (2020), *Agnosticism.* Origami Books.
JOHNSON, P. (2023), *Historia del cristianismo.* B de Bolsillo.
JOU MIRABENT, D. (2008), *Reescribiendo el Génesis. De la gloria de Dios al sabotaje del universo.* Ediciones Destino.
— (2012), *Introducción al mundo cuántico. De la danza de las partículas a las semillas de las galaxias.* Ediciones Pasado&Presente.
JUNG, C. G. (1964), *El hombre y sus símbolos.* Ferguson Publishing.
— (2016), *Escritos sobre espiritualidad y trascendencia.* Trotta Editorial.
— (2020), *Psicología de la religión oriental.* Trotta, pliegos de Oriente.

KAKU, M. (2005), *Universos paralelos. Los universos alternativos de la ciencia y el futuro del cosmos*. Ediciones Atalanta.

— (2022), *La ecuación de Dios. La búsqueda de una teoría del todo*. Penguin Random House Grupo Editorial.

KRAUSS, L. M. (2020), *A Universe from Nothing: why there is something rather than nothing*. Atria Books.

— (2023), *Lo que sabemos que no sabemos. Los misterios no resueltos del cosmos*. Ediciones Pasado&Presente.

KUHN, T. S. (2022), *La estructura de las revoluciones científicas*. Fondo de Cultura Económica.

KÜNG, H. (2007), *El principio de todas las cosas. Ciencia y religión*. Editorial Trotta.

KYABGON, T. (2017), *Karma. Qué es, qué no es y por qué es importante*. Ediciones Obelisco.

LABATUT, B. (2020), *Un verdor terrible*. Anagrama, Narrativas Hispánicas.

LASZLO, E. (2009), *El cambio cuántico. Cómo el nuevo paradigma científico puede transformar la sociedad*. Editorial Kairós.

LATORRE, J. I. (2017), *Cuántica. Tu futuro en juego*. Editorial Ariel.

LEGUÍA, J. C. (1931), *Historia y biografía*. Ediciones Ercilla.

LENOIR, F. (2018), *Breve tratado de historia de las religiones*. Herder Editorial.

LESSING, G. E. (2009), *Nathan el sabio*. Akal.

LÉVI, E. (2020), *Dogma y ritual de la alta magia*. Editorial Kier.

LIBERMAN, G. (2017), *Sanar con los ancestros. Las voces de nuestros antepasados*. Catalonia.

LOZANO LEYVA, M. (2007), *Los hilos de Ariadna. Diez descubrimientos científicos que cambiaron la visión del mundo*. Random House Mondadori.

MAIDEU, J. M. y LACUEY, J. (dir.) (1998), *La Biblia para jóvenes*. Edebé Ediciones.

MAIN, J. (2014), *Word into silence: A manual for Christian Meditation*. Canterbury Press.

MASARU, E. (2005), *Los mensajes ocultos del agua*. Santillana.

MASTER OH (2022), *El poder del Qi*. MOH Edición.

MCDERMOTT, G. R. (2013), *Religiones del mundo, una introducción indispensable*. Grupo Nelson.

MCTAGGART, L. (2002), *El Campo: en busca de la fuerza que mueve el Universo*. Editorial Sirio.

MORILLA, B. (2007), *El pergamino negro*. Ediciones Martínez Roca.

PARRA, S. (2021), *Historia de la Incertidumbre*. Editorial Pinolia.

PENROSE, R. (2006), *La nueva mente del emperador*. Debolsillo.

— (2011), *Los ciclos del tiempo. Una extraordinaria nueva visión del Universo*. Debate.

PESSOA, F. (2016), *La hora del Diablo y otros cuentos*. Tragaluz Editores.

PIGLIUCCI, M. (2018), *Cómo ser un estoico. Utilizar la filosofía antigua para vivir una vida moderna*. Ariel.

PRIESNER, C. y FIGALA, K. (eds.) (2001), *Alquimia. Enciclopedia de una ciencia hermética*. Editorial Herder.

PLANCK, M. (1932), *Where is de Science Going?* Norton.

— (2019). *La visión del mundo de la nueva física*. Hitos.

RACIONERO, L. (1993), *Oriente y Occidente*. Editorial Anagrama.

RADIN, D. (2006), *Entagled Minds, Extrasensory Experiences in a Quantum Reality*. Paraview Pocket Books.

REUTTMAN, A. (2024), *Espiritualidad para el bienestar. Sanación espiritual para una vida plena uniendo cuerpo y espíritu*. Amazon Ediciones.

RICARD, M. (2009), *El arte de la meditación*. Ediciones Urano.

RICARD, M. y SINGER, W. (2017), *Cerebro y meditación. Diálogo entre el budismo y las neurociencias*. Editorial Kairós.

RIMPOCHÉ, S. (2023), *El libro tibetano de la vida y de la muerte*. Edición conmemorativa 30 aniversario. Ediciones Urano.

RODRÍGUEZ DE SANTIAGO, J. (2023), *La realidad no existe: cómo entender el mundo cuando entiendes que no entiendes nada*. Editorial Aguilar.

ROVELLI, C. (2018), *El orden del tiempo*. Anagrama. Colección Argumentos.

SABAN, M.J. (2016), *La cábala. La psicología del misticismo judío*. Editorial Kairós.

SALOMONE, M.G. y GÓMEZ ROLDÁN, A. (2021), *Un Universo gravitacional. La fuerza que gobierna el cosmos, de la materia oscura a los agujeros negros*. Shackelton Books.

SELBIE, J. (2017), *La Física de Dios. La conexión entre la física cuántica, la conciencia, la teoría M, el cielo, la neurociencia y la trascendencia*. Sirio.

SEMENTOVSKY-KURILO, N. (1985), *Astrología. Tratado completo teórico y práctico*. Editorial Planeta.

SHELDRAKE, R. (2011), *Una nueva ciencia de la vida: la hipótesis de la causación formativa*. Editorial Kairós.

SIMONE, M. y BERTUCCIO, J. (2007), *Energía: el principio del Universo*. Editorial Kier.

SMITH, W. (2021), *El enigma cuántico, descubriendo la clave oculta*. Editorial Sekotia, S.L.

SMOLIN, L. (2020), *La revolución inacabada de Einstein. Más allá de la física cuántica*. Ediciones Pasado&Presente.

SMOOT, G. (1993), *Wrinkles in time*. Granodesal.

SOTO EGUÍBAR, F.; VILLEGAS-MARTÍNEZ, B.M. y MOYA CESSA, H.M. (2023), *The Matrix Perturbation Method in Quantum Mechanics*. Springer.

SPINOZA, B. (1936), *Ética*. Ediciones Espuela de Plata.

STEINER, R. (2023), *Filosofía de la libertad*. Amazon Digital Services.

TEODORANI, M. (2005), *Nikola Tesla. Vida y descubrimientos del más genial inventor del siglo XX*. Editorial Sirio.

TOLLEFSBOL, T. (ed.) (2019), *Transgenerational Epigenetics. Vol. 13*. Academic Press. Elsevier.

TRIMEGISTO, H. (2020), *El Kybalión*. Editorial Verbum.

VON RAD, G. (2008), *El libro del Génesis*. Ediciones Sígueme.

VV.AA. (1993), *Diccionario de la sabiduría oriental: budismo, hinduismo, taoísmo, zen*. Paidós.

WADDINGTON, C.H. (2023), *The Evolution of an Evolutionist*. Cornell University Press.

WANGERIN, W. (1997), *El libro de Dios*. Grijalbo.
WEINBERG, S. (2016), *Los tres primeros minutos del universo*. Alianza Editorial.
— (2020), *El sueño de una teoría final: la búsqueda de las leyes fundamentales de la naturaleza*. Booket.
WILBER, K. (ed.). (2023), *Cuestiones cuánticas. Escritos místicos de los físicos más famosos del mundo*. Editorial Kairós.
WRAY, M. (2014), *The Big Crunch*. Medeas Wray Ed.
ZANCOLLI, E. R. (2006), *El misterio de las coincidencias. Una aventura guiada por la sincronicidad*. Editorial Grijalbo.
ZWEIG, S. (2006), *La curación por el espíritu (Mesmer, Mary Baker-Eddy, Freud)* Acantilado.

Artículos

ACOSTA, E. (2017), Diálogo inter religioso y reconocimiento a la luz del legado de la Ilustración. *Horizonte, Belo Horizonte*.
AGRIPPA, C. (2010), La significación necesaria para convertirse en mago verdadero y realizador de maravillas. *Revista Digital Universitaria*.
AMUNDSON, R. (2005), The Changing Role of the Embryo in Evolutionary Thought: Roots of Evo-Devo. *Cambridge University Press*.
ARNAIZ, C. (2004), Confucianismo, budismo y la conformación de valores en China y Corea. *Grupo de Estudios del Este Asiático*.
ARTIGAS, M. (2000), La mente del universo. *EUNSA. Ediciones Universidad de Navarra*.
— (2006), El Capellán del Diablo. Ciencia y religión en Richard Dawkins. *Scripta Theologica*.
BASHAN, A. (1983), Las ideologías tradicionales de la India y de Europa: convergencias y divergencias. *Oriente y Occidente*.
BENÍTEZ VILLODRES, C. (2016), El tema religioso en Rabindranath Tagore. *Sur. Revista de Literatura*.
BERGER, S.; KONZARIDES, T.; SHIEKHATTAR, R. y SHILATIFARD, A. (2009), An operational definition of epigenetics. *Genes Dev*.
BLANCO SORTO, P. (2014), Benedicto XVI. ¿Un pensador posmoderno? El pensamiento de Joseph Ratzinger. *Revista Interdisciplinaria de Filosofía y Psicología*.
CÁNEPA, E. (2016), Recuerdos de la infancia. Las experiencias tempranas y la epigenética. *Revista Química viva*.
COBIÁN, J. (2018), El modelo estándar de la física de partículas. *Sociedad Nuclear Española*.
COLLADO GONZÁLEZ, S. (2013), La religión en la ciencia contemporánea: impertinencias e inspiración. *Scientia et Fides*.
— (2023), Ratzinger ante el conflicto entre ciencia y fe. *Scientia et Fides*.
COLLADO GUIRAU, P. (2024), *Psicología* fisiológica. *UNED*.
DE LA PEÑA SEAMAN, C. (2018), La epigenética y la reivindicación de Lamarck. *Desde El Herbario CICY*.

Del Carril, I. E. (2018), Física cuántica y el diálogo con la religión. *Scientia et Fides.*

Enríquez, A. M. y Chávez, L. A. (2024), Sonoridad y armonía en el *Gallo de oro* de Juan Rulfo. *La sempiterna presencia de un escritor: Juan Rulfo.* Universidad Autónoma del Estado de México.

Fernández, J. (2014), Cantar en un coro, salud a todo pulmón. *Suplemento ES.*

Frigerio, A. (2016), El futuro de las religiones mágicas en Latinoamérica. *Ciencias Sociales y Religión.*

Galera, A. (2009), Lamarck y la conservación adaptativa de la vida. *Asclepio.*

Gellon, G. y Goldweic, N. (2011), Células y herencia. *Expedición Ciencia.*

Gómez Díaz, J. (2008), El fenómeno religioso: judaísmo, cristianismo e islamismo. *Luz de sus ciudades: homenaje a Julio Porres Martín-Cleto.* Real Academia de Bellas Artes y Ciencias Históricas de Toledo.

González, M. J.; Miranda-Massari, J. R.; Schaffner, C.; Sayer, J. I.; Olalde, S.; Kalcher, A. L. y Berdiel, M. J. (2003), Medicina ortomolecular cuántica: el concepto bioortofotónico de energía curativa. *Servicio de Noticias de Medicina Ortomolecular.*

González-Cubillán, L. (2009), Proyección de algunos postulados de la teoría cuántica en el cine. *Encuentros Multidisciplinares.*

Hall, B. K. y Laubichler, M. D. (2008), Conrad H. Waddington: Towards a Theoretical Biology. *Biological Theory.*

Hernández, J. y Montaner, D. (2009), Patrones de respuesta espectral. *Tecnologías geoespaciales: experiencias aplicadas al estudio y gestión del territorio.*

Hernández, M. R. (2000), La sonrisa y su patología. *Revista Mexicana de Medicina Física y Rehabilitación.*

Kant, I. (2002), El conflicto de las facultades. *Colección Pedagógica Universitaria.*

Krohne Pombo, A. M. (2018), Ciencia y meditación. *Revista Papeles.*

Lamera, N. (2021), La radiación de fondo de microondas. *Universitat Politécnica de Valencia.*

León del Río, M. B. (2009), Arquetipos e inconsciente colectivo en las artes plásticas a partir de la psicología de C. G. Jung. *Arte, individuo y sociedad.*

Lessa, E. P. (1996), Darwin *vs* Lamarck. *Cuadernos de Marcha.*

Londoño, J. E. (2018), Genesis 3: wisdom and myth. *Perseita. Vol. 6.*

López Icedo, L.; Porro Azpiazu, J. M.; Torrontegui Muñoz, E. y García Echevarría, M. (2004), Cuántica y relatividad. TOE'S (La teoría del todo). *UPV/EHU, Leioa.*

Madox, J. (1981), A book for burning? *Nature. Vol. 293.*

Mañas Núñez, M. (2003), El *De uanitate scientiarum* de Cornelio Agrippa: vituperio de las ciencias y elogio del asno. *Revista de Estudios Latinos.*

Marcos, A. (1992), Neodarwinismo, teoría de la información y termodinámica: estado de la cuestión. *Estudios Filosóficos.*

Martín Velasco, J. (1991), El mal en las religiones. *Revista Española de Teología.*

MEDINA-ESTÉVEZ, J. A. (2008), Símbolos y signos cristianos, litúrgicos y religiosos. *Cuadernos Monásticos.*

MICHELET, D. y ARNAULD, M. C. (2018), Del arraigo mediante el culto a los ancestros a la reivindicación de un origen extranjero. *Hal open science.*

MOSCOSO, M. S. y LENGACHER, C. A. (2015), Mecanismos neurocognitivos de la terapia basada en mindfulness. *University of South Florida y Universidad de San Martín de Porres, Perú.*

NOVELO PICHARDO, S. (2017), Enfoque sistémico del Principio Vital: el factor inteligente de los sistemas biológicos. *La Homeopatía de México.*

ORTEGA SUÁREZ, J. D. y MERCADET PORTILLO, N. N. (2022), El espiritismo y los elementos religiosos africanos y aborígenes del etnos. Su discriminación colonial y neocolonial en Cuba. *Comparative Cultural Studies. European and Latin American Perspectives.*

ORTIZ, A. E. (2007), Fundamentos culturales del judaísmo I. Historia cultural del Medio Oriente del Paleolítico al 1436 a.C. *PCWEB.*

ORTUÑO ORTÍN, M. y ALBADALEJO SERRANO, M. (S/F), Física cuántica. *Universidad de Murcia.*

OSTACHUK, A. (2016), El principio de la vida: de la psyché aristotélica a la entelequia driechiana. *Ludus Vitalis.*

PACHÓN, M. y LIZETH, J. (2021), Interacción radiación-materia. Propósito del proceso de visión del ojo humano. *Universidad Pedagógica Nacional. Facultad de Ciencia y Tecnología. Bogotá.*

PADGETT, V. y JOGENSON, D. (1982), Superstition and economic threat: Germany 1918-1940. *Personality and Social Psychology Bulletin.*

PÉREZ, D. (2007), Política, religión y medicina en Kant. *Cinta de Moebio.*

PÉREZ GUARNIERI, A. y AZZARINI, E. (2021), Sueños, susurros, canciones y elegidos: prácticas espirituales garífunas de sanación. *12° Congreso argentino de antropología social.*

PLAZA BELTRÁN, M. (2010), El origen del universo a través del signo de la Cruz: Aspectos cosmogónicos. *Universidad Complutense de Madrid.*

PRECIADO SOLÍS, B. (1992), El hinduismo. *Dialnet Unirioja.*

QUIRCE BALMA, C. M. (2011), El chamanismo y las drogas enteogénicas alucinatorias del mundo precolombino. *Revista Costarricense de Psicología.*

RAMCHANDANI, J. C. (2016), Análisis introductorio del hinduismo. *Encuentros Multidisciplinares.*

RAMÓN TERÁN, N. y ROJAS REYES, C. (2023), Comparative analysis between the different accounts of the creation of the cosmos in the cultures of the Middle East. *Teorel. Revista de Estudios e Investigaciones.*

REQUENA, J. G. (2005), Dios. *Trama y fondo: revista de cultura.*

RETAMOSA GRANADO, J.; TEJERO CANTERO, A. y MURQUIZ RUIZ, P. (2004), Introducción a la física cuántica. *Alqua, madeincomunity.*

RIVERO, Y. (2019), El racionalismo cartesiano y las ideas. *Apuntes filosóficos. UCV, Escuela de Filosofía.*

ROBERSTON, A. (1977), Conrad Hal Waddington. *Biographical Memoirs.*

RUIZ GALICIA, S. R. (2015), Medicina tradicional mexicana, un enfoque científico de las limpias. *Ponencia en la Universidad Autónoma de Chapingo.*

RUIZ JIMÉNEZ, C. (2020), La constante cosmológica y la reaceleración del universo. *Creative Commons.*

SABADELL, M. A. (2018), La radiación de Hawking: el universo de los agujeros negros. *Revista de Seguridad Nuclear y Protección Radiológica. Consejo de Seguridad Nuclear.*

SADURNÍ, J. M. (2024), Santo Tomás de Aquino, doctor de la Iglesia y patrón de los estudiantes. *Historia (National Geographic).*

SÁNCHEZ BAUDOIN, J. R. (2019), ¿Puede la ciencia demostrar la existencia de Dios? *Quantibus. Teología y Ciencia.*

SEMIAN, P. y VIOTTI, N. (2015), El paraíso está dentro de nosotros, la espiritualidad de la Nueva Era, ayer y hoy. *Revista Nueva Sociedad. Nº 260.*

SERRALTA GUTIÉRREZ, A. y JARDON BARBOLLA, L. (2017), Genetics Development and Evolution: Waddington's Dream. *Revista de Ciencias.*

SOBRINO, J. (1999), Ensayo desde las víctimas, 3. *Editorial Trotta.*

SOTO LOPETEGUI, H.; D'ALESSANDRO, G.; PFEIFFER C. y ZAIN, J. (2019), Musicoterapia receptiva: experiencia vibroacústica en la variabilidad del nivel de estrés. *ECOS. Revista científica de musicoterapia y disciplinas afines.*

STITZMAN, L. (2001), Tropismo, repetición y forma: el modelo de la repetición entrelazada. *Psicoanálisis: Revista de la Asociación Psicoanalítica Colombiana.*

TARASCO, M. (2014), Hinduismo y derechos humanos. *Studia Biblioteca.*

UCIN OLLEROS, A. (2010), El conflicto entre la fe y la razón entre los límites de la religión y el Estado. *Escuela Normal Superior de Bucaramanga. V Congreso Nacional Juvenil de Filosofía.*

URSA HERGUEDAS, A. J. (2018), La meditación como práctica preventiva y curativa en el Sistema Nacional de Salud. *Medicina Naturista.*

VANMEERHAEGHE, A. F.; RABERT, M. S.; RODRÍGUEZ, D. R.; BALIC, M. G.; CALAFAT, C. B.; FARRÉS, M. G. y RIERA, M. L. (2011), Efectos del entrenamiento vibratorio en personas físicamente activas: revisión sistemática. *Revista Internacional de Medicina y Ciencias de la Actividad Física y del Deporte.*

VENTURA-TRAVESET, J. V. (2022), El sector espacial: una extraordinaria oportunidad para Europa. *Cuadernos de estrategia (Ministerio de Defensa).*

VV. AA. (1989), Carta a los Obispos de la Iglesia Católica sobre algunos aspectos de la Meditación Cristiana. En https://www.vatican.va/roman_curia/congregations/cfaith/documents/rc_con_cfaith_doc_19891015_meditazione-cristiana_sp.html.

WADDINGTON, C. (1939), Preliminary Notes on the Development of the Wings in Normal and Mutant Strains of Drosophila. *Proceedings of the National Academy of Sciences of the United States of America, Vol. 25.*

WALSH, R. (1996), Meditación. *Natura Medicatrix.*

ZAPATA MESA, J. F. (2012), Tiempo e Incertidumbre en la física cuántica. *Katharsis. Institución Universitaria de Envigado.*